JN232051

THE CULTURE CODE

ダニエル・コイル 著　楠木建 監訳　桜田直美 訳

最強チームをつくる方法

THE SECRETS OF HIGHLY SUCCESSFUL GROUPS

Daniel Coyle

かんき出版

父に捧げる

CULTURE：文化
語源であるラテン語の「cultus」は
「care（気にかける）」という意味

THE CULTURE CODE
by Daniel Coyle

Copyright ©2018 by Daniel Coyle
All rights reserved.

Japanese translation and electronic rights
arranged with Daniel Coyle
c/o David Black Literary Agency, Inc., New York
through Tuttle-Mori Agency, Inc., Tokyo

推薦の言葉

誰かがこういう本を書いてくれるのを何年も前から待っていた。私の頭の中ではすでにかなりの名著ができあがっていたが、この本は私の想像をはるかに超えている。
ダニエル・コイルは、最高のチームが持つ魔法の秘密を、すべて私たちに教えてくれた。本当にすばらしい。間違いなくチームワークに関する本の最高傑作だ。今すぐ読むべき1冊。

——**アダム・グラント**　ニューヨーク・タイムズ・ベストセラー作家
『GIVE & TAKE：「与える人」こそ成功する時代』（三笠書房）著者

本書は、結果を出すだけではなく、メンバー全員が幸せになれるチームをつくる方法を、ステップ・バイ・ステップで伝授する。
チームのリーダーにとっても、メンバーにとっても必読の書。

——**ラズロ・ボック**　Humu社CEO、元グーグル人事トップ
『ワーク・ルールズ！：君の生き方とリーダーシップを変える』（東洋経済新報社）著者

成功したチームはどのように機能するのか。メンバーはどのようなシグナルを送り合い、どんな言葉で話し、どうやって創造性を発揮しているのか。その答えは、すべてこの本に書いてある。
知的好奇心を刺激し、具体的なアドバイスも満載されたすばらしい本。

——**チャールズ・デュヒッグ**　ニューヨーク・タイムズ・ベストセラー作家
『習慣の力』（講談社）著者

ダニエル・コイルは謎解きの達人だ。最高の結果を出すエリート集団の秘密を解明し、誰でも理解できる客観的な事実に落とし込む。
チームづくりにかかわるすべての人は、この本を読まなければならない。

——**リッチ・ディヴィニー**　元ネイビーシールズ士官、バリー・ウェーミラー・リーダーシップ・インスティテュート・アウトリーチ・ディレクター

監訳者まえがき　カルチャーについてのカウンターカルチャーの書

組織とチームは異なる。組織とは、企業でいえば、その会社、もしくはある事業部門のように、資本や会計の論理でひとまとめにされている全体を指す。これに対して、チームとは「お互いの相互依存関係が日々の活動の中で認識し合える範囲にある人びとの集団」である。

優れた組織と優れたチーム、言うまでもなく成果を出すためには両方が必要となる。パフォーマンスは組織力とチーム力の掛け算で決まる。ただし、このところの大きなトレンドとして、パフォーマンスを左右する要因が組織力からチーム力へとシフトしつつある。

組織力の優劣は一義的にはトップマネジメントによる構造や制度、システムの設計にかかっている。かつては分業の体系や権限の配置、報酬システム、レポーティング・ラインの設計といった組織力を構成する要素が重要な意味を持っていた。

しかし、今日では情報技術の進展や経営に関する知見の流布によって、「優れた組織」の設計はそれほど特別で困難な仕事ではなくなった。組織力では大きな差がつかなくなった。「優れた組織」はコモディティ化しつつある。

このことは、パフォーマンスの規定因として、チーム力がかつてないほど重要性を増していることを意味している。チームは現場である。現場で働く人々の能力には大きな可変性がある。これがモノやカネにはない、ヒトという経営資源に固有の特徴だ。製造機械の生産性がいきなり倍になったり、投入できる資金量が突然5倍になるということは普通はあまりない。

しかし、現場で働く人間のモチベーションは、やりようによっては2倍3倍どころか10倍にもなりうる。しかも、それがチームとなれば、ヒトの可変性は掛け算で増幅する。1＋1が3にも5にも10にもなる。チームは「地球最大級の力」を持つという「Introduction」にある言葉はあながち大げさとはいえない。

逆に、劣悪なチームは個人の力を何分の一にも低下させる。そうした人びとの相互作用によって、果てしない悪循環を生み出すことにもなる。

組織力が構造やシステムの設計の問題であるとしたら、チーム力はひとえに文化——そこにいる人びとに共有されている価値観——にかかっている。本書の狙いは優れたチームの基盤にある文化を解き明かすことにある。

本書のメッセージは実にシンプル。目次にあるように、チーム力を醸成する文化は「安全な環境」「弱さの開示」「共通の目標」の3つに集約される。このそれぞれの意味するところは何か？　なぜこの3つが強いチームの文化として重要なのか？　そうした文化をつくり、浸透させるためには具体的にどのような行動を取るべきか？

本書は、こうした論点を定性的、定量的なエビデンスに基づいて詳細に考察する。事例やエピソードも豊富で、企業はもちろん、スポーツのチーム、軍隊から窃盗団まで、さまざまなチームの観察から導出された知見が詰まっている。

本書のメッセージは昨近のリーダーシップやマネジメントに関する本とは相当に異なる。むしろ反対のことを主張しているといってもよい。

強いチームの文化を醸成するためのカギは、高度なスキルを持つ優秀なメンバーを集めることにはない。迅速な意思決定と実行でもない。そもそも「強いリーダー」は必要ない。個性的でエキセントリックな天才も必要ない。野心的で挑戦的なビジョンは不要。最先端のテクノロジーも無用。決め手は日常の仕事での、ちょっとしたさりげない行動――それはしばしば当人も意識していない――にある。小さな行動の積み重ねが大きな違いを生み出す。

強いチームのエンジンに火をつけるのはいたって常識的な「普通の人」だ。第11章に出てくるベル研究所の事例が面白い。

シリコンバレーが生まれる以前、世界のイノベーションの中心はベル研究所だった。ベル研究所の黄金時代、ある職員が自分たちの成功の要因を解き明かそうとした。

まず、飛びぬけて優れた成果をあげている10人の研究者を選び出した。その10人を分析し、共通点を探した。専門分野、受けた教育、バックグラウンド……。なかなか共通点は見当たらない。ついに見つかった共通点は、彼らの資質や才能、知識とはまったく関係がない日常の習慣に関することだった。彼ら全員がハリー・ナイキストという物静かなエンジニアとよく一緒に昼食をとっていたのである。

天才科学者の集まりであるベル研究所にあって、ナイキストはあまりにも普通の存在だった。スウェーデンの農場で生まれ育ったエンジニアで、物腰は常に柔らか。礼儀正しく、仕事ぶりは勤勉そのもの。いつも穏やかな笑みを浮かべている「信頼できる常識人」だった。

ただし、ナイキストには誰もが認める特徴があった。ひとつは人柄の温かさ。彼には周囲の人を安心させる何かがあった。一緒にいると、自分は気にかけてもらっていると感じることができた。もうひとつは質問好き。好奇心が旺盛で、専門分野を問わず、相手をやる気にさせたり、ひらめきにつながる質問をするのが得意だった。

「安全な環境への帰属」、これが強いチームの文化の起点にして基点となる。リーダーやナイキストのようなキー・パーソンがまずはメンバーに安全を提供する。安全な環境を構築したうえで、他のメンバーに質問し、意見を聞く。聞きすぎるほど聞く。自分の意見を押しつけたり、自分が主役になることはない。

これがメンバーの間にチームへの帰属意識を醸成する。「帰属」という要因がパフォーマンスに与える影響は絶大で、帰属のシグナルに注目すれば、他の要素をすべて無視してもパフォーマンスを正確に予想できるほどだという。

強いチームのリーダーは、必ずしも強いリーダーではない。むしろ自らの弱さを認め、隠すことなく開示できるリーダーが求められる。人間には自分の弱点を隠したいという本能がある。しかし、早い段階で自分の弱さや欠点をさらけ出したほうがいい。これが安心できる環境へとつながる。

弱さの開示という文化は、「そもそも人はなぜチームをつくるのか」という根源的な問いと深く関わっている。チームの目的は、それぞれが長所を発揮し、お互いに不足する能力を補完するためにある。全員が完璧な人間であれば、そもそもチームは必要ない。弱さを見せると、相手も鎧を脱ぎ捨て、安心して協力するようになる。だから本来のチームとして動くことができる。

もちろんそこには、チームのメンバーに共有された目的がなくてはならない。しかし、これにしても壮大で斬新で奇抜なビジョンである必要はない。本書に出てくるレストランの事例にある共通目標は「顧客にとって居心地のよい空間を提供する」。ごくありきたりのものでかまわない。大切なのは、メンバーの誰もがわかる形で優先順位をはっきりさせることだ。

「安全な環境」「弱さの開示」「共通の目標」という3つの条件に支えられた文化を持つチームには、以下のような行動様式が共通して見られる。お互いの物理的距離が近く、よく輪になっている。アイコンタクトが多い。握手やグータッチ、ハグなどの肉体的接触が多い。特定少数の人が長々と話すのではなく、短い言葉のやり取りが多い。仲のいいグループで固まらず、誰もがメンバー全員と話をする。人の話を熱心に聞き、さえぎらない。質問をたくさんする。ユーモアと笑いがある。ちょっとした礼儀や親切を忘れない。「ありがとう」と言う――。このように、本書の議論は、いたってシンプルかつポジティブな人間観に基づいている。

いずれも、ちょっとした習慣であり、振る舞いである。これらのことを実行するのに特段の「スキル」は必要ない。むしろ、やろうと思えばすぐにできることばかり。しかし、強いチームは現実には希少である。本書が提唱する文化の実現は容易ではない。

なぜか。その理由のひとつは、デイヴィッド・ブルックスが名著『あなたの人生の意味』(早川書房)で指摘している、この数十年の「小さな私」の文化から「大きな私」の人間観への変容にあるだろう。

かつての謙虚と協調を良しとする文化は、現代においては自己顕示を良しとする文化へと移行した。そこで人びとは、自分をできるだけ大きく見せることに終始し、自分を世界の中心において物事を考えるようになった。

自尊心が強い「大きな私」は、常に飢えに苦しむ。他人と競争し、他人との違いを際立たせなければならないので、行動の自由度がなくなる。一方の「小さな私」は謙虚であり、自分が他者よりもいかに優れているかを証明しなくてはいけないという強迫観念から解放される。自然と他人を称賛するし、他人とも協調できる。

「大きな私」は目に見える能力や成果を追いかける。忙しいことが美徳となり、「自分はこれだけすごいことをしている」という主張に余念がない。チームの中でのごく日常のさりげない振る舞いや他者への気づかいに意識が向くことはない。

「大きな私」が支配的になる理由のひとつは、テクノロジーの進歩にある。コミュニケーションはますます速く、断片的で、せわしなくなる。自分の内なる声に耳を傾けるゆとりがなくなる。ソーシャル・メディアは「自分の個性」を多くの人へ知らしめ、人から注目を集めたいという人間の本能に火をつけた。しかも、ソーシャル・メディアからは自分にとって都合のよい情報ばかりが入ってくる。ますます「大きな私」になる。人間関係についての判断基準は「自分にとって有用か否か」に収斂《しゅうれん》する。

「大きな私」の文化が全面的に間違っているわけではない。因習からの個人の解放や個人の自律と自立、個性の重視は社会の進歩でもある。しかし、バランスを欠いている。現代に主流の「大きな私」の文化は行き過ぎている。それがかえってチームを脆弱にしている。


本書が明らかにする優れたチームのために必要な文化と行動様式は、はっきりと「小さな私」のそれである。「小さな私」の文化を取り戻し、バランスを回復する。ここに今日のチームマネジメントの焦点がある。

強いチームの文化（カルチャー）を説く本書は、現代の支配的文化に抵抗する「カウンターカルチャー」の書でもある。

２０１８年10月

楠木　建

第4章 帰属意識の育て方

チームの関係性をつくる人

第5章 帰属意識の高いチームをつくる

温室のつくり方

スキル2 弱さを共有する
Share Vulnerability

第12章
行動のためのアイデア2
弱さを見せられるようになる方法

まずリーダーが弱さを見せる（1回だけでなく何回も見せる）／メンバーに期待されていることをしつこいぐらい伝える／ネガティブなフィードバックは直接会って伝える／新しいチームをつくるときは、2つのタイミングを重視する／トランポリンのように聞く／「価値のあることを言いたい」という衝動を抑える／率直な意見交換のできる場を確立する／率直な意見と個人攻撃は違う／気まずい瞬間を大切にする／協力関係を強調する言葉を選ぶ／仕事の評価と能力開発を明確に区別する／「フラッシュ・メンタリング」を活用する／ときどきリーダーが姿を消す

スキル3
共通の目標を持つ
Establish Purpose

第13章
チームの価値観と目標の共有
311語の言葉が持つ力

第14章
目的意識の高いチーム
フーリガンの制圧と外科医の学習

本文デザイン・DTP／松好那名（matt's work）

Introduction　2足す2が10になるとき

まず質問から始めよう。

もしかしたらこれは、世界でいちばん古い質問かもしれない。

メンバーの実力以上の結果を出すチームもあれば、メンバーの実力以下の結果しか出せないチームもある。この違いは、いったいどこにあるのだろう？

今から数年前、デザイナーでエンジニアのピーター・スキルマンが、その秘密を探る実験を行った。数カ月の時間をかけて、スタンフォード大学、カリフォルニア大学、東京大学などを舞台に4人のチームをつくり、ある課題を与えてコンテストを開催したのだ。

課題とは、次の材料を使ってできるだけ高い構造物をつくること。

- 茹でていないスパゲティ20本
- 1ヤード（約0・91メートル）のセロテープ
- 1ヤードの糸
- 普通の大きさのマシュマロ1個

コンテストにはルールが1つある。それはマシュマロをてっぺんに置くことだ。この実験のいちばんおもしろいところは、課題ではなく参加する人たちだ。ビジネススクールの学生が集まったチームもあれば、幼稚園児のチームもある。ビジネススクールの学生チームは、速やかに課題に取りかかった。まず戦略を話し合い、材料を吟味する。お互いにアイデアを出し、鋭い質問を投げかける。候補をいくつかあげ、それからもっともうまくいきそうな戦略を1つに絞る。どこから見てもまさにプロの仕事だ。合理的で、知的である。彼らは1つの戦略を決め、それに従って粛々と塔を建設した。

大切なのはメンバー同士の相互作用

幼稚園児のやり方は違った。彼らは戦略を立てない。分析もしなければ、経験の共有もしない。質問もなし。提案もなし。アイデアを洗練させることもない。むしろ彼らはほとんど話さない。ただみんながくっついて立っている。

会話に秩序はなく、組織化もされていない。ただ無言で材料をいきなりつかむと、何の計画や戦略もないままに組み立て始める。口を開くときは、ただ短い言葉を発するだけだ。「こっち！　違う、こっちだってば！」

彼らの行動を簡単に表現するなら、「みんなで何かやっている」となるだろう。

どのチームが勝つか賭けるとすれば、おそらく悩むことなく、ビジネススクールの学生チームを選ぶに違いない。なにしろ彼らは、成功するために必要な知性、スキル、経験を備えている。

チームの能力はそうやって評価するものだ。能力のあるメンバーを集めれば、チームのパフォーマンスも上がるに決まっている。2足す2が4になるのと同じことだ。

しかし、その賭けは残念ながら外れるだろう。数十回にわたる実験を行った結果、幼稚園児のチームがつくった塔は、平均して66センチの高さがあった。対してビジネススクールの学生チームは、平均して25センチにも満たなかったのだ。[※1]

この結果をどう解釈したらいいのだろう。もしかしたら何かの間違いではないだろうか。ビジネススクールの学生はみな優秀なのだから、それが結果にも反映されるはずだ。それにひきかえ幼稚園児は、何の戦略も立てず、ただ好き勝手に動いている。それでいい結果が出せるはずがない。

だが、結果は間違いではなく現実だ。学生チームのほうが優秀なはずだという思い込みは、単なる思い込みでしかない。私たちは、チームの能力を予測するとき、個々のメンバーの能力に注目してしまう。しかし、いちばん大切なのは、個々の能力ではなく、メンバー同士の相互作用だ。

一見したところ、ビジネススクールの学生もお互いに協力しているようだ。しかし実際は、彼らは心理学でいうところの「ステータス・マネジメント」の状態になっている。誰もがチーム内での自分の立ち位置（ステータス）を探っているのだ。「リーダーは誰だ？」「他のメンバーのアイデアを批判しても大丈夫かな？」「この場のルールを解読しないと」といったことを、ぐるぐると考えている。表向きはスムーズにやりとりしているように見えるが、頭の中ではつねに余計なことを考えている。

この状態は、まことに非効率的だ。目の前の課題に集中するのではなく、空気を読んで行動することのほうに意識が向いている。自分の立ち位置を探ることに集中するあまり、本当の問題（マシュマロはけっこう重いことや、スパゲティが折れやすいこと）にまで頭がまわらない。その結果、最初の戦略はたいてい失敗し、そこで時間切れとなる。

一方で幼稚園児の行動は、一見するとただのでたらめだ。しかし、チームを1つのまとまりとして見ると、まことに効率的で効果的だということがわかる。彼らは「チーム内の立ち位置」のことなど気にしていない。お互いに同等の立場で、ただ目の前の作業に没頭している。彼らの動きにためらいはない。そして問題を見つけるとすぐに手助けする。リスクを取って挑戦し、失敗から学び、効果的な解決策を見つけ出す。

幼稚園児チームの勝因は、個々のメンバーが賢かったからではない。彼らは賢く協力したのだ。そして、彼らと同じ方法を使えば、たとえ普通の人ばかりが集まったチームでも、最高の結果を出すことができる。

そしてこの本は、幼稚園児のチームが使った方法を詳しく解説している。

成功しているチームの共通スキル

チームの文化には、おそらく地球最大級の力があるだろう。成功しているビジネス、優勝したスポーツチーム、幸せな家族には、かならず力強いチームの文化がある。反対にチームの文化が存在しない環境や、むしろ毒になる文化がはびこる環境もある。

そしてチームの文化は、ストレートに数字になって表れる。200以上の企業を対象にしたハーバード大学の研究によると、強固な文化を持つチームは、過去11年で純利益が756パーセントも増加した。

チームの文化が大切だということは誰でも知っている。しかし、そのしくみとなると、きちんと理解している人はほとんどいない。強固なチームの文化を築くにはどうすればいいのか。会社でも、コミュニティでも、家族でも、チームの文化がしっかりしていればうまくいくことはわかっている。問題は、しくみがよくわからないことだ。

しくみがよくわからないのは、もしかしたら「文化」というものを誤解しているからかもしれない。私たちは、文化はDNAのようなものだと考えている。

強固なチームの文化というと、たとえばグーグルやディズニー、ネイビーシールズなどが思い浮かぶだろう。彼らには固有の文化がある。あまりに独自の文化なので、彼らにしかないDNAから生まれたとしか思えない。

つまり、文化は運命のようなものであり、努力でどうにかなるものではない。強固な文化を持つチームもあれば、持たないチームもある。運命とはそういうものだ。

しかし、この本はその考え方に賛同しない。私はこの4年の間に、世界でもっとも成功している8つのチームを実際に訪ね、分析を重ねてきた。たとえば、軍の特殊部隊、都市部の貧困地区にある公立学校、プロのバスケットボールチーム、映画スタジオ、コメディ集団、宝石窃盗団などだ。※2

分析の結果、それらのチームには共通のスキルがあることがわかった。そのスキルとは、社交を司る脳の部位を活用したスキルであり、幼稚園児がスパゲティで塔をつくるときに使ったのと同じスキルだ。

本書の効果的な使い方

スキルは大きく3つに分けられ、本書もそれらのスキルに基づいて3部構成になっている。

スキル1の「安全な環境をつくる」では、つながりを示すシグナルが、帰属意識とチームのアイデンティティを育てるしくみを見ていく。

スキル2の「弱さを見せる」では、弱さを見せることで信頼関係を築く方法を説明する。

スキル3の「共通の目標を持つ」では、物語が共通の価値観や目標を生むしくみを見ていく。


この3つのスキルは、まずグループのつながりをつくり、それから行動につなげるというように、下から順番に積み上げていく。

本書の各パートは、ツアーのような構成になっている。まず各スキルの働きを理解し、その後で現場に出て、そのスキルを日々使っているリーダーやチームを実際に観察する。

そして各パートの最後で、実際にスキルを身につけるための具体的な方法を紹介する。

本書に登場するのは、世界でも有数の成功したチームばかりだ。彼らのチーム内の力学はどうなっているのか、どうやって信頼関係や帰属意識を築いているのか。その秘密を探っていく。

チームのしくみを知るほどに、個人の能力が過大評価されていることがわかってくる。チームづくりで大切なのは弱さを見せることであり、そして「いい人」であることは、あなたが思っているより重要かもしれない。

さらに、チームのリーダーにも目を向け、彼らが有能なチームを築き、このめまぐるしく変化する世界で成功を維持している秘訣も探っていく。

成功したチームの文化は、たしかにまるで魔法のように見える。

しかしその現実の姿は、魔法でもなんでもない。文化とは、共通の目標を目指す過程で生まれる有機的な個人のつながりだ。

あなたが「誰」であるかは関係ない。大切なのは、「何」をするかだ。

Skill 1

Build Safety

THE CULTURE CODE

スキル 1

安全な環境をつくる

第1章

チームに必要な環境

腐ったリンゴとおいしいリンゴ

ニックという男性を紹介しよう。黒髪のハンサムで、年齢は20代。シアトルにある会社の会議室で、他の3人と一緒にくつろいだようすで座っている。

一見したところ、よくあるミーティングの光景だ。ニックに変わったところは何もない。しかし、見かけにだまされてはいけない。ニックには、他の3人が知らない秘密の使命がある。それは、チームのパフォーマンスを下げることだ。

ニックをこのチームに送り込んだのは、オーストラリアのサウスウェールズ大学で組織行動学を研究するウィル・フェルプスという人物だ。フェルプスによると、チームに悪影響を与える人間には大きく分けて3つのタイプがある。

「性格が悪い人（攻撃的、反抗的）」「怠け者（労力を出し惜しむ）」、そして「周りを暗くする人（愚痴や文句ばかり言っている）」だ。

腐ったリンゴの実験

ニックが送り込まれたチームは総勢44人で、とあるスタートアップ企業のためにマーケティング戦略を立てるというプロジェクトに取り組んでいる。ここでニックは、チームをダメにする３つのタイプをすべて演じることになっている。

ニックはたとえるなら、生物学の実験で使われるウイルスのようなものだ。フェルプスはさまざまなチームにニックというウイルスを送り込み、チームの反応を観察する。フェルプスはこれを「腐ったリンゴの実験」と呼んでいる。

ニックの演技力は抜群だ。どのチームに送り込まれても、かならず30〜40パーセントはパフォーマンスを低下させている。そして、「性格が悪い人」「怠け者」「周りを暗くする人」のどのタイプを演じても、パフォーマンス低下の大きさはだいたい同じだ。

フェルプスは言う。

「ニックが『周りを暗くする人』を演じた場合を説明しよう。ミーティングに集まったメンバーは、みんなやる気に満ちあふれている。しかしニックだけは暗い顔で何も言わず、ずっと下を向いている。すると、他のメンバーもニックをまねるようになるんだ。無口で、疲れていて、やる気が感じられない。ミーティングが終わるころには、さらに3人のメンバーがニックと同じように腕を組んで下を向いてしまっていた」

ニックが「怠け者」を演じるときも結果は同じだ。フェルプスは言う。

「グループ全体があっという間にニックの影響を受ける。いい加減な仕事をして、プロジェクトをさっさと終わらせようとする。しかし、ここで興味深いのは、メンバーに仕事の感想を尋ねると、表面上はみんな前向きだということだ。『いい仕事ができたと思います。それに楽しめました』というように答える。

しかし、それはウソだ。彼らはニックの態度から影響を受け、『これはくだらない仕事だ。本気でやる価値などない』と本心では思っている。

実験前は、チームの誰かがニックの態度に腹を立てるのではないかと予想していたのだが、そんな人は現れなかったよ。彼らはニックを見ると、『あ、それでいいんだ。じゃあ自分も怠けるか』と考えるようだ」

しかし、すべてのチームがそうだったわけではない。

「例外が1つだけあったんだ」とフェルプスは言う。

「そのチームの存在に気づいたのは、ニックからの報告がきっかけだった。どうも他とはかなり違うという。ニックがどんなに頑張っても、パフォーマンスが落ちないんだ。

ニックによると、原因は1人のメンバーだ。他のチームでは効果抜群だった作戦も、そのメンバーのせいでまるで通用しなくなってしまう。ニックの注入した毒が彼によって中和され、他のメンバーはすぐにやる気を取り戻し、また目標に向かって邁進《まいしん》していくんだ」

このメンバーを、仮に「ジョナサン」と呼ぶことにしよう。

ジョナサンは巻き毛の若い男性で、体型は痩せ型。物静かで、口調は穏やか。いつもにこにこしている。腐ったリンゴのニックがどんなに毒を放っても、ジョナサンがいるチームは活気を失わず、やる気に満ちあふれ、それに見合った結果も出している。

しかしフェルプスがもっとも興味を持ったのは、ジョナサンが特別なことは何もしていないように見えたことだ。

「どれもちょっとしたことなので、注意していないとまったく気づかない」とフェルプスは言う。

「ニックが嫌味を言ったり暴言を吐いたりすると、ジョナサンは少し身を乗り出して笑顔をふりまく。ニックにあからさまに対抗したりはしない。微妙なボディーランゲージだ。するとニックのせいで緊張した空気が変わり、またなごやかな雰囲気になる。最初のうちはこの微妙な違いに気づかない。しかし注意して観察すると、大きな効果を上げていることがわかるんだ」

安全な環境の提供

フェルプスは映像を何度も見返して、ジョナサンの動きを分析した。そして、1つのパターンを発見する。ニックが毒を放つたびに、ジョナサンはすぐに毒を中和させるような行動を取るのだ。穏やかな態度で場の緊張を和らげ、その場にいる人々を安心させる。

次にジョナサンは簡単な質問をして他の人の発言を促し、相手の答えを熱心に聞く。するとチームの活気が復活し、メンバーは再び心を開いて自由に意見を交換するようになる。協力関係が自然に構築され、目標に向かって1つになることができるのだ。フェルプスは言う。

「基本的に、ジョナサンは『安全』を提供しているんだ。まず安全な環境を構築し、次に他のメンバーに向かって『みんなはどう思う?』と尋ねることで発言を促す。ときにはニックに向かって『きみならどうするかな？』というような質問をすることさえある。

ここでいちばん大切なのは、ジョナサンの存在によってみんなが安心できるということだ。ジョナサンはちょっとした言動で、『さあ、みんな。ここは安全な場所だよ。だから怖がらないで自分の意見を言ってほしい。みんなの考えをぜひ聞きたいと思っているんだ』というメッセージを送っている。特に大したことはしていないのに、チームが1つになって活気づくのがわかる。あれはすごいことだよ」

さすがのニックも、ジョナサンにかかると心ならずも協力的になってしまうという。

ジョナサンは、腐ったリンゴの毒を中和するおいしいリンゴだ。このおいしいリンゴの物語は、2つの意外な事実を教えてくれる。

1つは、何がチームのパフォーマンスを決めるのかということ。たいていの人は、優秀なメンバーを集めればチームのパフォーマンスも上がると考えている。大切なのは知性やスキル、経験であって、まさか「ちょっとした小さな行動」が決め手になっているとは思わない。しかしジョナサンの事例を見ればわかるように、小さな行動が大きな違いにつながっている。

もう1つの驚きは、ジョナサンの行動は、いわゆる「強いリーダー」という言葉から連想されるものとは、まったく違っていたということだ。

先頭に立ってその場を仕切ったわけでもなければ、周りに指示を出したわけでもない。戦略も立てていない。メンバーのやる気を鼓舞するスピーチもしていない。ビジョンを描いてもいない。

彼はただ、すべてのメンバーが安心し、「私たちは強固なチームだ」と確信できるような環境をつくっただけだ。ジョナサンのグループが成功したのは、メンバーが優秀だったからではない。ジョナサンがメンバーに安全な環境を提供したからだ。

チームのパフォーマンスを考えるとき、「安全」や「安心」を重視する人はあまりいないだろう。安心な環境か、そうでないかはたしかに気づくことはできるが、それが結果に影響を与えるとは考えない。

しかしジョナサンの例によって、安心の大切さが明らかになった。安心は、ただの気持ちの問題ではない。むしろ強固なチームの文化を築く基盤である。

ここで大切なのは、「安全」や「安心」はどこからやって来るのかということだ。安全な環境は、人工的につくることはできるのだろうか？

最強チームにしか見られない特徴

大きな成功を収めているチームのメンバーに、お互いの関係について尋ねると、たいてい同じ答えが返ってくる。「友だち」や「仲間」といった答えを想像したかもしれないが、どちらも違う。彼らは自分たちの関係を「家族」という言葉で表現する。[※3]

自分たちのつながりについて語るときの言葉も、まるで家族の関係を語っているかのようだ。

「言葉ではうまく説明できないけれど、とにかくしっくりくるんだ。正直なところ、何度か辞めようと思ったこともある。それでも離れられなかった。こんなつながりは他では手に入らないよ。チームは自分にとって兄弟も同然だ」（クリストファー　ボールドウィン　アメリカ海軍特殊部隊ネイビーシールズ・チーム６隊員）

「理屈ではありません。理屈で判断する人の集まりだったら、こんなことは不可能です。ここで起こっているのは、チームを超えたチームワーク。チームを離れ、周りの人たちの人生にも影響を与えている」（ジョー・ネグロン　ＫＩＰＰチャーター・スクール）

「とにかくすばらしい気分だ。どんなに大きなリスクを取っても、最後には仲間が支えてくれるとわかっている。もうメンバーの誰もが、この感覚の中毒になってしまっているよ」(ネイト・ダーン　コメディ集団アップライト・シチズンズ・ブリゲード)

「家族のようなつながりを何よりも大切にしている。それがあるおかげで、より大きなリスクを取ることができるし、お互いを許すこともできる。それに加えて、自分の弱さをさらけ出すことができるんだ。この関係は、形式的なつながりでは絶対に手に入らない」(デュエイン・ブレイ　IDEO)

例にあげたようなチームを訪ねると、ある特有のパターンがあることに気づく。パターンといっても大げさなものではなく、日々の交流の中に見られる微妙なパターンだ。チームの性質は関係ない。軍隊でも、映画スタジオでも、貧困地区の学校でも同じだ。

そのパターンをリストにしてみよう。

・お互いの物理的な距離が近い。よく輪になっている
・アイコンタクトが多い

・握手、グータッチ、ハグなど肉体的な接触がある
・活気のある短い言葉のやりとりが多い（誰かの長いスピーチではない）
・チーム内の交流が盛ん。仲のいい小さなグループで固まらず、誰もがメンバー全員と会話する
・人の話をさえぎらない
・質問をたくさんする
・人の話を熱心に聞く
・ユーモアと笑いがある
・「ありがとう」と言う（ドアを開けてあげるなど、ちょっとした礼儀や親切を忘れない）

そしてもう1つ。彼らと一緒にすごすのはとても楽しく、ほとんど中毒性があるといってもいい。私もなんとか言い訳を考えて、取材の期間を1日か2日延ばしたりしたものだ。彼らと一緒に働くために、本気で転職を考えたことさえある。

成功しているチームには、どうしても惹きつけられる不思議な魅力がある。

彼らのような特別な関係を描写するとき、よく「化学反応」という言葉が使われる。よい化学反応が起こっているチームは、少し接しただけですぐにわかる。活気に満ちあふれ

ていて、それと同時にメンバーは完全にリラックスしている。

興奮と安定という矛盾するような要素が同居している。これは特別なチームにしか見られない特徴だ。この雰囲気を人工的につくりだすのは、はたして本当に不可能なのだろうか？

マサチューセッツ州ケンブリッジ。きらきらと輝く近代的なビルの一室に、チームの化学反応にとりつかれた科学者たちが集まっている。

マサチューセッツ工科大学（ＭＩＴ）ヒューマン・ダイナミクス研究所は、一見したところどこにでもあるような会社のオフィスだ。ただしよく見ると、イギリスの電話ボックスがあり、アルミホイルのズボンをはいたマネキンがいて、天井からはミニチュアのジェットコースターがぶら下がっている。

ラボの責任者は、アレックス・ペントランド、通称サンディというコンピュータ科学教授だ。物腰柔らかで、印象的な輝く瞳、そして白髪交じりのヒゲを伸ばしている。まるで気さくで頼りになる村のお医者さんのような雰囲気だ。

ペントランドが最初に選んだ研究対象は、ビーバーのダムだった。衛星写真をもとに、ビーバーのダムづくりを分析したのだ。テクノロジーを活用して隠れた行動パターンを分析するという手法は、そのころから変わっていない。

「人間が出すシグナルも、動物が出すシグナルと似たようなものだ」とペントランドは言う。私は小さくて居心地のいい彼のオフィスを訪ね、話を聞いた。

「シグナルを分析すれば、その人が何にどのくらい興味を持っているかがわかる。また、集団のボスが誰であるか、誰が協力的か、誰が誰のまねをしているか、誰と誰が同調しているかといったことがわかる。

人間には『シグナルを出す』というコミュニケーション方法があり、誰もが無意識のうちに使っている。たとえば、私がここで少し身を乗り出すと、あなたも同じようにするかもしれない。これは相手のしぐさや行動を鏡のようにまねているので、『ミラーリング』と呼ばれている」

ペントランドはそう言うと、私に向かって身を乗り出し、ぼさぼさの眉毛を上げて目を見開いた。すると私も、彼の言った通り、その気はないのに無意識のうちに同じことをしてしまう。

彼は私を安心させるように笑みを浮かべると、またもとの姿勢に戻った。

「この現象が起こるのは、相手に触れられるほど物理的に近い距離にいるときだけだ」

ペントランドは、オーレン・レーダーマンという科学者を紹介してくれた。彼は偶然にも、例のスパゲティとマシュマロの実験について研究しているところだった。私はペントランドに連れられて同じ階にあるレーダーマンのオフィスを訪ね、そこで実験の動画を見せてもらった。

3人のエンジニアと1人の弁護士のチームで、スパゲティの塔造りはなかなか順調に進んでいた。「このチームはＭＢＡチームよりは上かもしれないが、やはり幼稚園児チームにはかなわない」とレーダーマンは言う。「幼稚園児はもっと口数が少ないんだ。口数が少ないのはいいことだよ」

これは単なるレーダーマンの個人的な意見ではない。れっきとした事実だ。私たちがこうして動画を見ながら話している間も、チームの行動を分析したデータが、パソコンの画面に次々と流れてくる。

具体的には、それぞれのメンバーが話す時間のパーセンテージ、声のエネルギーレベル、話す速さ、役割交代の円滑さ、他のメンバーの発言や行動をさえぎる回数、他のメンバーの声の調子をまねる回数といったデータだ。

安全なつながり

レーダーマンは、ある特別な道具を使ってこれらのデータを集めている。その道具は、クレジットカードほどの大きさのプラスチック板で、中にマイクやGPSといったさまざまなセンサーが入っている。

この道具は、「ソシオメーター」と呼ばれている。内蔵されたセンサーを使って1秒に5回の頻度でデータを集め、無線でデータをサーバーに飛ばしてさまざまなグラフに変換する。

だがペントランドによると、それらのグラフは、膨大なデータという氷山の一角にすぎないという。レーダーマンとペントランドがその気になれば、メンバー同士の距離の近さや、一対一のコミュニケーションのパーセンテージまで測定する機能をつけることもできるというのだ。

わかりやすい例をあげるなら、これは大統領選挙の世論調査や、ゴルフのスウィングの診断のようなものだ。リアルタイムのデータを集め、分析を加えている。

しかし、集めるデータの中身はだいぶ違う。

ソシオメーターがとらえるのは、人類に共通する「言葉によらないコミュニケーション」の方法だ。私たち人間は、言葉以外の方法で「帰属のシグナル」を送ることで、「安心できる関係」を構築しているのだ。

帰属のシグナルとは、集団の中で「安全なつながり」を構築するような態度のことを指している。

物理的な距離の近さ、アイコンタクト、エネルギー、相手と同じ動作をする、順番に話す、相手を気にかける、ボディーランゲージ、声の高さ、価値観にぶれがない、すべてのメンバーの間で会話がある、といったことだ。

帰属のシグナルも言葉と同じで、ある孤立した瞬間だけでなく、同じ内容のシグナルを一貫して出し続けることが大切になる。帰属のシグナルの役割は、太古の昔から続く人間の本能的な問いに答えることだ。

「私たちはここにいて安全か？」「この人たちと一緒にいる未来はどうなるだろう？」「どこかに危険が潜んでいないだろうか？」という不安をなくすために、帰属のシグナルは存在する。

「現代のような社会になったのは、本当につい最近のことだ」とペントランドは言う。

「何十万年もの間、人類は1人では生きられず、群れで生活してきた。しぐさや視線などのシグナルは、言語よりも早く生まれたんだ。そのため人類の脳は、その種のシグナルを感知する能力を大きく発達させてきた」

帰属のシグナルには、大きな特徴が3つある。

1　エネルギー

目の前で起こっている他のメンバーとの交流を大切にしている。

2　個別化

メンバーを独自の存在と認め、尊重している。

3　未来志向

関係はこの先も続くというシグナルを出す。

これらのシグナルをすべて合わせると、最終的に「あなたはここにいて安全だ」というメッセージになるのだ。

私たちの脳には、関係性のシグナルを敏感に感じ取る部位がある。帰属のシグナルは、その部位に向かって「危険の心配はないよ」というメッセージを送り、脳を「つながりモード」にシフトさせる役割を果たす。この状態は「心理的安全性」と呼ばれている。

ハーバード大学で心理的安全性を研究する、エイミー・エドモンドソンは言う。

「人類の脳は、対人関係のシグナルを読み取る能力がとても高い。私たちの脳には、『自分は他の人からどう思われているだろう』とつねに心配している部位がある。特に自分より上の立場の人からの評価を気にしている。

脳内の出来事だけで考えれば、社会から拒絶されるのは死を意味する。人間にとって、危険を察知するのは本能なので、会社などの組織は、細心の注意を払って危険だと感じるような状況を取り除かなければならない」

ペントランドとエドモンドソンによると、心理的安全性を構築するカギは、脳と恐怖感の深い結びつきを理解することだ。帰属のシグナルを1回か2回送るだけではまったく足りない。人間の脳は、一貫したメッセージが何度も送られてくることを求めている。

だからこそ、帰属意識を築くのはこんなにも難しく、しかも壊れるときは一瞬で壊れてしまう。テキサス州出身の政治家サム・レイバーンの言葉を借りれば、「どんな愚か者でも納屋を壊すことはできるが、納屋を建てるには腕のいい大工が必要だ」ということだ。

以上を念頭に置いたうえで、先ほどの「腐ったリンゴの実験」について考えてみよう。ニックはほんの数回「非帰属のシグナル」を送っただけで、チームの和を乱すことができた。彼の行動は、「ここは安全ではない」という強力なメッセージだ。そして危険を察知したチームは、またたく間にパフォーマンスが低下した。

それに対してジョナサンは、さりげない言動で、「ここは安全だ」というメッセージを一貫して送り続けた。他のメンバーと個人的につながり、相手の話を熱心に聞き、「この関係を大切に思っている」というシグナルを出す。

ジョナサンはまるで、帰属のシグナルがこんこんとわき出る泉のような存在だ。そしてチームの他のメンバーは、ジョナサンの態度を見て安心する。

チームのパフォーマンスを決めるもの

近年、ペントランドの研究チームが、ソシオメーターを使ってさまざまなグループの交流を測定する研究を行った。対象になったのは、病院の術後処置病棟、コールセンター、銀行、給料の交渉、ビジネスのプレゼンなどだ。

それぞれの測定の結果、ペントランドたちはある法則を発見する。それは、帰属のシグナルだけに注目すれば、交流に関する他のすべての情報を無視しても、チームのパフォーマンスを正確に予測できるという法則だ。

たとえば、ペントランドと、マサチューセッツ工科大学のジャレッド・カーハンが、ビジネススクールの学生を対象にした実験を行った。学生を2人1組にして、上司と部下の役を演じてもらう。ここでの課題は、待遇向上を求める交渉だ。給料だけでなく、会社の車を使う権利、休暇、健康保険なども要求する。

ペントランドとカーハンによると、交渉の最初の5分を記録したソシオメーターを見れば、交渉の結果がほぼわかるという。言い換えると、交流の最初の段階で発せられた帰属のシグナルは、他のどんな言葉よりも大きな力を持つということだ。

次に、起業家が企業の重役たちを前にプレゼンを行うという実験について見てみよう。起業家たちが順番にプレゼンを行い、その後で重役チームが各プレゼンを評価して、外部のエンジェル投資家にもっとも推薦できるものを選ぶ。

ペントランドによると、起業家と重役チームの間で交わされる関係性のシグナルを見るだけで、重役チームの評価を正確に予測できるという。プレゼンの中身はあまり関係ない。ここでいちばん重要なのは、プレゼンをする者と、それを聞く者の人間関係だ。

現に、エンジェル投資家にプレゼンの資料だけをわたし、関係性のシグナルがまったく存在しない状況で評価してもらうと、実際にプレゼンを受けた重役チームとはまったく違う結果になった。

「プレゼンを聞いた重役たちは、自分の判断は客観的だと思っている。独創性のあるアイデアか、現在のマーケットに受け入れられるか、計画はどこまで練られているかといった基準で判断しているつもりだ」とペントランドは報告する。

「しかし、プレゼンを聞いている間、彼らの脳内では、プレゼンの内容とは別の情報も処理されている。たとえば、『この人物は自分のアイデアをどれくらい信じているか？』『話し方に自信が感じられるか？』『どこまで本気なのか？』といったことだ。本人たちは気づいていないが、この種の隠れた情報が、実は判断にもっとも大きな影響を与えている」

「こういう例を見ると、人間というものに対する考え方が変わってくる」とペントランドは言う。「個人といっても、本当の意味の個人ではない。むしろジャズ・カルテットのメンバーに近い存在だ。お互いの音を聴いてシグナルを読み取り、無意識のうちに反応している。お互いに足りないところを補い合い、ひとつの音楽を完成させているんだ。

ここで重視されるのは、客観的な情報の中身ではなく、その情報が送られてくるパターンのほうだ。このパターンの中には、お互いの関係や、その場で本当に起こっていることについての情報がたくさん詰まっている」

ペントランドの研究によって、チームのパフォーマンスは、5つの計測可能な要素の影響を受けることがわかった。

1 チームの全員が話し、話す量もほぼ同じで、それぞれの1回の発言は短い
2 メンバー間のアイコンタクトが盛んで、会話や伝え方にエネルギーが感じられる
3 リーダーだけに話すのではなく、メンバー同士で直接コミュニケーションを取る
4 メンバー間で個人的な雑談がある
5 メンバーが定期的にチームを離れ、外の環境に触れ、戻ってきたときに新しい情報を他のメンバーと共有する

どれも、一般的に言われている「優秀なチームの特徴」とは関係のないものばかりだ。むしろ普段は完全に見過ごされている要素だろう。

しかし、そういった一見すると「どうでもいい」ことが、チームのパフォーマンスを決

めるもっとも大切な要素になっている。

「人間の集団的知性は、ある意味で森に暮らす類人猿とそれほど変わらない」とペントランドは言う。「1匹のサルが何かに熱中すると、それが他のサルにも伝染し、集まって何かを一緒に行うようになる。人間の集団的知性もそれと同じなのだが、それを理解している人はほとんどいない。

何かの言葉が人を動かすことはめったにない。言葉は言葉でしかないからだ。しかし、仲間が何かのアイデアに熱中しているのを見ると、自分の態度も変わる。そうやって知性が生まれ、文化が築かれていくんだ」

たいていの人は、「言葉は言葉でしかない」とは考えない。むしろ大切なのは言葉であり、チームのパフォーマンスはメンバーの「言葉の知性」と比例し、複雑なアイデアを的確に伝える能力が高いほど、チームのパフォーマンスも上がると考えている。

しかし、その考え方は間違っている。言葉はノイズだ。

チームのパフォーマンスを決めるのは、「ここは安全な場所だ。そして私たちはつながっている」というメッセージを伝えるしぐさや態度なのだ。

第2章

チームの化学反応

「いつものこと」が10億ドルのビジネスを生む

2000年代の初め、アメリカ有数の頭脳が静かな競争をくり広げていた。彼らが目指していたのは、インターネットの検索エンジンと広告を組み合わせたプログラムをつくることだ。

このプログラムでいちばん大切なのは、検索ワードに関連のある広告、つまりユーザーのニーズに合った広告を、ピンポイントで表示することだ。たしかに難しい仕事だが、もしこれが実現したら、莫大な利益が期待できる。

ここでの問題は、どの会社がレースに勝つかということだ。

誰もが本命視していたのはオーバチュアだ。オーバチュアはロサンゼルスに拠点を置く

IT関連企業で、優秀な起業家のビル・グロスが率いている。インターネットの広告という分野を開拓したのは、他ならぬグロスだった。クリックすると広告料が入るというシステムを開発し、オーバチュアを一気に巨額の利益を上げる企業に成長させた。新規に株式を公開したときは、10億ドルもの値がついた。

簡単にいうと、まさにオーバチュアのひとり勝ち状態であり、他の企業は泡沫候補のような存在だったということだ。市場はオーバチュアの勝ちに10億ドルを賭けた。

ラリー・ペイジのメモ

スパゲティとマシュマロで塔をつくるという戦いだったら、普通は幼稚園児よりもMBAの学生の勝ちに賭ける。それと同じことだ。オーバチュアもMBAの学生と同じで、知性があり、経験があった。勝つためのリソースを備えていた。

しかし、オーバチュアは勝てなかった。勝者は、グーグルと呼ばれる小さな新興企業だった。しかも、グーグルの勝ちが決まった瞬間まで、はっきりとわかっている。

2002年5月24日、場所はカリフォルニア州マウンテンビュー市ベイショアパークウェイ2400番地。もっと具体的にいえば、グーグル本社の中にあるキッチンだ。

その日、創業者のラリー・ペイジが、キッチンの壁にあるメモを貼り出した。メモにはたったひと言、こう書かれていた。

「こんな広告はクソだ」

普通の会社であれば、社内にこんなメモを貼り出すなど考えられない。しかしペイジは普通の経営者ではなかった。第一に、見た目がまるで中学生のようだ。好奇心に満ちあふれた大きな目、マッシュルームカット、そして興味のおもむくままにマシンガンのようにまくし立てる。

ペイジ流のリーダーシップ・テクニックとは（仮にそれが「テクニック」と呼べるのであれば）、何事も徹底的に話し合うことだ。そうやって最高の戦略を立て、最高のアイデアと製品を生み出していく。グーグルで働くのは、たとえるなら終わりのないレスリングの試合のようなものだ。この試合から逃げられる人は誰もいない。

グーグルには、駐車場を会場にした全員参加のストリート・ホッケーの伝統があり、その試合でも「徹底的にやる」という方針が採用されている。「パックを取り合うときは、創業者も平社員も関係ないよ」と、ある社員が言っていた。

また金曜に開催される全社会議でも、すべての社員が、ペイジら創業者にどんな質問をしてもいいことになっている。もちろん、創業者のほうも、社員に何を尋ねてもいい。この金曜の会議も、ホッケーの試合と同じで、あちらこちらでぶつかり合いが起こるという。

ラリー・ペイジがメモをキッチンの壁に貼ったころ、グーグルはオーバチュアとの競争で苦戦を強いられていた。社内で「アドワーズ」と呼ばれていたプロジェクトは、検索ワードに合った広告を出すという、基本中の基本も達成できないような状況だった。

たとえば、オートバイの「カワサキH1B」を検索したとすると、アメリカ労働ビザの「H－1Bビザ」取得に関する法律手続きの広告が表示される、といった具合だ。この種の間違いは、まさにプロジェクトにとって致命傷になる。

そこでペイジは、こういった「悪い例」のリストをプリントアウトした。そして先ほどの「こんな広告はクソだ」という言葉をすべて大文字で書き、キッチンの壁に貼ると、その場を去った。

グーグルの安全な社内環境

ジェフ・ディーンというグーグル社員が、そのメモを目にした。社員の中でも、見たのは最後のほうだった。ディーンはミネソタ州出身で、ひょろりとした体型の物静かなエンジニアだ。性格的には、ペイジの正反対だといえるだろう。物腰が柔らかで、話しやすく、つねに礼儀正しい。社内では、カプチーノ好きとして有名だった。

ディーンがアドワーズの問題を気にかける理由は、特になかった。彼の部署は「検索」であり、広告プロジェクトとは関係ない。それに自分の仕事だけで手一杯だった。

しかし、あの金曜の午後、ディーンはたまたまカプチーノを淹《い》れにキッチンへ行き、ペイジが貼ったメモを目にした。そして「悪い例」のリストを見ながら、自分の仕事でも少し前に同じような問題があったことを思い出した。

ディーンは自分のデスクに戻ると、アドワーズ・エンジンの修正を始めた。誰かから許可を得たわけでもなく、誰にも話さなかった。ただ「やってみた」だけだ。

ディーンのこの決断は、どの角度から見てもまったく意味がない。目の前には自分の仕事が山積みになっているのに、それを無視してでも、誰にも「やれ」と言われていない、難しい仕事にあえて手を出している。途中でやめても、誰もそれに気づかないだろう。

しかし、彼はやめなかった。それどころか土曜日にも出社して、アドワーズの改良に取り組んだ。そして日曜の夜、家族と一緒に夕食を取り、２人の幼い子供を寝かしつけると、午後９時ごろに車でオフィスに向かった。オフィスに着くとカプチーノをつくり、アドワーズの続きに取りかかった。

月曜の午前５時５分、ディーンは改良案をまとめるとメールで送信した。それから家に戻り、ベッドに入り、ぐっすり眠った。

ディーンの改良案はどんぴしゃりだった。問題は即座に解決され、広告の正確性が急上昇したのだ。ディーンの仕事がきっかけとなってさらに改良が進み、アドワーズはクリック課金型広告でついにトップに躍り出た。

一方でオーバチュアは、社内抗争と官僚主義が足かせとなり、白滅した。

ディーンの改良から１年で、グーグルの利益は６００万ドルから９９００万ドルに増えた。２０１４年には、アドワーズ・エンジンは１日に１億６０００万ドルを売り上げるまでに成長し、広告収入がグーグルの収入の9割を占めるようになっていた。

『グーグル　ネット覇者の真実』（CCCメディアハウス）著者のスティーヴン・レヴィによると、アドワーズは「グーグルの血液になった」という。「アドワーズが生み出した利益が、その後にグーグルが起こしたすべての革新を可能にしたのだ」と、彼は書いている。

しかし、この逸話で大切なのはそこではない。グーグル社内には、アドワーズ成功の立役者でありながら、この成功にさほど興味を持っていない人物が1人いる。その人物は、ラリー・ペイジがキッチンにメモを貼ったあの歴史的な週末のことも、ほとんど覚えていない。その人物とは、ジェフ・ディーンだ。

2013年のある日、グーグルのアドバイザーのジョナサン・ローゼンバーグが、共著者として執筆中だったグーグルに関する本の取材で、ジェフ・ディーンにインタビューを申し込んだ。ローゼンバーグが興味を持っていたのは、ディーンの目から見たアドワーズ開発の内幕だ。

そこで彼は、こう切り出した。「アドワーズ・エンジンの話を聞きたいんだ。キッチンに貼られたラリーのメモから始めよう」

ローゼンバーグは当然ながら、これらの言葉にディーンがすぐに反応することを期待していた。しかし、期待通りにはならなかった。ディーンはにこにこしながら、ただ黙ってローゼンバーグを見つめている。

ローゼンバーグはややうろたえると、アドワーズ開発について順を追って話していった。するとディーンも、やっと「ああ、あれか！」と思い出した。

開発のいちばんの立役者に、こんな反応を期待する人はいないだろう。たとえるなら、マイケル・ジョーダンが６回のリーグ優勝のことを忘れているようなものだ。しかし、ディーンにとっては、アドワーズはその程度の存在だったのだ。

私もディーンに話を聞いた。「もちろんあのときのことは覚えているよ」と彼は言う。「でも正直なところ、自分の中ではそこまで特別なことではないんだ。ああいうことはよくあるからね」

「ああいうことはよくある」

つまりグーグルの社員は、スパゲティとマシュマロで塔をつくる幼稚園児と同じ働き方をしているということだ。彼らにとっては、自分の地位も、誰がボスかということも、すべてどうでもいいことだ。ただお互いに近くにいて、わいわい言いながら塔をつくる。

ペイジは難しい問題に直面すると、社員を挑発して活発な議論を巻き起こす。それがグーグルの文化であり、ホッケーのゲームでも、金曜の全社会議（参加者の全員がほぼ同じ時間話し、同じ時間聞く会議）でも、その文化が生かされている。グーグルでのコミュニケーションは、センテンスが短く、言葉が矢継ぎ早に飛び出す。お互いの目を見る、エネルギッシュなやりとりだ。グーグルは、まさに帰属のシグナルであふれている。お互いに近い距離で働き、誰もが安心して自分の仕事に没頭できる。

一方でオーバチュアは、それまでの実績と豊富な軍資金のおかげで大きくリードしていたのだが、官僚主義という足かせが存在した。何かを決めるときはうんざりするほどミーティングをくり返し、技術、戦略、戦術について延々と話し合わなければならない。それが終わったら、今度は各方面の承認を取りつける必要がある。

帰属のシグナルのレベルでオーバチュアを採点したら、おそらく点数はかなり低くなるだろう。ある社員は、プロジェクトの状況について、「何もかもが最低だった」と「ワイアード」誌に語っている。

グーグルが勝ったのは、オーバチュアよりも優秀だったからではない。オーバチュアよりも安全な環境だったからだ。[※4]

帰属シグナルの実験

ここで、帰属のシグナルについてさらに詳しく見ていこう。

人間の脳の中で、帰属のシグナルはどのような働きをしているのだろうか？

たとえば、私があなたにパズルを与えたとしよう。さまざまな色や形のピースを使って地図をつくるという、難しいパズルだ。時間は好きなだけかけてかまわない。私はパズルについて一通り説明すると、あなた１人を残して部屋を出る。

そして２分後、私は部屋に戻り、あなたにメモをわたす。そのメモは、同じようにパズルに取り組んでいるスティーヴからだ。あなたはスティーヴと会ったことはない。「スティーヴはすでにパズルをやっていて、あなたにコツを教えたいそうです」と私は言う。あなたはスティーヴのメモを読み、またパズルに取り組む。そのとき、あなたの脳内では大きな変化が起きる。

あなたは無意識のうちに、さっきよりも真剣にパズルに取り組むようになる。脳内のある部位がにわかに活発になる。モチベーションが高まり、パズルに取り組む時間が50パーセント長くなる。エネルギーレベルも、パズルも楽しむ度合いも各段に高くなる。

さらに興味深いのは、その続するということだ。2週間後に同じようなパズルを出題されると、むしろ喜んで挑戦しようとする。つまり、たった1枚のメモによって、あなたはより賢く、熱心な人に生まれ変わったということだ。


ここで種明かしをしよう。スティーヴからのメモは、実際のところまったく役に立たない。パズルに関係のある情報は一切書かれていないのだ。あなたの態度やモチベーションがあれだけ変わったのは、メモの内容ではなく、メモが送ってくるシグナルが原因だった。ここで大切なのは、「自分のことを気にかけてくれている人がいる」というメッセージだったのだ。

帰属のシグナルの効果がわかる実験をもう1つ紹介しよう。

それは「自分の携帯電話を知らない他人にわたしますか？」という実験で、2つのシナリオと1つの質問で構成されている。

シナリオ1

あなたは雨の日に駅のホームに立っている。そこに知らない人が近づいてきて、「あなたの携帯をお借りしてもいいですか」と礼儀正しく尋ねる。

シナリオ2

あなたは雨の日に駅のホームに立っている。そこに知らない人が近づいてきて、「雨で大変ですね。ところで、あなたの携帯をお借りしてもいいですか」と礼儀正しく尋ねる。

質問

あなたはどちらの知らない人に、自分の携帯電話を貸したいと思うだろうか？

一見したところ、２つのシナリオに大きな違いはないようだ。どちらの「他人」も同じお願いをしており、その願いをきくには、相手をかなり信用しなければならない。

それに加えて、ここでカギとなるのは相手ではなく、むしろあなた自身の基本的な態度や性格だろう。携帯電話という、とても個人的で大切なものを見知らぬ他人にわたすかどうかは、普段から人をどれだけ信頼するかで決まってくる。

つまり普通に考えれば、たいていの人はどちらのシナリオでも同じように反応するはずだ。人を信頼するタイプならどちらのシナリオでも携帯電話を貸し、信頼しないタイプならどちらのシナリオでも貸さない。

人の態度を変える帰属シグナル

しかし、その考えは間違っているかもしれない。

ハーバード・ビジネス・スクールのアリソン・ウッド・ブルックスがこの実験を行ったところ、シナリオ2を用いると、願いに応じる確率が422パーセントも上昇した。

つまり、「雨で大変ですね」というたったひと言が、相手の態度を大きく変えたということだ。パズルとスティーヴからのメモも、これとまったく同じしくみになっている。「雨で大変ですね」というひと言も、同じパズルに取り組む人からの言葉も、「ここは安心してつながれる場所だ」というメッセージの役割を果たしているのだ。だからあなたは、相手が知らない人でもつながりを感じ、安心して携帯電話をわたすことができる。

「これは信じられないほど大きな力だ」と、スタンフォード大学のグレゴリー・ウォルトン博士は言う。博士は「スティーヴからのメモ」実験や、他の実験を行った人物だ。

「つながりを示唆するシグナルには、たとえどんなに小さなものでも、人間の態度を一変させる力がある」[※5]

帰属のシグナルが持つ力がよくわかる例を紹介しよう。

オーストラリアの研究グループが、自殺未遂で病院に搬送された772人を対象に調査を行った。退院してからの半年間、彼らの半分は、以下のようなメッセージが書かれたポストカードを定期的に受け取る。

親愛なる◯◯さんへ

あなたがニューカッスル・マター病院を退院してからまだそれほどたっていませんが、その後はいかがおすごしでしょうか。病院スタッフ一同、お元気にすごされていることを願っています。もし何か困っていることがありましたら、どうぞ声をかけてください。喜んでお力になります。

それでは、お体をお大事になさってください。

（署名）

退院から2年後、継続してポストカードを受け取っていたグループは、受け取らないグループに比べ、再び自殺未遂で入院する確率が半分になった。ウォルトンは言う。「小さなシグナルにはとても大きな力がある。しかしここで大切なのは、1回で終わりにしては効果がないということだ。強い関係を確立するには、『あなたのことを気にかけている』というメッセージを送り続ける必要がある。『あなたと私』で共にする行動は、すべてこの関係の枠組みの中にある。

これは一種の物語であり、ずっと続いていく物語だ。こう考えると、恋愛関係に似ているともいえるだろう。あなたはパートナーに、どれくらい『愛している』と伝えているだろう？　愛しているという気持ちだけでは不十分だ。その気持ちを何度も相手に伝えなければならない」

継続した明確な帰属シグナル

帰属のシグナルは一度で終わりではなく、継続して送らなければならない。この考え方について、もう少し詳しく検証してみよう。

人間の脳が「安心」を合理的に理解するのであれば、シグナルは一度で十分なはずだ。

しかし私たちの脳はそのように進化していない。脳のいちばんの仕事はむしろ心配することであり、とりつかれたように「危険」のシグナルを探している。だからこそ人類は生き残ることができた。

この危険を執拗に恐れる態度は、脳の奥深くにある扁桃体という部位から生まれている。扁桃体は原始的な脳の部位で、つねに周りの環境を監視して危険を探している。そして危険を察知すると、扁桃体はすぐに警報を鳴らして「戦うか、それとも逃げるか」モードに入る。

こうなると、ストレスホルモンが体内を駆けめぐり、私たちはもう「生き残るためにはどうするか」ということしか考えられなくなる。

しかし最近の研究によると、扁桃体の役割は、どうやら危険を察知することだけではないようだ。社会的なつながりをつくるときも、大きな役割を果たしているという。

たとえば、こういうしくみだ。

帰属のシグナルを受け取ると、扁桃体は役割を変換し、今度は社会的な絆を確立・維持するために、その無意識の監視力のすべてを注ぎ込む。グループのメンバーの動向を観察し、彼らとの交流に注意を払い、意義深い関係をつくるための舞台を整えるのだ。

扁桃体はほんの一瞬のうちに、うなり声を上げる番犬から、人なつっこい介助犬に変身する。そして介助犬の目標はただ1つ、あなたと群れのつながりを強固に保つことだ。

この脳の働きは、脳スキャンで実際に観察することができる。扁桃体の発火のしかたが、危険を察知したときとはまったく異なるのだ。

「すべてがひっくり返るんだ」と、ニューヨーク大学で社会神経科学を教えるジェイ・ヴァン・バヴェルは言う。

「何らかのグループの一員になった瞬間に、扁桃体は役割を変えて、今度はグループのメンバーを詳細に観察するようになる。なぜなら、メンバーは自分にとって価値のある存在だからだ。かつては見知らぬ他人だったが、今は同じチームの仲間だ。

その事実が、関係のすべての力学を変えることになる。とても強力なスイッチであり、トップダウンの絶対的な命令だ。モチベーションや意思決定のシステムが根本から変化する」

この扁桃体の働きを見れば、帰属のしくみにまつわる矛盾を理解することができる。帰属という感覚は自分の中から生まれるように感じるかもしれないが、実際は外側から生まれているのだ。

脳の社会性を司る部位は、目に見えないほどの微妙な帰属のシグナルを感知すると、にわかに活動を始める。そして、「私たちは仲間だ。この場所は安全だ。私たちは運命共同体だ」というメッセージを送る。

帰属意識とは、たとえるなら燃えさかる炎のようなものだ。燃料や酸素がなくなれば、火はやがて消えてしまう。それと同じように、帰属意識も、帰属のシグナルがなくなると消えてしまうのだ。

ラリー・ペイジとジェフ・ディーンも、グーグルの全社ミーティングやストリート・ホッケーに参加するたびに、帰属のシグナルという燃料や酸素を受け取っていた。「腐ったリンゴ」のニックがチームの和を乱すようなことをするたびに、ジョナサンは帰属のシグナルを送ることでその毒を打ち消していた。

見知らぬ人の携帯電話を借りる前に、「雨で大変ですね」というひと言をつけ加えるのも、炎に燃料や酸素を送るのと同じことだ。

ただ優秀なメンバーを集めるだけでは、チームの化学反応は起こらない。明確な帰属のシグナルを継続して受け取ったとき、チームは真の力を発揮する。

つまり、チームの化学反応は、謎でも運でもないということだ。そこには決まったプロセスが存在し、正しいやり方を守っていれば、誰でも達成することができる。

そのことを理解するために、大方の予想に反して結束力のあるチームが生まれたケースと、反対に生まれなかったケースを見てみよう。

1914年冬のフランダースの戦場と、インドのバンガロールのとあるオフィス、そして世界最悪といっても過言ではないチーム文化を持った集団だ。

第3章

結束力のあるチーム

クリスマス休戦、1時間の実験、核ミサイル発射台

世界史をふり返れば、数多くの危険な戦場が登場する。しかし第一次世界大戦におけるフランダースの塹壕《ざんごう》は、なかでも最悪の部類に入るだろう。

軍事の専門家によると、第一次世界大戦があそこまで悲惨な戦争になったのは、近代の兵器と中世の戦術がちょうど交錯する時代だったからだという。しかし実際のところ、本当の原因は塹壕のぬかるみだ。フランダースの塹壕は海面より低い位置にあったために、雨が降ると運河のようになってしまう。

1914年の冬、塹壕は寒く、惨めな場所だった。さらにネズミ、ノミ、病原菌にとってはかっこうの繁殖場所であり、あらゆる病気が蔓延していた。しかし、問題はそこでは

ない。なかでも最悪なのは、敵との距離が極端に近いことだった。

フランダースのクリスマス休戦

敵との距離は、たいていの地点で100メートルほどしかなく、もっと近い地点もあった。ヴィミー・リッジという地点では、お互いの見張り塔がわずか7メートルしか離れていなかった。手榴弾や砲弾をつねに警戒しなければならず、うっかりタバコに火をつけただけで、敵の銃弾が飛んでくることになる。

後のイギリス首相で、当時はグレナディアガーズ中尉だったハロルド・マクミランは、こんな文章を残している。

「何マイルも先まで見わたしても、人間などまったく見えない。しかしその無人地帯には、数千人、ときには数十万人もの兵士が潜み、最新の殺人兵器で相手を攻撃する機会をつねにうかがっている。両軍とも決して姿を見せることなく、相手に向かって銃弾、爆弾、航空魚雷、砲弾を撃ち込む」

そして塹壕のぬかるみの下には、お互いに対する積年の恨みが埋まっていた。連合国側のイギリスとフランスの新聞は、ドイツ人は無実の人々を殺し、死体を煮込んでスープにするといった、真偽のほどが定かではない噂話を書き立てる。

そしてドイツの子供たちは、詩人のエルンスト・リッサウアーが書いた「イギリス人を憎む歌」を元気に暗唱していた。

こちらの内容も、連合国の新聞に負けていない。

あなたは決して尽きることのない憎しみをもって憎むだろう
われわれがこの憎しみを捨てることはない
水のほとりで憎み、丘の上で憎む
頭のてっぺんで憎み、指の先で憎む
鉄槌をもって憎み、王冠をもって憎む
7000万の民が胸にため込んだ憎しみだ
われわれは一丸となって愛し、一丸となって憎む
われわれの敵はこの世にただひとつ、それは——
イギリスだ！

戦闘は8月に始まった。開戦から数週間がたち、そして数カ月がたち、その間ずっと、両軍はお互いをシステマティックに殺し続けた。無人地帯の有刺鉄線には、兵士の死体がぶら下がっていた。

クリスマスが近づくと、遠く離れた両国の首都では、一時的な休戦を主張する声が聞かれるようになった。ローマ教皇ベネディクトゥス15世もクリスマス休戦を訴え、そしてアメリカのワシントンDCでは、上院が20日間の休戦を求める決議案を可決した。

しかし両国の軍部のトップは、休戦は不可能であるという決断を即座に下し、クリスマス期間中の奇襲に備えよと命令を出した。休戦は違法であり、もし命令に背いたら軍法会議にかけられることになる。

そしてクリスマスイブになり、何かが起こった。直接のきっかけを特定するのは難しい。それは自然発生的であり、前線のさまざまな地点で独自に起こったようだ。

始まりは歌だった。クリスマスキャロルを歌った者もいた。軍歌を歌った者もいた。たいていの場所では、両軍がまるで歌で会話をするように、交互に歌が続いていった。一方の歌が終わると、もう一方は拍手喝采を送ったり、ヤジを飛ばしたりする。

そして、さらに奇妙なことが起こった。兵士たちが塹壕の外に出て、友好的な態度でお互いのもとに歩み寄ったのだ。

ラ・シャペル・ダルモンティエールという街に近い塹壕で、イギリス兵は、ドイツ兵が話す英語を耳にした。

「私は中尉だ！　紳士諸君、私の命は諸君の手の中にある。なぜなら私は今から塹壕を出て、諸君のほうへ歩いていくからだ。イギリス士官の誰かが、中間地点で私と会ってくれないか？」

ライフル兵のパーシー・ジョーンズは、最初は奇襲攻撃だと思ったという。

彼は後に、次のような文章を残した。

私たちはライフル銃に弾を込め、戦闘態勢を整えた。実際、一斉射撃を行う寸前まで行ったのだが、そのとき（おそらくメガホンを通して）声が聞こえてきた。「イギリス人よ、イギリス人よ、撃ってはいけない。あなたがたは撃たない、われわれも撃たない」

それから相手は、クリスマスのことに言及した。相手の話は納得できたが、それでも私たちは、ドイツ人の狡猾さについて何度も何度も言い聞かされてきた。だから警戒は決して怠らなかった。

どうやってそれが起こったのか、私にはわからない。しかし声がした少し後で、味方があたりを明かりで照らした。敵兵は、イギリスの歌やドイツの歌をずっと歌っていた。そして歌が終わるごとに、大きな歓声がわきおこる。私は見張り塔にいたのだが、目の前には信じられないような光景が広がっていた。すぐそばに3つのライトがあったので、あたりのようすがはっきりと見えた。

ドイツ軍の塹壕は（中略）、無数の小さなライトで照らされていた。遠くの左側、わが軍の前線が曲がるあたりでは、いくつかのライトがA中隊の塹壕をはっきりと照らし出している。

彼らは「マイ・リトル・グレイ・ホーム・イン・ザ・ウエスト」を大声で歌っていた。そして歌が終わると（中略）、ドイツ人は拍手喝采を送り、今度は彼らがドイツの歌を披露する。それにイギリス国歌のメロディーに合わせてドイツの歌を歌ったりもしていた。そこで私たちも、お返しにオーストリアの歌を披露すると、すばらしい拍手と歓声で迎えられた。

一方でイギリス軍の司令部では、サー・ジョン・フレンチ陸軍元帥が、前線から届く報告に困惑していた。武器を持たないドイツ兵が、「ドイツ軍の塹壕を出て、クリスマスツリーを掲げながら、こちらに向かって走ってくる」という。

フレンチは即座に、現場の指揮官に向けて「そのような事態の再発を防止するように」との命令を出した。しかし、フレンチの命令にまったく効果はなかった。休戦の輪は広がる一方だった。

距離の近さが絆を築く

なぜこのような事態になったのかは、誰にもわからない。サー・ジョン・フレンチはもちろん、前線の兵士自身も理解できなかった。彼らは目の前で休戦が広がるのを見て、自らも参加した。

しかし実際に現場で体験しながらも、まだ信じられなかった。両軍の兵士たちがこの不思議な出来事を日記に残し、まるで白昼夢のようだったと書いている。

歴史家たちは長年にわたって、クリスマス休戦の話は誇張されていると信じていた。たまたま起こったことを目撃した新聞記者が、感傷的な物語に仕立て上げたのだろう、と。だがよく調べてみると、事実はむしろ正反対だったことが判明した。この休戦は、報道されているよりもずっと大規模なものだったのである。

何万人もの兵士が休戦に参加した。その範囲は、イギリスが押さえた戦線の3分の2にも及んでいた。イギリス兵とドイツ兵は、ともに食べ、飲み、歌った。料理、サッカーの試合、写真や物品の交換、そして死者の埋葬もした。[※6]

世界の戦争の歴史をひもといても、全面戦争から一瞬のうちに完全な融和に百八十度転換した例はなかなか見られない。いったい何が、あの休戦を可能にしたのだろうか?

これまでは、両軍がクリスマスの精神を共有し、その結果として人間の善性が引き出されたことが原因だと考えるのが一般的だった。たしかに魅力的な説明ではあるが、実際には正しくない。

歴史を振り返れば、敵同士が宗教的な祝日を共有していた戦場は他にもたくさんあるが、このクリスマス休戦のような大規模な融和は他に類を見ない。

ここで、この出来事を帰属のシグナルという観点から考えてみよう。トニー・アッシュワースによる『塹壕戦　1914~1918 (Trench Warfare 1914-1918)』という本に、クリスマス休戦にいたる状況が詳しく書かれている。

この本によると、休戦が始まったのはクリスマスの当日ではなく、その数週間前になる。両軍からつねに送られるシグナルによって、安全、アイデンティティ、信頼を基盤にした絆が築かれていた。

アッシュワースはクリスマス休戦の実現を氷山にたとえ、「戦闘の間はずっと海中に隠れていた氷山がいきなり浮上し、非戦闘員を含むすべての人にも、その全容が見えるようになった」と表現している。

アッシュワースが強調しているのは、両軍の距離の近さだ。近さは暴力にもつながるが、同時に絆を築く役割も果たす。料理の匂い、話し声、笑い声、歌声などが届く距離にあることが、相手に対する親近感につながるからだ。

両軍の兵士は、相手の生活リズムを肌で感じ、同じような生活を送っていることを知るようになった。食事の時間、補給の時間、兵の交代の時間もだいたい同じだ。戦場の恐怖も、うんざりするような同じことのくり返しも、すべて共有している。どちらも寒さとぬかるみに苦しみ、どちらもわが家に帰ることを心待ちにしていた。

アッシュワースは言う。

「彼らは敵同士ではあったが、お互いの距離が近かったために、相手に対して親しみや共感を覚えるようになった。相手も同じ苦しみを味わい、同じような思いを抱いている。自分たちとそんなには変わらないと感じていた」

ごく小さな休戦は、11月にはすでに始まっていた。イギリス軍もドイツ軍も、塹壕での食事はだいたい同じ時間だった。そして食事の時間になると、砲撃が止んだ。次の日も、まったく同じ時間に、まったく同じことが起こった。その次の日も、さらにその次の日もそうだった。

安心感に基づくつながり

食事から始まった小さな休戦は、やがて他の場面にも広がっていった。激しい雨が降って動くのが難しくなると、両軍とも攻撃をやめた。ある寒い夜、両軍の兵士の何人かが、寝床にする藁《わら》を集めるために塹壕の外に出た。そのときも、作業のじゃまをしないように砲撃が止んだ。

この暗黙の了解のうちに成立したミニ休戦は、補給線を攻撃しない、トイレを攻撃しない、戦闘の後で犠牲者を回収するときは攻撃しないといった範囲にまで広がっていった。

個別に見れば偶然の出来事のようではあるが、実際のところ、それぞれの出来事には大きな共通点がある。それは、お互いの感情のやりとりだ。

どちらかが砲撃をやめれば、やめたほうは完全に無防備な状態になる。そして相手も、無防備であることを知りながらそこにつけこんだりはしない。それが起こるたびに、どちらの軍も安心し、相手に感謝する。

「彼らは私たちを見てくれている」という安心感を基盤としたつながりの誕生だ。

そしてつながりは大きくなった。いくつかの地点では、お互いが了解した「攻撃禁止区域」が誕生した。白旗の目印があるそれらの場所は、狙撃や砲撃の対象にはならない。あるイギリス軍の砲兵によると、ドイツ軍の狙撃兵の1人は、毎晩きっかり9時15分になると「おやすみのキス」を送り、その後は翌朝までまったく撃ってこなかったという。

また別の地点では、イギリス軍の機関銃兵が「警察官の休日」という流行歌のリズムに合わせて発砲すると、ドイツ側の機関銃兵も、それに応じて同じリズムで発砲するということもあった。

こうして前線の塹壕は、帰属のシグナルを培養するペトリ皿のような存在になった。シグナルを個別に見れば、それほど大きな力は持っていない。しかしそれらが集まり、長期間にわたって何度もくり返されると、お互いの絆が深まる素地が整えられる。

そのことは、兵士たちが残した記録を見ても明らかだ。スコットランド第2近衛連隊のエドワード・ハルス大尉は、11月の終わりのある出来事について書いている。それは激しい戦闘のあった翌朝のことだった。

攻撃の翌朝、両軍の間には「これ以上は攻撃しない」という暗黙の了解があった。午前6時15分ごろ、8人か9人のドイツ兵が、塹壕の縁から頭と肩を出すのが見えた。そのうちの3人が塹壕から這い出ると、近くで倒れているわれわれの仲間（意識を失っているか、または死亡しているのだろう）を塹壕の中に引きずっていった。（中略）私は攻撃を禁ずる命令を出した。どうやら彼らのこの行動は、前線のいたるところで起こっているようだった。私自身も近くに倒れているドイツ兵をこちらの塹壕に運んだが、その間まったく攻撃はされなかった。

ハルスはこの出来事に大きな感銘を受けたようだ。その数週間後、前線の後方にいた彼は、ある計画を立てた。

翌日は塹壕に戻り、兵士とともにクリスマスを祝うことにしよう。ドイツ人がいてもいなくても関係ない。（中略）われわれは盛大なパーティを開く。隊の全員にプラムプディングをふるまおう。わが号令で有志を集め、敵までの距離が70メートルほどのもっとも近い場所に待機する。そして午後10時になったら、クリスマスキャロルからティペラリーまで、敵に向かってありとあらゆる歌を歌おう。（中略）イギリス兵士は、きっと私の提案を大いに喜び、声を張り上げて歌うことだろう。われわれの目的は、敵の塹壕から毎晩のように流れてきて、もうすっかり聞き飽きてしまったドイツ国歌や「ラインの守り」に対抗することだ。

ドイツ兵もそれに負けじと、大きな歌声で応戦した。似たような歌もあれば、まったく同じラテン語の歌もあった。

心理学的に説明すれば、イギリス兵もドイツ兵も、「あなたのことを理解している」というメッセージを送り合っていた。信じるものと、アイデンティティを共有していた。

ハルスは塹壕の外に出ると、ドイツ軍の指揮官である少佐と対面した。ドイツ兵は、仲間の遺体を埋葬するイギリス兵に手を貸した。ドイツ軍の少佐は、勲章と手紙をハルスにわたした。ドイツの塹壕で戦死したイギリス軍大尉の所持品だ。感極まったハルスは、身につけていた絹のスカーフを外すと、それをドイツ軍少佐にわたした。

ハルスは後に書いている。

「あれはまさに驚きの光景だった。もし映画のスクリーンで見ていたら、まったくのつくり話だと断言していたことだろう！」

その数キロ離れたプルグスティールト・ウッド近郊では、ジョン・ファーガソン伍長が、事情がまったく飲み込めないまま、塹壕の中でうずくまっていた。

彼は後にこう書いている。


わが軍とドイツ軍は大声で言葉を交わし、ついにオールド・フリッツ（ドイツ軍将校）が塹壕から出てきた。私も塹壕を出ると、3人の部下とともに彼に会いに行った。（中略）「明かりのほうに来てくれ」と彼は言った。近づくと、彼が手にした懐中電灯でわれわれの道を照らしているのが見えた。

われわれは握手をすると、クリスマスおめでとうと言い合った。それからすぐに、まるで旧知の仲のように会話を始めた。すぐ近くにはドイツ軍が設置した有刺鉄線の柵があり、周りはドイツ兵だらけだった。フリッツと私は中央に立って言葉を交わし、フリッツはときおり私の言葉をドイツ語に訳して周りの兵に伝えていた。

フリッツと私は、まるで街角で演説でもしているかのようだった。（中略）兵たちも、身ぶり手ぶりを交えながら会話をしていた。言葉はわからなくても、意味は通じているようだった。イギリス兵もドイツ兵も、まことになごやかな雰囲気で談笑している。ほんの数時間前までは、お互いに殺し合っていたというのに！

ハルスとファーガソンも、その場にいた他の多くの人間も、みな一様に心底驚いていた。しかし、これは驚くような事態でもなんでもない。イギリス兵もドイツ兵も、塹壕の外に出たあの時点で、すでに多くの会話を交わしていたからだ。

お互いに帰属のシグナルを送り、そしてシグナルを受け取った扁桃体が、「私たちは同類だ。ここは安全な場所だ。あなたが塹壕を出るなら、私も出よう」と反応する。

そして彼らは、実際に塹壕の外に出た。[※7]

コールセンターでの1時間の実験

フランダースの塹壕と正反対の場所を選ぶとしたら、それはインドのバンガロールにあるウィプロのコールセンターかもしれない。

ウィプロは成功したコールセンターの見本のような場所だ。統制が取れていて、効率もきわめて高い。日々の業務は、世界中のコールセンターと変わらない。サービスや製品で何らかの問題を抱えた消費者から電話があり、ウィプロの担当者がその問題を解決する。

ウィプロはどこから見ても「いい職場」だ。給料はよく、職場の設備も最先端。社員への待遇も手厚く、食事も通勤の交通費も会社持ちだ。社員同士が交流する活動もある。

しかし2000年代の終わりになると、ウィプロはある根強い問題に悩まされるようになった。それは離職率の高さで、毎年50〜70パーセントにもなる。退職の理由は、若いうちに他の仕事をやってみたいという一般的なものもあれば、うまく言葉にできないものもあった。つまるところ、ウィプロに強い帰属意識を持てなかったということだ。

ウィプロの経営陣は、当初インセンティブを増やすことでこの問題を解決しようとした。給料を増やし、福利厚生を充実させ、わが社の待遇はインド一だと盛んに宣伝した。たしかにどれも理にかなった戦略だ。問題は、どれもうまくいかなかったということだ。離職率は、以前とまったく変わらない。

精神的な深いつながり

そこで2010年の秋、ブラッドリー・スターツ、フランチェスコ・ジーノ、ダニエル・ケイブルという3人の研究者の力を借りて、ウィプロはある小さな実験を行うことにした。

実験はこんな内容だ。まず数百人の新入社員を2つのグループに分ける。そしてもう1つ、何の条件も与えられない統制群もつくる。

グループ1は、通常の研修の他に、ウィプロのアイデンティティについて学ぶ1時間の研修も受ける。この追加の研修では、会社の成功について話を聞いたり、優秀な「スター社員」に直接会ったり、ウィプロの第一印象について語ったりする。そして1時間の研修が終わると、社名が入ったフリースのパーカーが参加者全員に配られる。

グループ2も、通常の研修の他に、1時間の追加研修を受ける。しかしこちらは、ウィプロのアイデンティティについて学ぶのではなく、参加する社員それぞれのアイデンティティを考えるという内容だ。「あなたはどんなときにいちばん幸せを感じますか？」「どんな仕事にいちばんやりがいを感じますか？」といった質問に答え、他の誰にも似ていない、自分らしさを発見していく。またあるエクササイズでは、海で溺れたときに、自分のどんなスキルを活用すれば助かるかといったことも考える。そして1時間の研修が終わると、社名だけでなく、自分の名前も入ったフリースのパーカーを受け取る。

スターツは、この実験でそれほど大きな効果が出ることは期待していなかった。コールセンターは一般的に離職率の高い職場であり、ウィプロの離職率も業界平均とほぼ同じだった。それに加えて、特別研修はたったの1時間だ。それが長期間にわたる影響を持つとは、実験を行ったスターツも期待していなかった。

スターツはエンジニアの出身で、キャリアの出発はゴールドマン・サックスのアナリストだった。現場を知る現実主義者であり、理想ばかりを語るアカデミズムの人間ではない。「この実験の効果はごく小さいだろうと確信していた。それも、効果があればの話だ」とスターツは言う。「新人研修の目的は、新しく入ってきた人たちに、会社のしくみや仕事の内容を教えることだ。それ以上でも、それ以下でもない。それが私の考えだった」

実験から7カ月後、さまざまな数字が上がってくると、スターツは「思わずわが目を疑った」と言う。グループ2の研修を受けた社員は、グループ1に比べ、会社に残る率が250パーセントも高かったのだ。何の条件も与えられない統制群と比べても157パーセント高い。

あの1時間の研修が、グループ2と会社とのつながりを一変させたのだ。当初は会社に何の思い入れもなかったが、研修を受けたことで、精神的な深いつながりを感じるようになった。しかしここで問題なのは、「なぜ」そうなったのかということだ。

帰属意識を強めるメッセージ

答えは「帰属のシグナル」だ。グループ1の研修では、会社と個人の距離を縮めるようなメッセージは何一つ送られてこなかった。ウィプロという会社や、そこで働くスターについての情報をたくさん受け取り、ついでに社名入りのパーカーももらえたが、両者の距離が縮まるような要素はまったくない。

一方でグループ2の研修は、扁桃体を刺激して、帰属意識に訴えるメッセージに満ちていた。社員それぞれを個人として尊重し、ともにつくる会社の未来を想像する。

個別に見れば、小さなシグナルばかりだ。仕事のやりがいや、幸せを感じるとき、特別なスキルなどを尋ね、自分の名前と社名の入ったパーカーを贈る。時間もかからず、特に大げさなことはしていないのに、なぜここまで大きな効果が現れたのか。

それは、これらのシグナルが「安全」というメッセージを送っていたからだ。メッセージを受け取った社員は、「ここは安全な場所だ」と安心し、会社との間に深い精神的なつながりを持つことができる。スターツは言う。

「私の思い込みが間違っていたということだね。人間が集団の一員であることに満足すると、さまざまな効果が生まれてくる。大切なのは、ここは自分らしくいられる場所であり、この場所の未来をつくる過程に貢献できると感じることだ。最初の交流でそのメッセージを送ることができたら、かなりの効果が期待できる」

ウィプロ社員で、初回の実験で研修を受けたディリップ・クマールにも話を聞いた。

この実験は彼に強烈な印象を残したはずであり、さまざまな思い出話が聞けることを期待していたが、私の期待は完全に裏切られることになる。

ジェフ・ディーンにアドワーズ開発の話を聞いたときとまったく同じだ。会社への帰属意識があまりにも強いために、実験が「特別な出来事」として記憶に残っていないのだ。

「正直なところ、研修のことはよく覚えていません。ただモチベーションが高まったという感覚は覚えています」。クマールはそう言うと、声をあげて笑った。「つまり、研修には狙い通りの効果があったということでしょうね。私はまだウィプロで働いていますし、この会社が好きですから」

アメリカの核ミサイル発射チーム

もちろん成功した事例は大いに参考になるが、失敗事例も同じくらい参考になる。

もっとも参考になるのは、一貫して失敗し続けるチームの事例だ。そんな事例の1つとして、アメリカ空軍の大陸間弾道ミサイル「ミニットマン」の発射担当チームを紹介しよう。

ミニットマンの発射担当チームは、「ミサイラー」と呼ばれている。750人ほどの男女で構成され、核弾頭を搭載した大陸間弾道ミサイルを扱うという重要な任務を担当している。彼らが勤務するミサイル発射基地は、ワイオミング州、モンタナ州、ノースダコタ州のへんぴな土地に存在する。

４５０ミニットマンⅢミサイルは地球上で最強クラスの兵器であり、その発射を担う彼らは厳しい訓練を受けてきた。ミサイルは長さ18メートル、重さ36トン、時速２万４０００キロで飛行し、地球上のあらゆる地点に30分以内で到達する。そしてミサイル１機につき、広島に投下された原爆の20倍の破壊力を持つ核弾頭が搭載されている。

ミサイラーが誕生したのは１９４０年代の終わりだった。

空軍大将のカーチス・ルメイが、「アメリカの核兵力を完璧なシステムに仕立て上げる」という目標の下にさまざまな軍事ステムを構築し、ミサイラーもその一環として誕生した。ルメイは、ミサイラーのあるべき姿についてこう書いている。

「すべての兵士は、パイプであるか、またはパイプをつなぐ連結金具である。すべての組織は、トランジスタの抵抗であり、またはコンデンサーのバッテリーである。すべてを完璧に磨き上げ、どこにも腐食は存在せず、つねに警戒を怠らない」

かつてルメイは、「ライフ」誌から「西側世界でもっともタフな警官」と呼ばれたこともある。その自信過剰ぶりは大変なもので、火のついた葉巻をくわえたまま爆撃機に乗り込むほどだった。引火して爆発するかもしれないと警告されると、「そんなことは起こるはずがない」と答えたという。

ミサイル発射チームが抱える問題

ルメイが構築したシステムは、最初の数十年はうまく機能していた。

しかし近年は、問題が立て続けに発生している。

2007年8月

ノースダコタ州マイノット空軍基地で、核弾頭を搭載した巡航ミサイル6機がB－52爆撃機に誤って積み込まれるという問題が発生した。爆撃機はそのままルイジアナ州のバークスデール空軍基地まで飛び、核ミサイルは数時間にわたって監督のない状態で放置されていた。

2007年12月

マイノット空軍基地のミサイル発射担当チームは、その後の検査でも不合格となった。

検査官によると、検査に訪れたときに、基地の警備員の中には携帯ゲームに興じている者がいたという。

2008年

国防総省は、空軍の核ミッションに対する取り組みが「劇的、かつ許容できないレベルで劣化」しているという報告を発表した。国防総省内のある人物は、「身の毛もよだつほど恐ろしい事態だ」と発言したという。

2009年

軍のトレーラーが道路を外れて走行し、搭載されていた30トンの固体ロケットブースターがマイノット空軍基地近くの道路脇に散乱した。

2012年

連邦政府出資による調査の結果、数多くのミサイラーが、燃え尽き、フラストレーション、イライラ、配偶者の虐待といった問題を抱えていることが判明した。また、核ミサイルに関連する部隊は、空軍の他の部隊に比べ、軍法会議にかけられる割合が2倍以上にもなる。あるミサイラーは、「まじめに働こうとは思っていない。ただ問題に巻き込まれなければいいだけだ」と、調査官に向かって語った。

2013年

マイノット空軍基地のミサイル発射担当者が「最低レベル」の評価を受けた。学校の成績でいえばD評価にあたる。11人中3人が「不適格」の判定だった。19人のメンバーが発射任務から外され、技能熟達テストの再受験を命じられた。核戦力部隊の中将ジェームズ・コワルスキー司令官は、アメリカにとってもっとも大きな核の脅威は「わが軍の兵士による愚かな行為で引き起こされる事故だ」と言っている。

2014年

ミニットマンの整備兵が、格納庫内で核ミサイルに関連する事故を起こした。

何か問題が起こるたびに、ミサイラーのトップは規律の強化で対応した。コワルスキー中将が言っているように、「これは訓練の問題ではない。一部の兵士が訓練で学んだことを忠実に守らないことが問題だ」ということだ。

２０１３年の春、問題が次から次へと発生したことを受けて、ジェイ・フォールズ中佐は、マイノットのミサイラー宛てに、「そろそろ体制を立て直さなければならない」という文書を送っている。中佐は「隊の腐敗」を指摘し、「規律違反者を厳しく罰しなければならない」と説いた。

「ここでリセットボタンを押し、現在のぬるま湯から脱する必要がある。隊を一から再構築するのだ」と、フォールズは書いている。

「テレビを消し、全力で任務に当たってもらいたい。１日たりとも気を抜くことは許されない。いついかなるときでも、万全の体制を整えておくこと。検査であろうと、訓練であろうと、査察であろうと、すぐに対応できるようにしておかなければならない。

核戦力がアカデミズムの領域である時代（または、核戦力部隊が特権階級であり、特別扱いされる時代）はすでに終わった。（中略）上官の悪口を言う者、われわれが導入しようとしている新方針に不平を言う者がいたら、すぐに私に報告すること。厳しい処罰が待っているだろう！」

部外者から見れば、たしかに本気の対応をしているようだ。しかし問題は、どんな対策にも効果がなかったということだ。

その後も問題はなくならなかった。フォールズの文書が送られた数カ月後にも、アメリカの大陸間弾道ミサイルを監督する立場であるマイケル・キャリー少将が、モスクワへの視察旅行の際に問題を起こしたことを理由に解雇された。[※8]

その直後、モンタナ州のマルムストローム空軍基地で行われた調査では、2人のミサイラーが、コカイン、エクスタシー、バスソルトといった違法ドラッグの使用と販売を行った疑いがあると報告された。

嫌疑をかけられた2人の携帯電話を調べたところ、ドラッグの件とは別に、隊の技能テストで大々的なイカサマが行われていたという疑いも浮上した。さらに調査が行われた結果、マルムストロームのミサイラー34人がイカサマを行い、60人がそれを知りながら報告しなかったということが判明した。

つながりを壊す環境

ミサイラーの文化が崩壊していることは、誰の目にも明らかだろう。肝心なのはその理由だ。チームの文化は、チームの性質そのものであり、DNAであると考えるなら、ミサイラーは本質的に怠け者で、利己的で、人格に問題があるという結論になる。

空軍のトップも、そう考えたからこそ、厳しく指導することでこの問題を解決しようとしたのだ。しかし、その結果はすでに述べた通りだ。

ここで視点を変えて、ミサイラーの文化を「帰属のシグナル」という切り口で考えてみよう。帰属のシグナルに、人格や規律は関係ない。大切なのは、メンバーが安心できる環境をつくることだ。

「私たちはつながっているか？」

「私たちは未来を共有しているか？」

「ここは安全な場所か？」

という問いに対して、「イエス」という答えを与えられる環境がカギになる。

ここで、問いを１つずつ見ていこう。


まず「私たちはつながっているか？」という問いについて考える。

ミサイラーのチームほど、物理的にも、社会的にも、感情的にもつながりの薄いチームを想像するのは難しい。彼らは２人１組になり、24時間交代で勤務している。職場は寒くて薄暗いミサイル発射基地で、アイゼンハワーの時代から残っているような機械に囲まれている。

「ここの機械は40年前から使っているからね」と、ミサイラーの１人が私に話してくれた。「もちろん掃除や整備はするが、完璧にはやっていない。パイプは腐食しているし、そこら中アスベストだらけだ。みんなここで働くのを嫌っているよ」

次に「私たちは未来を共有しているか？」という問いについてだ。この発射基地ができた時代、ミサイラーはアメリカの国防のカギを握る存在であり、同じ空軍のパイロットたちにも引けを取らなかった。実際に大統領から核ミサイル発射の命令が出てもおかしくなかったからだ。ミサイラーの任務に就くことは、出世コースの第一歩と考えられていた。

しかし冷戦の終わりが、ミサイラーの未来を変えた。彼らはもう存在しないミッションのために訓練をすることになった。そして当然ながら、ミサイラーの出世の道も閉ざされることになったのだ。

元ミサイラーで、現在はプリンストン大学の科学とグローバル安全保障プログラムで研究員を務めるブルース・ブレアは言う。

「ミサイラーの未来は見えていた。あそこに残りたい人なんていないよ。出世の可能性もゼロだ。ミサイラー出身の将軍なんて存在しない。それに加えて、上層部は、核戦略から他の部門に異動できるような訓練も廃止してしまった。つまり、『ミサイラーは一生、時代遅れのおもちゃで遊んでいろ』というメッセージだ」

また別のミサイラーは言う。

「最初の何カ月かは、仕事にやりがいを感じていた。でもその気持ちも、すぐに消えてしまった。同じことのくり返しばかりだからね。ずっとこれが続くんだ、この先も何も変わらないんだと思い知らされたんだ」

そして「ここは安全な場所か？」について。

ミサイラーの世界でもっとも大きな脅威は、ミサイルそのものではなく、延々とくり返されるテストや検査だ。どのテストでもほぼ完璧であることが求められ、少しの失敗でもキャリアを台無しにしかねない。

たとえばあるテストでは、厚さ10センチ以上もあるようなバインダーにびっしり書かれたミサイル発射コードを、すべて覚えることが要求される。一定数以上のテストで１００点満点を取らなければならず、それができなければ失格となる。

「チェックリストは異様なほど長く、ものすごくこまかい内容まで覚えなければならない。ほんの少しの間違いも許されない。ほとんど非人間的といってもいいだろう」とブレアは言う。

「完璧でなければ、完全な落伍者ということになってしまう。その結果は、隊員の士気の低下だ。へんぴな場所にあるミサイル発射基地に戻り、同僚と2人だけで地下室に入って重たい扉を閉めれば、上官の監視の目を逃れることができる。そうなれば、あとはサボることだけを考えるよ」

また別のミサイラーは言う。

「どんな小さなミスも、大統領の発射命令に違反したような扱いを受ける。致命的な失敗をしたとみなされ、それで終了だ。無能のレッテルを貼られてしまう。すばらしい仕事をしてほめられるということは、絶対にない。正しくやるのが当たり前で、そうでなければ厳しい罰を受ける。間違いを認めたり、助けを求めたりすると、自分の評判を落とすことになる。

誰もがおびえた子犬のように、いつもビクビクしている。これで悪循環の完成だ。何か問題が起こると、上層部は大騒ぎして、さらに厳しいテストと規律を課す。その結果、隊員の士気がますます下がり、さらにミスをくり返すことになる」

以上のようなことが積み重なり、帰属のシグナルがまったく存在しない環境ができあがった。つながりもなく、明るい未来もなく、安心感もない。

帰属のシグナルという観点から考えると、ミサイラーの問題は、人格や規律が欠けていることではなく、つながりを壊すような環境をつくってしまったことだとわかるだろう。

現に、私が話を聞いた元ミサイラーは、みな勤勉で有能な人たちばかりだった。ミサイラーを辞めてからは立派なキャリアを築いている。

彼らと現役ミサイラーの違いは、人格や能力ではない。所属する組織の文化に、帰属のシグナルと安心感があるかどうかということだ。

同じ原子力を扱う部隊でも、海軍の原子力潜水艦部隊には、ミサイラーとはまったく違う文化が存在する。一見したところ、2つの部隊はほぼ同じような仕事をしている。どちらも任務の大部分を社会から隔絶された場所で行っている。どちらも数多くのこまかい手順を正確に覚え、実行しなければならない。どちらも冷戦時代の核抑止理論という、すでに過去の遺物になろうとしている考え方から生まれている。

しかし、大きな違いもある。それは組織の文化に帰属のシグナルが存在するかどうかということだ。潜水艦の乗組員たちは、物理的に近い距離で働き、意義のある目的のために働いているという意識を共有している。

彼らには核抑止だけでなく、潜水艦で世界の海の安全を守るというミッションもある。

それに潜水艦の乗組員には、出世の道も約束されている。

おそらくその結果として、原子力潜水艦は、ミサイラーに蔓延する問題のほとんどを避けることができているのだろう。たいていの原潜部隊は、むしろ高いパフォーマンスを発揮する文化を築き上げている。

ここまでは、高い帰属意識を生む文化について見てきた。

次からは、その文化を実現するための具体的な方法について見ていこう。

ここで参考にするのは、まったく違う方法を採用しながら、帰属意識の高い文化をつくることに成功した2人のリーダーだ。1人はプロバスケットボールのヘッドコーチ、そしてもう1人はインターネットを使った小売業で巨万の富を築いた起業家だ。

第4章
帰属意識の育て方
チームの関係性をつくる人

以前、ニール・ペインというライターが、NBA（アメリカのプロバスケットボールリーグ）で近年最高のヘッドコーチを決めようと思い立った。

まず独自のアルゴリズムを用いてチームの戦力を分析し、それぞれのチームの勝つべきゲーム数を算出する。

そして1979年から現在まで、すべてのヘッドコーチについて「勝つべき数」を計算し、その期待値をどれだけ上まわったかによってコーチの能力を判定するのだ。

計算の結果、たいていのコーチは期待値の範囲に収まっていた。

しかし、期待値を大きく上まわった人物が1人だけ存在した。それはサンアントニオ・

スパーズのヘッドコーチ、グレッグ・ポポヴィッチだ。

献身的なチーム

ポポヴィッチ時代のスパーズは、勝つべきゲーム数を117ゲームも上まわっている。これは2位につけたコーチと比べても2倍以上の成績だ。現にスパーズは、過去20年でもっとも成功したアメリカのプロスポーツチームであり、5回のNBA優勝を誇っている。

大きな成功を収めたプロスポーツチームとしては、他にもNFL（プロフットボール）のニューイングランド・ペイトリオッツや、大リーグのセントルイス・カージナルスなどがあげられるが、スパーズの勝率はそのすべてを上まわっている。ペインは自分の分析結果を表にまとめ、その表に「グレッグ・ポポヴィッチはありえない」というタイトルをつけた。

ポポヴィッチの成功の秘密を解き明かすのは、それほど難しくない。コートの中で戦う選手を見れば一目瞭然だ。スパーズの選手は、すべてのプレーでチームを第一に考えている。パスを多く出し、献身的にディフェンスをし、疲れを知らずによく走る。[※9]

NBAきってのスター選手、レブロン・ジェームズは言う。

「まさに献身だよ。スパーズの選手はよく動く。動いて動いて、シュートを決める。シュートを決めれば自分の得点にはなるが、誰も自分の記録のためにはやっていない。すべてはチームのためだ」

ワシントン・ウィザーズのマルチン・ゴルタットによると、スパーズと対戦するのは「まるでモーツァルトの音楽を聴くようだ」という。

スパーズが強い理由はよくわかった。わからないのは、ポポヴィッチがそれをどうやって達成したかということだ。

１９４９年生まれのポポヴィッチは、今年で69歳になる。古いタイプの厳格なコーチであり、権威的であることを隠そうとしない。空軍士官学校の出身で、規律を何よりも重んじる。

よく怒ったブルドッグにたとえられ、火山の噴火のように怒りを爆発させる。噴火の溶岩が直撃するのは、たいていチームのスター選手だ。ユーチューブで検索すれば、怒り狂うポポヴィッチの有名なシーンのいくつかを見ることができる。

つまり、ポポヴィッチは大いなる謎だということだ。短気で支配的な指導者が、なぜあんなにも献身的で、結束の固いチームをつくることができたのだろうか？

すぐに思いつくのは、最初からそういう選手ばかりを集めたという答えだろう。ドラフトの段階で、献身的で努力を惜しまない性格の選手を選んだということだ。

たしかに納得できる答えではある。

実際にスパーズは、人格面で優れた選手を集める努力をしている。スパーズの選考基準を見ると、「スパーズらしくない」というチェック項目があるのがわかる。この項目にあてはまる選手は、どんなに才能があってもスカウトしない。

しかし、さらに詳しく見ていくと、この答えだけでは説明できなくなる。選手の人格を重視しているのはスパーズだけではないからだ。NBAの多くのチームが、同じような基準で選手を選んでいる。それに加えて、スパーズの選手を個別に見てみると、かならずしも優等生ばかりがそろっているわけでもない。

たとえばボリス・ディアウは、スパーズに入る前のシャーロット時代、練習嫌いで、パーティ好き、体重管理ができていないと批判されていた。パティ・ミルズは、ハムストリングの怪我を偽装して中国のチームを解雇されている。そしてダニー・グリーンがクリーブランドから放出された一因は、守備をまじめにやらなかったからだといわれている。

つまりスパーズは、チームワークのできる選手ばかりを選んでいるわけではなく、選手にチームワークを強要しているわけでもないということだ。むしろスパーズのユニフォームを着ると、かつては利己的だった選手までも、なぜか自分から献身的なプレーをするようになるといったほうが正しいだろう。

いったいなぜ、そんなことが起こるのだろうか。

物理的な距離を短くする

２０１４年4月4日の朝、サンアントニオ・スパーズの練習コートには緊張感が漂っていた。前日の夜、スパーズは最大のライバルであるオクラホマシティ・サンダーとの試合で、94対１０６で敗北を喫した。これはレギュラーシーズンでもっとも重要な試合の１つだった。

しかしここでの問題は、敗北そのものではなく、その負け方だった。出だしは快調だった。20対9でスパーズのリードだ。しかし、そこからチームは相次ぐミスで自滅していく。ミスをした選手の中には、ガードのマルコ・ベリネッリも含まれる。

プレーオフを目前に控えた大事な時期に、こういう負け方だけはしたくないという負け方だった。そのため翌朝の練習は、いいようのない緊張感のなかで始まることになった。

そこに、グレッグ・ポポヴィッチが練習場に入ってきた。ハンバーガー屋のロゴが入ったダサいTシャツを着て、ブカブカの短パンをはいている。髪はぼさぼさで、手にはカットフルーツをのせた紙皿とプラスチックのフォークを持っていた。顔には奇妙な笑みが浮かんでいる。厳格な司令官というよりは、むしろ親戚の集まりで浮いている、迷惑なおじさんのようだ。

彼は紙皿をどこかに置くと、ジムの中を歩き回りながら、一人ひとりの選手に話しかけていった。話すときに、選手の肘、肩、腕に触れる。選手に合わせて英語で話したり、外国語で話したりする（スパーズには7カ国の選手が集まっていた）。声をあげて笑い、目は楽しそうに踊っている。

そしてベリネッリのところへ来ると、ポポヴィッチの笑みはさらに広がった。何度か言葉のやりとりがあり、ベリネッリがジョークを返すと、2人でふざけてプロレスのまねごとをした。あれは奇妙な光景だった。65歳になる白髪のコーチが、身長195センチで巻き毛のイタリア人ととっくみあっているのだ。

「あれはおそらく、事前に計画していたのだろう」と、スパーズのゼネラルマネジャーで、ポポヴィッチとは20年来のつきあいになるR・C・バフォードは言う。

「ベリネッリがあまり落ち込まないように気をつけていた。それがポポヴィッチのやり方なんだ。相手の心を満たすような人間関係を心がけている」

ポポヴィッチは、選手と心を通わせたいときは物理的な距離を短くする。鼻の先が触れるほど相手に近づく。そのようすはまるで、「どちらがより近づけるか」と競っているかのようだ。

選手がウォームアップを続けるなか、ポポヴィッチは選手の間を歩き回り、何かと話しかけたり、背中を叩いたりする。かつての選手がやってくると、ポポヴィッチは笑顔で大歓迎し、お互いに近況を報告する。そして彼らが帰るとき、ポポヴィッチは「愛しているよ、ブラザー」と声をかける。

「怒鳴ったり、一転して優しくなったりするコーチはたくさんいるが、ポップ（ポポヴィッチの愛称）の場合はまるで違う」と、アシスタントコーチのチップ・イングランドは言う。「どちらにしても、とにかく過剰なんだ。厳しくするときはまったく遠慮せずに本当のことをずばずば言い、そして愛するときは死ぬほど愛する」

その典型が、長年にわたるスパーズのスター選手、ティム・ダンカンとの関係だといえるだろう。ダンカンは、１９９７年のドラフト全体1位でスパーズに入団した。

しかしポポヴィッチはそれ以前、すでにこの学生バスケットボールのスターを訪ねて、アメリカ領ヴァージン諸島のセント・クロイ島にある自宅まで出向いている。それも、ただ「会う」だけではない。4日間も一緒にすごしたのだ。

2人は島中を旅行し、ダンカンの家族や友人を訪問し、海で泳ぎ、そしてバスケットボール以外のあらゆることについて話した。普通のコーチはここまでしない。コーチと選手の関係はきわめてビジネスライクだ。

しかし、ポポヴィッチは本物のつながりを求めていた。ダンカンの人となりを深く知り、スパーズが求める、タフで、献身的で、謙虚な人物なのかたしかめたいと思っていたのだ。

2人は父と息子のような強固な信頼で結ばれ、その関係は他の選手たちにも影響を与えるようになった。ポポヴィッチにこっぴどく叱られるダンカンを見て、他の選手はこう考える。「ティムがコーチのあの態度を受け入れているんだから、自分にも同じことができるはずだ」

選手との絆づくり

練習が終わると、チームはビデオルームに集まった。きっと、前日のオクラホマシティ戦のビデオを見ることになるのだろう。選手はみなビクビクしていた。ポポヴィッチは、チームのいたらなかった点をすべてあげつらうに違いない。

しかしポポヴィッチがビデオの再生ボタンを押すと、画面に現れたのは、すべての人が投票する権利を認めた投票権法が成立して50周年を記念する、CNNのドキュメンタリーだった。

チームは全員、押し黙ったまま番組を見た。公民権運動を率いたキング牧師、法律に署名したリンドン・ジョンソン大統領、そして公民権運動のデモ隊が警官に弾圧された血の日曜日事件。

番組が終わると、ポポヴィッチはチームに質問をした。彼はいつも質問をする。個人的で、単刀直入で、大きな世界に目を向けさせるような質問だ。

「今の番組を見て、きみはどう思ったか？」

「自分があの状況にいたら、どうしていただろうか？」

選手たちは考え、質問に答え、そしてうなずく。部屋の空気が変わり、活発な議論が始まった。しかし、選手たちは驚いていない。

なぜなら、スパーズではよくあることだからだ。

ポポヴィッチは、シリアの内戦やアルゼンチンの政権交代、同性婚、制度的な人種差別、過激派によるテロといった議題でも、同じような「セミナー」を開催したことがある。彼が本当に伝えたいことが伝わるなら、議題は何でもかまわない。

ポポヴィッチの本当のメッセージとは、世界にはバスケットボールだけではなく、もっと大きなものが存在するということ、そしてその世界の中で人はみなつながっているということだ。

「プロのアスリートは、ともすると世界から断絶された存在になってしまう」と、バフォードは言う。「ポップはこうやって選手と世界をつなげているんだ。選手は世界のさまざまな国から集まっている。国籍の違いが壁になることもあるが、ポップはむしろ多様性を生かし、もっと大きな世界の中でみんながつながっているということを伝えようとする」

「選手をギュッと抱きしめろ」

これが、ポポヴィッチからアシスタントコーチ陣へのアドバイスだ。※10

選手との絆づくりは、たいていディナーの席で行われる。ポポヴィッチはかなりのグルメで、ワインにもうるさい。自宅に巨大なワインセラーを所有し、オレゴンのぶどう園の共同所有者にもなっている。それに彼のオフィスのテレビには、食の専門チャンネルのフードネットワークがいつも映っている。

しかし、ポポヴィッチの食へのこだわりがもっともよくわかるのは、選手との絆をつくるために食とワインを活用するときだろう。

「食事とワインは、ただの食事とワインではない」とバフォードは言う。「ポップにとっては、選手との間につながりをつくり、維持していくための道具なんだ。しかも彼は、かなり意識的にそれを行っている」

スパーズの選手は、一緒にバスケットボールをするのと同じぐらいの頻度で、食事も一緒にしている。まずチームディナーがある。これは選手全員が参加する定期的な夕食会だ。それから一部の選手で集まるグループディナー。それに遠征中のゲーム前にはかならずコーチディナーがある。

すべてポポヴィッチが計画を立て、店を選ぶ。一晩に2軒の店に行くこともある（内輪のジョークで、大食漢でなければスパーズで働けないといわれている）。

どの食事会も、忘れられることはない。シーズンの終わりには、そのシーズンに食事会を開いたレストランのメニューとワインのラベルを集め、革製にした本が記念品として、すべてのコーチに配られる。

スパーズの元アシスタントコーチで、現在はブルックリン・ネッツのゼネラルマネジャーを務めるショーン・マークスは言う。

「移動で飛行機に乗っていると、いきなり膝の上に雑誌が降ってくるんだ。驚いて見上げると、ポップがいるんだよ。雑誌で誰かの出身地の記事を見つけると、本人に記事を読ませて内容が正しいか確認する。それから好きなレストランや飲みたいワインについて尋ねね、いろいろと話しているうちに、おすすめの店を決めてくれる。さらに彼がレストランに電話して、家族や恋人と食事ができるように予約してくれるんだ。

そして私が実際にその店で食事をすると、ポップはすべてを知りたがる。どんなワインを頼んだのか、何を食べたのか。それが終わると、次の店をすすめてくるんだ。これが終わることなく延々と続くんだよ」

成功しているチームは、みんなハッピーな仲良しグループと思われていることが多いが、それは大きな誤解だ。彼らの目的は、ハッピーになることではなく、難しい問題を解決することだ。そのために彼らは協力し、努力を惜しまない。

この目的を達成するには、ときには言いにくいこともはっきり言わなくてはならない。ラリー・ペイジがグーグルのキッチンの壁に貼り出した、「こんな広告はクソだ」というメモがそうだった。ポポヴィッチも毎日のように、大声で選手に厳しい真実を伝えている。

しかし、そうやって何でもずばずば言っていたら、相手に恨まれてしまうのではないだろうか。ポポヴィッチのようなリーダーは、その問題をどう解決しているのだろう？

最高のフィードバックとは、どのようなものなのだろうか？

3つの帰属シグナル

今から数年前、スタンフォード大学、イェール大学、コロンビア大学の研究者が集まり、中学生を対象にしたある調査を行った。中学生が作文を書き、教師がさまざまなフィードバックを与える。その結果を分析したところ、生徒のやる気を高めるうえで特に効果の大きかったフィードバックが見つかった。

研究者たちはそれを「魔法のフィードバック」と呼んでいる。

魔法のフィードバックを受け取った生徒は、それ以外の生徒よりも自分の作文を熱心に推敲し、パフォーマンスを劇的に高めることができる。このフィードバックは、複雑なものでも何でもない。むしろ簡単なひと言を加えるだけだ。

あえて問題を指摘するのは、
このクラスにはいい作文を期待しているからであり、
あなたならできると思っているからだ。

そう、これだけだ。この言葉のどこにも、パフォーマンスを向上させる具体的な方法は含まれていない。それでも魔法のような効果を発揮するのは、力強い帰属のシグナルになっているからだ。

この言葉をよく見てみると、3つの帰属のシグナルがあることに気づくだろう。

1　あなたはチームの一員である
2　このチームは特別であり、高いレベルが期待されている
3　あなたにはそのレベルに到達する力があると信じている

この3つの明確なメッセージが無意識の脳を刺激し、「ここは安全な場所だ。ここなら私は頑張れる」という気持ちになるのだ。ポポヴィッチのやり方も、基本はこれと同じだ。
彼のコミュニケーションにも、3つの帰属のシグナルが含まれている。

１　一対一の距離が近いつながり
「あなたのことを気にかけている」というメッセージを伝える行動やボディーランゲージ

２　パフォーマンスに関するフィードバック
「このチームには高いレベルが期待されている」というメッセージを伝える厳しい指導

３　大局的な視点
目の前のことだけでなく、政治、歴史、料理など、より広い世界に関する会話。つまり、「人生はバスケットボールだけではない」ということ

ポポヴィッチは、まるで熟練の映画監督がカメラを扱うように、この３つのシグナルを巧みに使いこなす。まずはズームアップだ。相手にぐっと近づき、個人的なつながりをつくる。次に中間距離まで離れ、選手に正直なフィードバックを与える。そして今度はカメラをぐっと引き、さらにパンして、自分たちはより広い世界の一部なのだということをわからせる。

それぞれのシグナルは、１つだけでは効果は限定されている。しかし３つが組み合わさ

ると、まるで魔法のような力を発揮する。

夕食会、肘に触れる、政治や歴史についての勉強会。そういった機会を通して帰属のシグナルをくり返し送ることで、「あなたはこのチームの一員だ。このチームは特別だ。あなたには、このチームで期待されるレベルに到達する力があると信じている」というメッセージが浸透するのだ。

言い換えると、ポポヴィッチの怒声に効果があるのは、ある意味で、それがただの怒声ではないからだ。他のさまざまな帰属のシグナルとセットになることで、絆を強める働きをしている。

チームに愛を注ぎ込む

スパーズの選手に、チームの結束をいちばん強く感じた瞬間を尋ねると、意外な答えが返ってくるだろう。それはチームが勝ったときではなく、むしろ死ぬほどつらい敗戦を経験したときだ。

具体的には、2013年6月18日に行われたマイアミでの試合だ。

スパーズは、5度目のNBAタイトルを手に入れる目前だった。シーズン最終戦のNB

Aファイナルは、先に4勝したチームが優勝を決める。スパーズの対戦相手は、圧倒的な優勝候補のマイアミ・ヒートだった。しかしスパーズは大方の予想を覆し、シリーズを3勝2敗でリードしていた。

その試合の前、スパーズは自信満々だった。優勝祝賀パーティのために、お気に入りのレストランの個室を予約していたほどだ。

シリーズ第6戦は、試合開始当初から妙な硬さがあった。試合の流れは一進一退をくり返した。そして第4クオーターも終わりに近づいたころ、スパーズは8点を連取すると94対89でリードした。残り時間は28・2秒だ。

一方のヒートはすっかり意気消沈した。観客も静まりかえった。優勝はもう手の届くところにあった。統計的に見ると、この段階でスパーズが勝つオッズは66対1だ。コートの横では、優勝が決まった瞬間に備え、警備員たちが手にロープを持って集まっていた。スパーズのロッカールームでは、冷えたシャンパンが用意されていた。

そして、悲劇はそのとき起こった。

ヒートのレブロン・ジェームズがロングシュートを打ち、外した。しかしそのリバウンドをヒートの選手が確保し、そこからスリーポイントシュートを決めた。これで94対92

だ。

スパーズはファウルを受け、着実にフリースローを決めた。これでリードは3点になり、残り時間は19秒だ。マイアミがボールを持つチャンスはあと1回だ。その1回の攻撃で同点に追いつかなければならない。

スパーズは厳しい守備でヒートを追い詰めた。レブロン・ジェームズは、苦し紛れに長い距離のスリーポイントシュートを打ったが、大きく外れた。その瞬間、誰もが「勝負あった」と思った。


だが、マイアミのクリス・ボッシュがリバウンドを取り、コートの角にいるチームメイトのレイ・アレンにパスをした。アレンは一歩下がってスリーポイントラインの外に出ると、シュートを打った。そして、ボールはネットに吸い込まれた。これで同点だ。試合は延長戦に突入した。

これで勢いづいたヒートは、終始プレッシャーをかけ続けた。最終スコアは103対100。スパーズの手から、ほとんどつかんでいた優勝が滑り落ちた瞬間だった。NBA史上、もっともこたえる敗戦といえるだろう。

スパーズは全員、放心状態だった。トニー・パーカーは頭からタオルをかぶって座り込み、泣いていた。「うちのチームがあんなにひどい状態になったのは初めて見た」と、パーカーは後に語っている。

ティム・ダンカンは床に寝転がり、まったく動けない。マヌ・ジノビリはチームメイトの顔を見ることができなかった。「みんな死んだみたいになっていたよ」とショーン・マークスは言う。「完全に打ちのめされてしまった」

選手もコーチも、レストランの予約はキャンセルし、ホテルに戻ってゆっくり休もうと考えていた。しかし、ポポヴィッチには別の計画があった。当時のアシスタントコーチのブレット・ブラウンによると、ポポヴィッチはこう叫んだ。「みんな！　今からレストランに直行だ！」

ポポヴィッチは、マークスと一緒に車に乗ると、チームよりも先にレストランに向かった。そして無人の店内に入ると、チームを迎える準備を始めた。

まずテーブルを脇にどけ、チームの全員が部屋の真ん中に集まれるようにした。選手を真ん中にして、その周りをコーチやスタッフが囲む。次にポポヴィッチは料理を注文した。前菜を選び、さらに選手が食べたいであろう料理を選んでいく。そしてワインを選び、ウェイターに栓を開けてもらった。準備万端整うと、座って選手たちの到着を待った。

マークスは言う。「彼のあんなに悲しそうな顔は見たことがなかった。椅子に座って、ひと言も話さない。でも、変に聞こえるかもしれないけれど、そのとき彼が敗戦の悲しみを乗り越え、気持ちを切り替えた瞬間がはっきりと見えたんだ。彼はワインを一口飲み、大きく息をした。そうやって自分の感情を抑え、今チームに必要なことだけに集中した。ちょうどそのとき、選手を乗せたバスが到着したんだ」

ポポヴィッチは立ち上がると、店に入ってきた選手を1人ずつ出迎えた。ハグで迎えられた選手もいれば、笑顔で迎えられた選手、ジョークで迎えられた選手もいた。ワインが回り、全員が席について食事を始めた。

ポポヴィッチは店の中を動き回り、選手一人ひとりに声をかけた。そのようすは、まるで披露宴で客をもてなす花嫁の父親のようだったという。スピーチはせず、ただ親密で、個人的な会話だけだった。

あまりにも悔しい敗北を喫し、選手の心は怒りと後悔でいっぱいになっていてもおかしくなかった。しかしポポヴィッチは、そこに愛を注ぎ込んだのだ。彼らは試合について語った。泣き出す選手もいた。みな抑えていた気持ちを解放し、敗北を乗り越え、絆を深め合った。笑いが起こることさえあったという。

ゼネラルマネジャーのR・C・バフォードは言う。

「実際に目の前で見ていても、とても信じられなかった。その夜の終わりには、チームはいつもの雰囲気に戻っていたんだ。結束が戻っていた。スポーツの世界で、あれほどすばらしい光景は見たことがないよ[※11]」

第5章

帰属意識の高いチームをつくる

温室のつくり方

トニー・シェイは普通の子供ではなかった。優秀な頭脳を持ち、4種類の楽器を演奏し、勉強はほとんどしないのに成績はいつもオールAだ。シェイは内気な子供でもあった。友だちと遊ぶよりも、1人で考え事をしているほうが好きだった。特にパズルを解くのが好きで、難しい問題の解決策を見つけるのが楽しかった。

好きなテレビ番組は「冒険野郎マクガイバー」。シェイにとって特に魅力的だったのは、主人公がいつもあっと驚く工夫で窮地を脱するところだ。どんなに難しい問題も、工夫しだいですっきり解決することができる。

それが、トニー・シェイ少年のモットーになった。

極端にオープンな方針

たとえば、両親から楽器の練習をしなさいと言われたときは、あらかじめカセットテープに録音しておいた自分の演奏を再生し、その間に好きなことをする。部屋の外でテープの音を聞いていた両親は、練習しているものだと信じて疑っていなかった。

高校生のときは、学校の電話システムに細工をして、無料でポルノダイヤルに電話できるようにした（その結果、男子生徒の間で彼の人気が一気に高まった）。

ハーバードに入学してからも、シェイの「工夫」は続いた。試験前は授業のノートをまとめ、1部20ドルで販売した。またピザ用のオーブンを購入し、地元のピザ屋よりも安い値段で、夜食用のピザを販売したりもした。

卒業すると、リンク・エクスチェンジというソフトウェア会社を共同で設立し、1998年にマイクロソフトに売却した。シェイは25歳の若さで数百万ドルものお金を手に入れ、もう一生働かなくても生きていける身分になった。そこで今度は、他のおもしろそうな問題を探すことにした。

そうやって見つけたのが、ネット通販サイトのシューサイト・ドットコムだ。一見したところは、特に魅力ある投資先ではない。当時、ネット通販はまだ生まれたばかりで、ほとんどのサイトが失敗していたからだ。

しかしシェイは、失敗の原因を探れば、成功の糸口が見えるはずだと信じていた。彼が目指していたのは、まったく新しいネット通販サイトだ。キーワードは「楽しくてへんてこりん」だ。ただ靴を売るだけの仕事ではない。社員や顧客に、人間的なつながりも提供する。

最初の投資をした数カ月後、シェイはシューサイトのCEOに就任した。そして会社の名前をザッポスに変更した。

最初からすべてがうまくいったわけではない。ザッポスもまた、新しい会社が経験する問題を一通り経験した。社員の何人かが、サンフランシスコにあるシェイのアパートに転がり込んできたこともあった。

2000年代に入ると、状況は徐々に上向き、そしてついに急成長が始まった。2002年の売上げは3200万ドルだったが、2003年は7000万ドル、そして2004年は1億8400万ドルだ。拠点をラスベガスに移してからも成長を続け、2009年には実に11億ドルを売り上げた。

ザッポスはその後アマゾンに売却された。現在は従業員1500人、年間売上20億ドルの企業に成長している。「社員に優しい会社」の全米ランキングでつねに上位を占め、社員を募集するたびに応募が殺到している。ザッポスに採用されるよりも、ハーバードに入るほうが簡単だといわれているほどだ。

2009年、シェイはさらにビジネスの幅を広げ、ザッポス本社付近の土地を3400坪ほど購入した。場所は、ラスベガスのダウンタウンの一角だ。当時、そのあたり一体は、場末のカジノやホテル、ガラガラの駐車場が集まる寂れた場所だった。シェイの目的は、その寂れた場所を活性化することだ。

地域の再生でも、ザッポス方式がはたして通用するのだろうか？

私はシェイに会って話を聞く前に、まず彼の自宅アパートを訪ねた。本社近くのマンションの23階だ。訪問客は私1人ではない。他にも十数人の訪問客と、それにガイドも1人いた。

シェイはザッポスの極端に「オープン」な方針を自宅にも採用し、リビングやキッチン、「ジャングルルーム」と呼ばれる植物だらけの部屋、アルコールの種類が充実しているバーなどを一般に開放しているのだ。

そのおかげで私たち訪問客は、億万長者の食べかけのグラノーラバーがキッチンのカウンターに置いてあったり、億万長者が脱ぎ捨てた靴下が床に散乱したりしているのを見て、奇妙な親近感を抱くことができる。

リビングの壁には、シェイの計画が貼ってある。彼の「ダウンタウン・プロジェクト」を写した巨大な衛星写真だ。プロジェクト予定地をいくつかのロットに区切り、黄色の蛍光ペンで囲ってある。

そして色とりどりの付箋には、それぞれのロットでできることの可能性が書かれている。たとえば、「クリエイティブ・コモンズ」「すべてをソーラーパワーで動かす」「ドッグラン」「公営ウィスキー蒸留所」「コミュニティガーデン」などだ。

あなたはおそらく、シムシティの現実版のようなものを想像しているだろう。しかし、現実はゲームよりもさらに複雑で難解であり、シェイがプレーヤーとゲーム設計者の両方を演じている。

人と人がつながっていく場所

その1時間後、コンテナパークという場所で私たちは会った。シェイは物静かな人物で、頭はほぼスキンヘッド、よく何かをじっと見つめている。言葉を注意深く選んで話し、もし会話が途切れたら、相手が何か言うまでずっと待っている。

シェイと親しい人たちは、みな口をそろえて「シェイは宇宙人だ」と表現する。「人間よりはるかに優れた知性を持つ宇宙人で、人間の行動原理を解明するために地球にやってきた」という。

私はまず、プロジェクトのきっかけについて尋ねた。

「私は物事を有機的に起こすように努力しています」とシェイは言う。「正しいしくみをつくれば、つながりは自然と生まれます」。彼は椅子の背もたれに寄りかかると、コンテナパークを身ぶりで示した。

この場所は、シェイのダウンタウン・プロジェクトが開発した最新スポットだ。ほんの数カ月前まで、ここはただの空き地だった。それが今は、華やかで楽しい娯楽施設になっている。輸送用のコンテナを集めて色を塗り、それぞれを商店として使っているので、この名がついた。

入り口には鉄でできた巨大なカマキリの彫刻があり、触角から火が噴き出すようになっている。私たちの周りでは、何百人もの人たちが、午後の太陽を楽しんでいた。その日の夜、パークではシェリル・クロウのコンサートが予定されていた。
ダウンタウン・プロジェクトのすべてが順調に進んでいるわけではないが、すでにいくつかの成功も収めている。公共プロジェクト、民間プロジェクトを合わせて7億5400万ドルの利益を上げ、92のビジネスを支援し、地域一帯に新しい風を吹きこんだ。
私たちはしばらく話した。私が質問をして、シェイがそれに答える。かならずしもスムーズな会話だったわけではない。理由の一部は、シェイが「会話」というコミュニケーション・ツールを信用していないことだ。不完全で無駄が多いと考えている。典型的なシェイとの会話の例をあげよう。

私：このプロジェクトはどのように始めたのですか？
シェイ：私はシステムが好きなんですよ、たぶんね（10秒間の沈黙）。
私：何か参考にしたモデルやアイデアはありますか？
シェイ：いろいろな場所から、たくさんのアイデアをもらいました（20秒間の沈黙）。
その質問に答えるのはとても難しいですね。

シェイはなにも、私に嫌がらせをしているわけではない。ただ言葉というツールでは、彼の意図を正確に表現できないだけだ。

そのとき、シェイが少し歩こうと言った。そこからすべてが変化した。通りを歩き、知り合いと話し、彼らを私に紹介したりするときの彼は、とても生き生きしている。彼はすべての人とつながっていた。そしてさらに驚いたのは、他人と他人のつながりをつくることにも、とても熱心だったことだ。

私と一緒にいた45分の間にも、映画監督、音楽祭プロデューサー、アーティスト、バーベキュー場のオーナー、３人のザッポス社員に、会うべき人や、チェックすべき会社、共通の趣味を持っている人、興味を持つだろうイベントを紹介していた。

シェイはまるで、人間ＳＮＳだ。しかも変に興奮することもなく、なごやかな雰囲気の中で、淡々とつながりを増やしていく。人と人をつなげる会話をごく自然に行いながら、しかも特別な雰囲気も出すことができる。どうやら彼は、そういった能力を生まれつき備えているようだ。

ダウンタウン・プロジェクトのディレクター・オブ・カルチャーを務めるジャンヌ・マーケルは言う。「彼はとても頭のいい人だけど、本当のすごさはまるで８歳児のように考えることね。人間に関することは、すべてとてもシンプルに、かつポジティブに考えるの」

「彼と一緒にいたときに、ザッポスの飛行船をつくるというアイデアをふと思いついたんだ」と、ダウンタウン・プロジェクトのマーケティングマネジャーを務めるジョー・マホーンは言う。「宣伝用の小さなものではなく、もっとちゃんとしたものを考えていた。今から思えば、かなりムリのあるアイデアだ。でもトニーはごく普通の顔で聞いていた。まったく驚かなかったんだ。ただ『いいアイデアだ』と言って、2人でさらに話を詰めていったんだよ」

衝突の時間をつくる

シェイのやり方は一見すると突拍子もないが、その裏には、彼が「衝突」と呼ぶ緻密な計算が隠されている。シェイの定義によると、衝突とは「ある個人と個人が偶然に出会うこと」だ。

衝突は、あらゆる組織、コミュニティ、チームに欠かせない要素だと彼は信じている。1年に1000時間の「衝突の時間」を持つことを個人的な目標にしており、ダウンタウン・プロジェクト全体でも、1エーカー（約1200坪）ごとに10万時間の衝突の時間をつくるようにしている。

ザッポス本社の裏口を閉鎖したのも、この計算があったからだ。入口を1つにすれば、それだけ偶然の出会いも増える。また、先日の社内パーティで、シェイがある問題に気づいたのもこの計算があったからだ。社員は仲のいいグループで固まり、交流が広がっていない。どうやら家具が、人の流れを止めてしまっているようだ。

シェイはすぐに行動した。まず部屋の真ん中にあった大きなカウチを移動し、次にランプやテーブルも動かした。あっという間に部屋の模様替えをしてしまったのだ。「億万長者が自分で家具を動かすところなんて初めて見たよ」と、ある友人は冗談を言う。

「ここは温室のような場所なんだ」とシェイは言う。「温室の中にはリーダーになる植物があって、他の植物の目標になっている。でもそれは私ではない。私の役割は、リーダーではなく、温室そのものをつくることだ」

「私の役割は、温室そのものをつくること」

この言葉に、シェイ流の「帰属のシグナルの送り方」に関する秘密が隠されている。温室をつくるということは、プロセスを大切にするということだ。

「たぶん私は、『衝突』という言葉を1日に1000回は口にしているだろう」とシェイは言う。「ここで大切なのは回数ではない。何度もくり返すことで、人々の考え方を変えるのが目標なんだ。日常的に『衝突』という言葉を使っていれば、思考回路の中に自然と組み込まれるようになる」

シェイの温室に集まる人たちと実際に会って話してみると、誰もが大きな磁石に引き寄せられているような印象を受ける。スタンフォード大学で教える仕事を辞め、シェイのクリニック起ちあげに参加した放射線技師のズービン・ダマニアは言う。

「これは理屈じゃないんだ。彼はたとえるなら、『マトリックス』のモーフィアスのような存在だ。人々は彼からもらった薬を飲んで、世界の本当の姿が見えるようになる」

「言葉で説明するのは不可能ね」と言うのは、ダウンタウン・プロジェクトのスタッフのリサ・シャフロだ。「いろんな人とつながって、頭ではなく、内臓のレベルで理解するの。とにかく可能性を感じるんです。彼はどこに行っても、その感覚をつくりだすことができる」

ダウンタウン・プロジェクトのエグゼクティブチーム・メンバーのマギー・シューは言う。「人と人とを結びつけるのは、彼にとってとても自然なことなの。本人はほとんど無意識にやっているんでしょうね。これまでに何度も尋ねたんです。『トニー、なぜみんなあなたについていくの？　なぜあなたの呼びかけに応じるの？』って。彼の答えは、『わからない』だったわ」

シューもまた、そうやってシェイに引き寄せられた1人だ。彼女は数年前まで、マッキンゼーの敏腕コンサルタントだった。しかしダウンタウン・プロジェクトの話を聞き、興味を持つ。シェイにメールを出したところ、直接会わないかと返事が来た。

シューは普通の面接のようなものを予想していた。会社を訪ね、話をし、そして社内を案内してもらう。しかし実際に来てみると、彼女を待っていたのは、2行のメールと、8人の「会うべき人」のリストだった。

「この人たちに会ってみてください。それから彼らに、次に会うべき人を尋ねてください」と、シェイのメールには書いてあった。シューは面食らった。

「思わず『それだけですか？　他にすることはないんですか？』と、彼に尋ねてしまったわ。すると彼は、『会ってみればわかりますよ』としか言わないの。でも、彼が正しかった。実際に会ってみたら、事態がどんどん進んでいったんです。

まるで何かのシグナルが送られてきて、次の人に会うごとに、そのシグナルがどんどん強くなるような感じなの。信じられないくらい強い引力を感じる。結局私も、仕事を辞めてこっちに引っ越すことになった。この決断を理屈では説明できません。とにかくこうするしかなかったの」

大きな組織の場合、ここまでの個人的なつながりを感じることはないだろう。普通であれば、1人の強力なリーダーがいて、その他大勢はリーダーのビジョンやカリスマ性に惹かれてついていくという構図だ。

しかし、シェイの温室は違う。

そもそもシェイは、カリスマ性のあるリーダーではない。コミュニケーションも得意ではない。ただ人と人を引き合わせ、あとは自然な流れにまかせるだけだ。

ここでの問題は、なぜその方法がうまくいくのかということだ。

距離とコミュニケーションの頻度

冷戦時代、アメリカとソ連は、なりふり構わぬ軍拡競争をくり広げていた。どちらの国でも、公的機関や民間企業で働く多くのエンジニアが、それまで誰も挑戦したことがないような難問を解決しようと奮闘していた。

その軍拡競争の最中に、アメリカ政府は、作業の効率性を検証しようと思い立つ。彼らが知りたかったのは、成功するプロジェクトと失敗するプロジェクトの違いだ。プロジェクトの成否を分けるカギはどこにあるのだろうか？

初期の検証に参加した研究者の1人に、マサチューセッツ工科大学（MIT）の若手教授、トーマス・アレンがいる。

アレンは典型的な学者タイプではなかった。ニュージャージー州の中流家庭で育ち、地元の小さな大学を卒業すると、軍に入隊して朝鮮戦争で戦った。除隊してからはボーイングで働き、それからMITに入学してコンピュータ科学と経営学で学位を取得する。その資格こそ、政府が今回の研究のためにまさに求めていたものだった。「MITに入ったときは、経営学も学べるなんて知らなかった」と彼は言う。「ただ気に入った授業を取っただけだ。そして周りにすすめられて、博士号も取ることにしたんだ」

アレンはまず、「双子のプロジェクト」と名づけた事例の研究から始めた。双子のプロジェクトとは、2つかそれ以上の会社が、まったく同じ内容の難しいプロジェクト、たとえば大陸間弾道ミサイルの誘導方法や、衛星との通信方法を開発するといったプロジェクトに取り組むことだ。それぞれの会社が出した解決策を評価し、次に評価の高い解決策を出したプロジェクトの共通点を探る。

1つのパターンはすぐに見つかった。もっとも優れた結果を出したプロジェクトは、メンバー同士のコミュニケーションの質がとても高い。たとえるなら、グーグルにおけるラリー・ペイジとジェフ・ディーンのような関係だ。彼らには、とてつもない難問を驚異のスピードで解決していく不思議な力がある。

そこでアレンは、成功したチームのメンバーをさらに詳しく調べることにした。

彼らの化学反応はどこから生まれるのか？　彼らは同じ専門誌に執筆しているのか？　知性のレベルが同じなのだろうか？　年齢が近いのか？　同じ大学院で学んだのか？　同じレベルの学位を持っているのか？　経験が豊富なのか？　リーダーシップ・スキルが高いのか？

どれも大切な要素に思えるが、アレンの調査によると、すべてチームの化学反応とは無関係だ。もっとも大切な要素は、意外なところで見つかった。

それは、メンバーの机の距離だ。

アレン自身も、最初は自分の発見を信じられなかった。チームの相性や化学反応は、とても微妙で複雑なものだと考えられている。だからそれを生み出すものも、同じように微妙で複雑であるはずだ。

しかしデータを調べれば調べるほど、答えもはっきりしてきた。いいチームをつくるうえでいちばん大切なのは、優秀なメンバーを集めることでも、経験豊かなメンバーを集めることでもない。それは、メンバーの机の位置だ。

「目で見えるといったごく単純なことが、とても大きな意味を持つ」とアレンは言う。「他のメンバーの姿が見える、他のメンバーが働いている場所が見えるといったことが、彼らの存在を思い出させるきっかけになってくれる。それが大きな力を持つようだ」

アレンはこの問題をさらに掘り下げ、メンバー同士の距離と、コミュニケーションの頻度の関係を計算してみた。

「コミュニケーションの頻度と、机の距離の間には、密接な関係がある」とアレンは言う。「コミュニケーション頻度を調べるだけで、誰が何階で働いているかといったことが正確に推測できるくらいだ。それまで頻繁にやりとりしていた人も、働く階を移動するだけで、交流がめっきり途絶えてしまう。どうやら、横の距離よりも、縦の距離のほうが影響力は大きいようだ。同じ組織に属していても、働く階が違うだけで、違う国にいるのと同じくらいの距離を感じる」

コミュニケーション頻度と距離の関係を計算して表にしたところ、急勾配の山のような

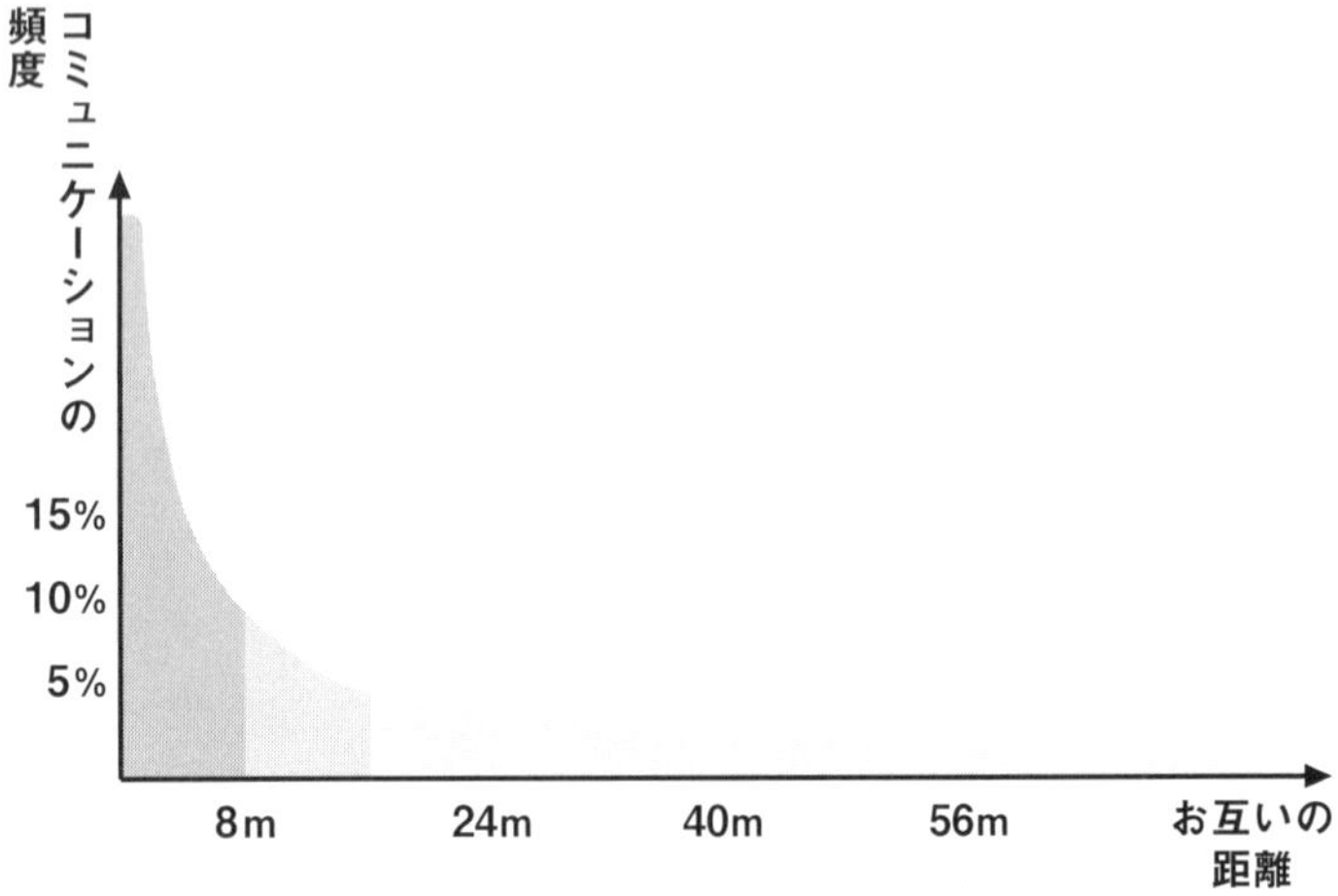

カーブになった。頂上付近はほぼ垂直であり、裾野付近はほぼ平坦になっている。この曲線は、「アレン曲線」という名前で知られるようになった。[※12]

アレン曲線のもっとも大きな特徴は、8メートルあたりでいきなり勾配がきつくなることだ。距離が8メートルより近くなると、コミュニケーション頻度が急激に高くなる。

人間の脳が完全に合理的な判断をするなら、頻度と距離は正比例になるはずだろう。しかしアレン曲線を見ればわかるように、脳の働きは合理的ではない。一定以上の距離の近さが、コミュニケーションを大きく促進するカギになる。

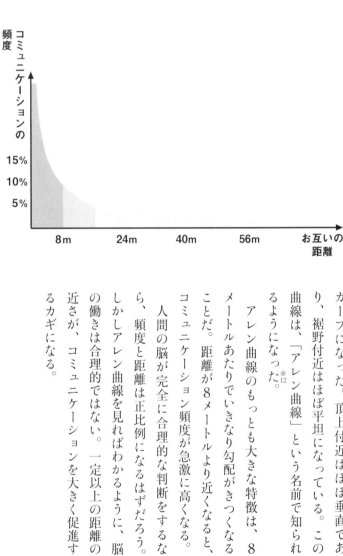

逆に距離を50メートルまで離すと、今度はコミュニケーションがほとんど起こらなくなる。まるで水道の蛇口を閉めたようにぴたりと止まる。それを6メートルまで近づけると、蛇口を全開にしたようにコミュニケーションがあふれ出す。

つまり、距離の近さがつながりを生むということだ。ただ物理的に近づくだけで、つながりへの欲求が一気に強くなる。

距離の近さが帰属の基準

科学者も指摘しているように、アレン曲線は進化論的にも説明できる。人類の歴史をふり返ると、ほとんどの時代で距離の近さが帰属の基準になっていた。そもそもいつも誰かの近くにいるのは、「その人のそばは安全だ」と信じているからだろう。

研究によると、デジタルのコミュニケーションもアレン曲線に従うという。メールを送る、SNSで交流するといった行為も、物理的な距離が近いほど頻繁になるのだ。

ある研究では、近くで働く人同士は、離れたところで働く人同士に比べ、メールの頻度が4倍になることがわかった。その結果、近くで働くチームは、プロジェクトの完成が32パーセント速くなる。

トニー・シェイの秘密もここにある。彼はアレン曲線を最大限に活用していたのだ。彼のプロジェクトが成功するのは、メンバー同士の距離が近いからだ。彼の近くで働く人たちは、みな何かのドラッグでハイになっているように見える。ある意味で、その印象は正しかったのだ。

シェイとのインタビューで、ダウンタウン・プロジェクトの採用基準を尋ねてみた。

「もし誰かがこのプロジェクトに興味を持って、私たちもその人に興味を持ったら、まずここに来てもらう」と、彼は答えた。

「でも、来てもらう理由は、はっきり伝えない。無料で泊まる場所を提供して、あとは好きなようにすごしてもらう。誘われたほうは、ただここに来て、ここにいる人と会い、ようすを見るんだ。そして、うちで働こうと決める人もいる。採用活動というよりも、自然な流れにまかせているんだよ」

実際にここで働くようになるのは、誘われた人の何パーセントぐらいなのだろうか？

彼はしばらく黙っていた。「たぶん、20人に1人ぐらいだろう」

最初にその答えを聞いたときは、特にすごい数字だとは思わなかった。たったの5パーセントだ。しかし、その数字が持つ意味をもっとよく考えてみよう。

初めてシェイに会った人が100人いるとしたら、彼とほんの少し話したり、プロジェクトの仕事に触れたりするだけで、それまでの生活を捨てて引っ越してくる決心をする人が5人もいるということだ。シェイがつくりあげたのは、まったくの他人を一瞬で部族のメンバーにする特別なしくみだ。

「考えてみればおかしな話だと思う」とシェイは言う。「私は口数の多いほうではないし、立派なスピーチもできない。ただこの場所を体験してもらって、正しい瞬間を待つだけだ。そこで『それで、いつベガスに移ってくるの?』と尋ねる」。彼はそう言うと笑った。

「すると、何人かは実際に引っ越してくるんだよ」[※13]

第6章

行動のためのアイデア1

正しいシグナルの送り方

安心できる環境づくりに、マニュアルは存在しない。雰囲気を感じ、即興で動くことが大切になる。サッカーの試合で味方にパスを出すようなものだ。パターンを読み、素早く反応し、正しいときに正しいシグナルを出すことが求められる。

これも1つのスキルなので、学習曲線に沿って上達していくことになるだろう。

シグナルを送るために必要なこと

帰属について研究する社会学者のような「プロ」であっても、学習曲線の影響は避けられない。「腐ったリンゴの実験」を行ったウィル・フェルプス（第1章を参照）は、研究を重ねた結果、実生活での行動も変わってきたという。

「以前の私は、会話で気の利いたひと言を言いたがるタイプだった」とフェルプスは言う。「おもしろい人間だと思われたいからだ。ときにはかなり辛辣なことも言っていたよ。でも今は、そういったシグナルがチームにマイナスの影響を与えることをよく知っている。今の私が大切にしているのは、『あなたの話を聞いている』というシグナルを送ることだ。相手が話しているときは、相手の目を見て、うなずき、『それはどういう意味？』と尋ねたり、『それについてもっと話してくれるかな』と言ったり、アイデアを提案してもらったりする」

同じく第1章に登場したエイミー・エドモンドソンは、さまざまな職場を対象に、安心感について研究している。

「以前の私は、自分が人に安心感を与えているかどうかなんて、まったく気にしていなかった」と彼女は言う。「でも今は、むしろそのことばかり考えている。特に初めが肝心ね。まず相手に安心感を与え、それからやりとりの間もずっと安心感をモニターしている。変化や緊張を感じ取ったら、少し相手から離れて脅威を与えないようにするの」

フェルプスもエドモンドソンも、基本的に同じことを言っている。安心できる環境をつくるために必要なのは、すべてを見逃さない注意力と、正しいときに、正しいシグナルを、正しい相手に送る能力だ。

このスキルを身につける具体的な方法をいくつか紹介しよう。

聞きすぎるほど聞く

成功しているチームを訪ねると、会話の聞き手はいつも同じ表情やしぐさをしていることに気づく。顔を少し前に出す。まばたきをしない。眉毛を持ち上げる。じっとして動かない。相手に向かって身を乗り出す。聞き手が発する言葉は、「ええ」「はい」「なるほど」など、「話を聞いている」という合図だけだ。

コミュニケーション専門コンサルタント会社ヒューマナイズCEOのベン・ウェイバーは言う。「姿勢と表情はとても大切だ。その2つによって、会話の相手と本当に同調しているかどうかがわかる」

それと関連するが、会話でやってはいけないのは相手の話をさえぎることだ。前にも述べたように、会話のキャッチボールがリズムよく続くのは、結束力の強いチームの大きな特徴でもある。相手の話をさえぎり、会話のリズムが悪くなると、帰属のシグナルが急激に弱まることになる。

相手の話をさえぎるのは致命的だ。ウェイバーはそれを数字で証明し、セールスのトレーニングで活用している。「トップセールスは相手の話をさえぎらない。話をさえぎる率を算出し、それを営業成績と並べると、話をさえぎらないことの大切さが一目でわかる」と彼は言う。

もちろん、話をさえぎることが絶対的に悪いというわけではない。たとえば創造的な作業では、どんどん口を出すことで創造性が刺激されることもある。

大切なのは、お互いに興奮して発言が飛び出すという状況と、ただ相手の気持ちに鈍感なために口をはさむという状況を区別することだ。

早い段階で自分の弱さを認める（特にリーダーはこれが重要）

人間には自分の弱点を隠したい、完璧に見せたいという本能がある。しかし安心できる環境をつくりたいなら、これはいちばんやってはいけないことだ。

むしろ積極的に自分を開示して、弱点も欠点もさらけ出したほうがいい。

何か提案するときは、自分の正しさを主張するのではなく、他のメンバーの提案も歓迎する。「あくまで個人的な考えなんだけど」「もちろん私が間違っているかもしれないが」

「私の提案に何か穴があったら教えてほしい」「あなたはどう思う？」などの言葉が効果的だ。

サンアントニオ・スパーズのゼネラルマネジャーR・C・バフォードは、プロスポーツ史上もっとも成功した幹部の1人だ。しかし、それを知らずに彼の仕事ぶりだけを見ると、アシスタントと勘違いするかもしれない。

バフォードは物静かで、親しみやすい人柄だ。人の話を熱心に聞き、いつも謙虚な気持ちを忘れない。取材を始めたばかりのころ、彼は何人かのスター選手の引退が迫っていることを話題に出すと、「先のことを考えると、恐ろしくてたまらなくなる」と告白した。

彼は自分の不安を隠して、いいところばかりを見せることもできたはずだ。ドラフトの好成績や、育成システムの充実、若手の順調な成長、トレードの成功、チームの士気の高さや結束力などを自慢してもいい。

しかし、彼は違う道を選んだ。自分の完璧さを誇示するのではなく、会ったばかりの私に内心の恐怖を告白したのだ。これは弱さの表れではない。むしろ会話の相手とより深いつながりをつくる手段だ。弱点を正直に告白された相手は、思わずこう言わずにはいられない。

「私に何かできることはありますか？」

エドモンドソンは言う。「安心できる環境をつくるには、リーダーは積極的にインプットを求めなければならない。創造的な意見を発表してもらうのはとても難しい。たいていの人は、自分から手をあげて『まだ固まっていないアイデアだけど、ぜひ発言したい』とは言いませんよね。でもリーダーから助けを求められると、どうにかして助けたいと思い、いろいろアイデアを出そうとするの」

使者を抱きしめる

安心できる環境をつくるうえでカギとなることの1つは、悪いニュースや、厳しいフィードバックの扱い方だ。そういった気まずい瞬間は、ただ受け入れるのではなく、思いっきり抱きしめなければならない。

「『使者を撃つな』という諺があるでしょう？」と、エドモンドソンは言う。「実を言うと、撃たないだけでは不十分なの。悪い知らせを持ってきた使者を抱きしめ、知らせてくれて本当にありがとうと伝えなければならない。そうすれば、使者は安心して、次回からも悪いニュースを伝えてくれる」[※14]

未来の約束をする

成功しているチームは、現在だけでなく、未来の関係も約束する。たとえば大リーグのセントルイス・カージナルスは、若手の育成に力を入れていることで有名だ。テネシー州に拠点をおくジョンソンシティ・カージナルスは、マイナーリーグに所属するカージナルス最下部のチームだ。ある日、チームのバスで移動中に、最前列に座ったコーチが車内のテレビを見るように声をかけた。テレビでは大リーグの試合が中継されていた。

「あのピッチャーを知っているか？」

選手たちは顔を上げてテレビを見た。マウンドに立っていたのは、セントルイス・カージナルスの真っ白なユニフォームを着たトレバー・ローゼンタールだ。ローゼンタールは若手のリリーフ・ピッチャーで、前の年のワールドシリーズでも投げている。

コーチは言った。「3年前まで、彼もきみたちと同じ場所に座っていたんだ」

この短い言葉を言うのに、おそらく5秒もかからないだろう。しかし、その効果は絶大だ。この言葉を聞いた選手たちは、現在の自分と未来の自分をつなげることができる。

「3年前まで、彼もきみたちと同じ場所に座っていたんだ」

しつこいほど「ありがとう」を伝える

成功しているチームと一緒にすごすと、「ありがとう」という言葉を頻繁に耳にすることになる。少し過剰なのではないかと思うほどだ。

たとえばスパーズの場合、シーズンが終わるたびに、ヘッドコーチのグレッグ・ポポヴィッチがスター選手を一人ひとり呼び、「私にコーチをさせてくれてありがとう」という感謝の気持ちを伝えている。「私にコーチをさせてくれてありがとう」というのは、ポポヴィッチが実際に使っている言葉だ。

しかし、考えてみればこれはおかしな言葉だ。ポポヴィッチも選手も、球団から十分な報酬をもらっている。それにポポヴィッチがコーチをすることは、選手が決めたわけではない。それでも成功しているチームでは、この種の感謝の言葉がよく飛び交っている。

ここで大切なのは感謝そのものではなく、「私たちはチームだ」という確認だからだ。

ニューヨーク市のハーレム地区にあるチャータースクール（公立の特別認可学校。独自のカリキュラムで教育を行っている）のKIPPでも、教師同士が日常的に感謝の言葉を口にしている。

たとえば、3月14日のパイ・デイ（円周率の日）に、学校の事務員が数学の教師に記念のTシャツをプレゼントする。そして、8年生の数学を受け持っているジェフ・リーは、他の数学教師に宛てて次のようなメールを出した。

親愛なる数学教師たちへ

第7回中間試験（成績を決める重要なテストの1つ）で、2024年の生徒は、前の2年の生徒より優れた成績を収めました。点数は以下の通りです。

2022年：84・5点
2023年：87・2点
2024年：88・7点

このような結果になったのは、生徒たちが5年生のときから一貫して質の高い授業を受けてきたおかげです。優秀であるだけでなく、向上のためにつねに努力する先生でいてくれてどうもありがとう。すべて結果につながっています！

ジェフ

これはさすがにやりすぎだと思うかもしれない。しかし、感謝の言葉がチームの結束力を高めるということは、科学的にも証明されている。

アダム・グラントとフランチェスコ・ジーノは、「エリック」という架空の学生が、就職の履歴書を書くのを手伝ってくれる人を探しているという設定で、ある実験を行った。実験の参加者は、まずエリックが履歴書を書くのを手伝う。その後で、参加者の半分はエリックから感謝され、残りの半分は特に感謝もされず、ニュートラルな反応を受ける。次に参加者は、今度は「スティーヴ」から同じ頼み事をされる。

その結果、エリックから感謝されたグループは、感謝されなかったグループに比べ、スティーヴを助ける確率が２倍以上になった。つまり、誰かから感謝された人は、まったく関係ない第三者に対しても親切になれるということだ。

その理由は、「感謝」という行為の本質にある。感謝はただの「ありがとう」だけでなく、帰属のシグナルの役割も果たしているのだ。「ありがとう」という言葉には、安心、つながり、モチベーションを高める効果がある。

私自身の調査でも、たしかに成功しているチームほど感謝の言葉が多い。しかもトップのメンバーが、いちばん下のメンバーに積極的に感謝の言葉をかけている。

たとえば、フレンチ・ランドリーなどの一流レストランを手がけるシェフのトーマス・ケラーは、自分のレストランで皿洗いの仕事をする人たちに、いつも感謝の言葉をかけている。もっとも地味な仕事が全体の成功を決めるということを、よく知っているからだ。

また、オハイオ州立大学フットボール部監督で、チームを2015年の全米優勝に導いたアーバン・マイヤーも、オハイオ・スタジアムで開催された優勝祝賀会でケラーと同じことをした。

集まった何万人ものファンや関係者は、スター選手への賞賛の言葉を期待していた。しかしマイヤーが真っ先に名前をあげて賞賛したのは、ニック・サラックという無名の控え選手だった。サラックはシーズンの初めに、自分の奨学金をチームメイトに譲る決断をした。その選手のほうが、自分よりもチームの勝利に貢献できるからだ。

マイヤーがサラックにスポットライトを当てたのは、ケラーが皿洗いにスポットライトを当てたのと同じ理由だ。彼らのような縁の下の力持ちがいるおかげで、チームは成功できたのだ。

メンバー選びは慎重すぎるほど慎重に

誰をメンバーに選び、誰を外すかという判断は、チームの文化を如実に物語る。成功しているチームは、メンバー選びの段階からすでに成功している。選考過程は長期間にわたり、基準もこまかく決められている。経歴を詳細に調査し、多くのメンバーと実際に一緒にすごすことで、その人がチームに合うか、献身的な性格かといったことを判断し、各種のテストによって能力を判断する。

たとえばザッポスは、念には念を入れるために、新人研修が終わったところで、辞めたら2000ドルのボーナスを出すと提案している。実際にこのボーナスを受け取るのは、新入社員の10パーセントほどになるそうだ。

腐ったリンゴを取り除く

成功しているチームは、腐ったリンゴに対してとても厳しい。それに加えて、腐ったリンゴを鋭く見抜くこともできる。おそらく後者のほうが、より重要な資質だろう。

「オールブラックス」の愛称で知られるラグビーのニュージーランド代表チームは、世界史上もっとも成功したスポーツチームの1つに数えられる。そんな彼らのモットーは、「愚か者は去れ」だ。シンプルな言葉だが、だからこそ大きな効果がある。

安全で、衝突がたくさん起こる場所をつくる

私が実際に取材した成功しているチームは、どこも「場所のデザイン」に気を配っている。メンバー同士の交流を最大化するためだ。

たとえばピクサーには、スティーブ・ジョブズが設計した吹き抜けの広い空間がある。また、アメリカ海軍特殊部隊ネイビーシールズの中でも、とりわけ危険な任務に当たるチーム6には、ホテルの会議室に似た専用の部屋が用意されている。ここまで大がかりでなくても、たとえばコーヒーマシーンなどにこだわるチームもある。

今から数年前、バンク・オブ・アメリカは、コールセンターの社員が燃え尽き症候群で次々と辞めていくという問題を抱えていた。そこで、コミュニケーション専門コンサルタントのベン・ウェイバーに助けを求め、原因を計量社会学的に分析してもらうことにした。

その結果わかったのは、コールセンターの仕事はとてもストレスが大きいということだ。そして、社員にとっていちばんのストレス解消法は、自分のデスクを離れて他の社員とおしゃべりをすることだった。

そこでウェイバーは、メンバー全員で15分の休憩を一緒に取れるように、スケジュールを調整するという提案をした。それに加えて、会社のコーヒーマシーンも上質なものに買

い換え、社員が集まりやすい場所に設置するという提案もした。

効果はすぐに出た。ウェイバーの提案を実行すると、生産性が20パーセント上昇し、離職率も40パーセントから12パーセントに減少したのだ。ウェイバーは、会社のカフェテリアの改造も行った。4人がけのテーブルを10人がけのテーブルに変えるだけで、生産性が10パーセント上昇した。


例にあげたような対策は、すべて同じ思想から生まれている。それは、「衝突を最大化する空間を創造せよ」だ。

ピクサーの共同設立者で、社長も務めるエドウィン・キャットマルは言う（キャットマルは第16章にも登場する）。

「以前は、社員の食事は外部に委託していたんだ。料理をつくることは、わが社の業務のうちに入らないと考えていた。しかし、外部の業者の目的は儲けることだ。そして儲けるために、料理やサービスの質を落とそうと考える。彼らがとりわけ欲深いわけではない。むしろこれは、構造的な問題だ。

そこでわが社では、社員の食事も社内でまかなうことにした。質の高い食事を安い値段で社員に提供するためだ。そのおかげで、うちの会社はご飯がおいしく、辞める人も少ない。それにみんなで集まっておいしい食事を取ることで、ビジネスの成長につながるような出会いやアイデアも生まれる。簡単なことだ。つまり、料理もわが社の大切な業務だったということだよ」

すべての人に発言の機会を与える

これは言うのは簡単だが、実行するのはとても難しい。そのため成功しているチームは、実行しやすいように、ごくシンプルなしくみをつくっている。たとえば、「すべてのミーティングでかならず全員が発言する」というようなルールだ。[※15]

または、メンバーが定期的に集まり、率直に仕事の評価をするというしくみを採用している組織もある。たとえばピクサーは、毎朝「デイリーズ」と呼ばれるミーティングを開き、前日までに完成した映画の場面を見ながら、関係するメンバー全員が意見を出すようにしている。他には、定期的な集まりで、質問や意見をリーダーに直接ぶつけられるというしくみもある。この集まりにタブーはなく、何を言ってもかまわない。

しかし、どんなに立派なしくみをつくっても、リーダーに聞く気がなければ無意味だ。いちばん大切なのは、本気でメンバーとのつながりを求め、すべての意見に耳を傾けるリーダーの存在だろう。

アメリカ海軍大佐で、1997年にミサイル駆逐艦ベンフォールドの艦長に就任したマイケル・アブラショフも、そんなリーダーの1人だ。当時のベンフォールドは、海軍のパフォーマンス評価で最低ランクに位置づけられていた。そこでアブラショフは、まず310人の乗組員の全員と一対一で面談することにした。面談の時間は、1人あたり30分だ（すべての面談が終わるまでに6週間かかったという）。

アブラショフはこの面談で、乗組員に3つの質問をした。

1　ベンフォールドのいちばん好きなところは何か？
2　ベンフォールドのいちばん嫌いなところは何か？
3　自分が艦長だったら、何を変えたいと思うか？

アブラショフは、すべての乗組員の答えを真剣に聞き、実行できそうな案はすぐに採用した。船のインターコムで変更を伝え、さらに提案者の名前も伝える。

その結果、アブラショフが艦長に就任してから3年の間に、ベンフォールドの評価は最高ランクに上昇した。

ゴミを拾う

１９６０年代半ば、カリフォルニア大学ロサンゼルス校（ＵＣＬＡ）のバスケットボールチームは、スポーツ史上まれに見る黄金時代を迎えていた。12年間で10回の全米優勝だ。しかし、学生マネジャーのフランクリン・アドラーは、何かがおかしいと気がついた。伝説的なヘッドコーチのジョン・ウッデンが、チームのロッカールームでゴミを拾っているのだ。

「そのとき彼は、すでに3回も全米優勝していたんだ」と、アドラーは言う。「選手としてもすでに殿堂入りを果たし、コーチとしては王朝をつくりあげた男だ。それがロッカールームで身をかがめて、床のゴミを拾っていたんだよ」

ゴミ拾いをするリーダーはウッデンだけではない。マクドナルド創業者のレイ・クロックも、ゴミ拾いをするリーダーとして有名だった。マクドナルド元ＣＥＯのフレッド・ターナーは、伝記作家のアラン・ドイチュマンの取材でこんな話をした。

「彼は毎晩、道を歩きながら、捨てられたマクドナルドの包み紙やカップを拾っているんだ。そして両手一杯にゴミを持って店にやって来る。土曜日の朝に、モップを入れるバケツを歯ブラシで磨いているのを見たこともある。モップのバケツの汚れなんて、誰も気にしていなかった。だって、ただのバケツなんだから。しかしクロックは、モップの水を切る穴にゴミがたまっていることに気がついた。歯ブラシでゴミを取れば、バケツをもっと気持ちよく使うことができる。彼はそういうところまで気が回る人物だった」

この種の逸話は枚挙にいとまがない。NBAのオクラホマシティ・サンダーでヘッドコーチを務めるビリー・ドノバンは、フロリダ大学の監督時代、床にこぼれたスポーツドリンクを雑巾で拭いていた。デューク大学バスケットボールチーム監督のマイク・シャシェフスキーや、プロフットボールのニューヨーク・ジャイアンツ監督のトム・コフリンも同じだ。また、ラグビーのニュージーランド代表オールブラックスは、トレーニングの一環として掃除を取り入れている。

彼ら成功したスポーツチームのリーダーたちは、ロッカールームの掃除という地道な仕事を選手たちに見せることで、チームワークと勤勉さという価値観をチームに植えつけているのだ。

私は彼らのような行動を、「強者の謙遜」と呼んでいる。シンプルな方法でチームに貢献しようという心構えだ。ゴミを拾うという行為はその一例であり、他の方法もある。

たとえば、リーダーだからといって駐車場でいちばんいい場所を独占せず、すべてのメンバーが平等になるように場所を決める。チームでの食事のときはリーダーが会計を担当する。サラリーを平等にする（スタートアップ企業であれば、この方法は特に有効だ）。

こういった行動は、ただ道徳的に正しいだけでなく、「私たちは運命共同体だ」という力強いメッセージを送る役割も果たしている。

第一印象の効果を最大化する

人間の脳は、新しい集団に入ると、即座につながりをつくるかどうか判断する。そのため成功しているチームは、最初の瞬間を特に大切にしている。

たとえば、あなたがピクサーに採用されたとしよう。あなたの仕事はディレクターかもしれないし、社内のカフェのバリスタかもしれない。

仕事の初日、あなたを含む新人たちは、上映会が行われている部屋に集められる。そしてあなたは、5列目の席に座るように言われる。なぜかというと、そこが監督の座るべき席だからだ。そして次の言葉を聞く。

「前の仕事が何であれ、今のあなたは映画作家だ。ピクサーの映画をよりよくするために、あなたの力が必要だ[※16]」

ピクサーのデータ管理部門で働くマイク・サンディは言う。

「あれはとても力強い言葉だ。まるで自分が生まれ変わったように感じる」

ＮＢＡのオクラホマシティ・サンダーも、同じように第一印象を大切にしている。オクラホマシティは、プロスポーツの本拠地になるような場所ではない。交通の便の悪い小さな街で、ナイトライフよりも竜巻で有名だ。

サンダーに採用された人は、選手でも、球団職員でも、まずオクラホマシティ国立記念センターに連れていかれる。この場所は、１９９５年のオクラホマシティ連邦ビル爆破事件を忘れないために建てられた。新人たちは池の周りを歩き、犠牲者の数と同じ１６８脚の椅子の彫刻を見る。

ゼネラルマネジャーのサム・プレスティは、よくこのツアーのガイドを務めている。彼は多くを語らない。各自が好きなように歩き、何かを感じるのにまかせている。そしてツアーが終わりに近づくと、プレスティは選手たちに言う。「コートに立ったら、客席を見わたして思い出してほしい。彼らの多くが、あの悲劇でつらい思いをしたんだ」

このひと言が、選手の気持ちに大きな影響を与える。前に紹介したウィプロの新人研修の実験と同じだ。正しいときに、正しい帰属のシグナルを送っている。

もちろん、第一印象を活用できるのは初日だけとはかぎらない。毎日が第一印象の積み重ねだからだ。しかし、私が取材した成功しているチームは、初日を特に重視している。新しく入ってきた人のために時間をつくり、初日を特別な日にするために心を配る。

それは、「私たちはチームだ」という力強いメッセージだ。

「サンドウィッチ・フィードバック」を避ける

多くの組織で、リーダーは依然として昔ながらの「サンドウィッチ・フィードバック」に頼っている。これは、苦言や注意を、ほめ言葉ではさむというテクニックだ。

理にかなった方法に思えるが、実際に行うと、フィードバックを受けたほうは混乱することになる。人間は本能的に、ポジティブな内容だけを受け取るか、またはネガティブな内容だけを受け取るからだ。

私が取材したチームでは、サンドウィッチ・フィードバックはほとんど使われていなかった。むしろ彼らは、ポジティブとネガティブを別々に扱っている。

ネガティブな内容を伝えるときは、相手との対話を重視する。まず相手がフィードバックを求めていることを確認し、次に問題点を指摘して、どうすれば改善できるかを話し合う。一方的に注意を与えるのではなく、双方向のコミュニケーションであることが大切だ。

対してポジティブな内容を伝えるときは、形式にこだわらない。とにかくわかりやすく、徹底的にほめる。私が話を聞いたリーダーたちは、みな人をほめるのがうまかった。メンバーの長所や貢献を決して見逃さず、喜びと賞賛を全身で表現する。

そういった心温まる瞬間をメンバーが共有することで、チームのアイデンティティが形成されていく。チームの結束が強まり、未来のポジティブな行動につながるのだ。

楽しむ

楽しむことが大切なのは言うまでもないことだが、やはりきちんと指摘しておかなければならない。笑いはただの笑いではない。

人が笑うのは、心から安心し、仲間とのつながりを信じている証拠だ。

Skill 2

Share Vulnerability

THE CULTURE CODE

スキル2

弱さを共有する

第7章

弱さを見せる

私にしてほしいことがあったら言ってくれ

1989年7月19日、ユナイテッド航空232便が、乗客285人を乗せてデンバー空港を飛び立った。目的地はシカゴだ。天候は穏やかな晴れで、西から風速5メートルの弱い風が吹いていた。

離陸から1時間10分がたつまでは、すべてが順調だった。アイオワ州上空にさしかかると、機長のアル・ヘインズ、副操縦士のビル・レコーズ、航空機関士のダドリー・ドヴォラークは、問題なしと判断し、自動操縦に切り替えて食事を取った。機長のヘインズはテキサス出身の物静かな人物で、元海兵隊員だ。クルーからの信頼も厚い。

致命的な障害

午後3時16分、尾部のほうから大きな爆発音が聞こえた。機体は激しく揺れ、右に大きく傾いた。副操縦士のレコーズは、２つある操縦桿のうち「ヨーク」と呼ばれるほうをつかみ、「操縦は私がやる」と言った。

３人が計器を確認すると、ＤＣ－10型機の３つあるエンジンのうち、尾部のエンジンが完全に失われてしまっている。その間も、レコーズの奮闘も虚しく、機体はコントロールを失って右に傾き続けていた。

そのとき、レコーズはつとめて冷静に言った。

「アル、機体を制御できない」

ヘインズ機長もヨークをつかみ、「私がやる」と言った。しかし機長も機体を制御できない。全身の力を込めてヨークを引いても無駄だった。機体はそのまま右に傾き、右の翼を下にして完全に横向きになりそうだった。

尾部のエンジンが吹き飛んだだけなら、対処の方法はある。しかし爆発の影響はそれにとどまらなかった。鋭利な破片が機体に突き刺さり、すべての油圧制御システムが破壊されてしまったのだ。

油圧システムが不能になると、尾翼の方向舵も、補助翼も、主翼のフラップも動かせなくなる。つまり簡単にいうと、爆発によって機体は完全に制御不能になったということだ。国家運輸安全委員会（NTSB）は、このような状態に「致命的な障害」という名前をつけている。パイロットたちは、この致命的な障害を想定した訓練を受けていない。理由は2つある。

1つは、このような状態になるのは非常にまれであること。油圧システムがメインも補助もすべて失われる確率は10億分の1だ。そしてもう1つは、こうなったら、もう手の施しようがなく、訓練をする意味がないからだ。

ヘインズは右翼エンジンの出力を上げ、左翼エンジンの出力を下げることで、右への旋回をなんとか止めることができた。左右のエンジンの出力を変えたことで、機体はだんだんと水平の状態に戻っていった。しかし、機体が制御できないという致命的な問題はまだ残っている。

そのころ機体は、まるで紙飛行機のように大きく揺れながら、アイオワ上空を飛行していた。1分ごとに数百メートルも機体が上下する。ヘインズとレコーズは、ヨークとの格闘を続けていた。客室乗務員は、通路を歩きながら乗客に声をかけ、なんとか落ち着かせようとしていた。ある家族は、カバンから聖書を取り出し、祈りを唱え始めた。

ファーストクラスの通路側の席に、デニー・フィッチという46歳の男性が座っていた。彼は爆発のときに膝にこぼれたコーヒーを拭いていた。

フィッチはユナイテッド航空の社員で、パイロットの教官として働いている。毎日のようにシミュレーターを操り、危機への対応をパイロットたちに教えていた。彼は客室乗務員に声をかけると、「私にできることがあれば言ってほしい」という機長への伝言を頼んだ。伝言を聞いた機長は、「ぜひ来てほしい」と即答した。

緊迫した応答のくり返し

フィッチは通路を歩いて前に向かい、コックピットのドアを開けた。中のようすを一目見て、フィッチの心は暗く沈んだ。

「あれは絶望的な光景だった」と、フィッチは後に記者に語った。

「機長も副操縦士も、満身の力を込めて操縦桿を握っている。2人とも半袖のシャツを着ていたので、腕の筋肉が盛り上がり、血管が浮かび上がっているのが見えた。握ったこぶしも真っ白になっている。（中略）そのとき真っ先に頭に浮かんだのは、『自分は今日死ぬのだ』という言葉だ。その時点でわからなかったのは、アイオワの地面に激突するまでに、どれくらい時間があるかということだ」

フィッチは計器を確認し、事態を把握しようとした。油圧システムが完全に不能になるという状況は、それまで経験したことがなかった。フィッチも、2人のパイロットも、どうすればいいのかまったくわからない状態だ。

航空機関士のドヴォラークは、無線でユナイテッドの整備部門に連絡し、アドバイスを求めていた。コックピットの中は、極限まで混乱していた。

そのとき、フィッチはヘインズに言った。

「私にしてほしいことがあったら言ってくれ」

ヘインズは、自分と副操縦士の間にあるエンジンのスロットルを身ぶりで示した。ヘインズも、副操縦士のレコーズも、ヨークとの格闘で両手がふさがっていたので、誰かが機体を水平に保つためにスロットルを操作しなければならない。フィッチは前に出ると、操縦席の間に座り、両手でスロットルをつかんだ。

3人の男は横一列に並び、それまで誰も経験したことがない大仕事に立ち向かっていった。制御を失ったＤＣ‐10型機を、なんとかして操縦するのだ。

そのとき、彼らのコミュニケーション方法には大きな特徴があった。短い言葉を矢継ぎ早に発し、緊迫した応答がくり返されている。

ヘインズ：よし、機体をもう少し下げよう。
フィッチ：わかった。出力を少し上げてくれ。
ヘインズ：誰か（着陸装置の出し方が）わかる人はいるか？　彼（ドヴォラーク）が整備士と話しているところだ。
フィッチ：（ドヴォラークが整備士と）話している。代替のギア（着陸装置）も使おう。助けになるかもしれない。油圧が効かないなら、補助翼は使い物にならないだろう。
ヘインズ：どうすればギアが出る？
フィッチ：たぶん落ちてくるだろう。代替ギアで降りる。車輪のドアは開くのか？
ヘインズ：開く。
レコーズ：降りても機体が止まらないかもしれない。
ヘインズ：そうだな。ブレーキが効かない。

レコーズ：ブレーキは全滅か？
ヘインズ：効くのもある（しかし多くはない）。
フィッチ：（ブレーキを効かせる）チャンスは1回だけだ。1回しか踏めない。私は方向を変える。左に曲がって空港に向かう。それでいいか？
ヘインズ：わかった。

（数分後）

ヘインズ：少し左。後ろ、後ろ。
フィッチ：できるだけ水平に保ってくれ。
ヘインズ：わかった。水平になってくれ。頼んだよ、ベイビー。
ドヴォラーク：左に曲がるぞ。
フィッチ：パワーを上げろ。もっとパワーだ。
レコーズ：了解。フルパワーだ。
フィッチ：上げろ。
不明の人物：右旋回。出力落とせ。
ヘインズ：左でもいいか？
ドヴォラーク：（フィッチに向かって）ここに座るか？

フィッチ：助かる。いいのか？
ドヴォラーク：かまわない。私よりあなたのほうがよくわかっている。

不安や疑問をどんどん口にする

パイロットの間では、このような短い言葉が矢継ぎ早に飛び交うコミュニケーションは「通知（notification）」と呼ばれている。通知は命令ではない。自分が気づいたことを相手に伝え、お互いが状況の理解をより深められるようにするのが目的だ。

通知はもっとも基本的なコミュニケーション方法であり、幼児の指さしによるコミュニケーションに似ている。命令や指示とは違い、言外に質問の意味もある。「私が気づいたことにあなたは賛成するか？」「他に何か気づいたことはあるか？」という質問だ。通常の離陸や着陸であれば、熟練したクルーは、平均して1分間に20の通知を発する。

爆発後のユナイテッド232便では、クルーたちは1分間に60回以上のペースで通知を出していた。通知の中には、「はい」か「いいえ」ではない自由回答の質問もあり、発したのはたいてい機長のヘインズだった。

たとえば、「どうすればギアが出る?」「誰かわかるか?」というような質問だ。普通であれば、機長からこんな質問が出るとは思わない。危機のときの機長の役割は、冷静に事態を把握し、適切な指示を出すことだと思われている。しかしヘインズは、それとは正反対の通知を何度も何度も発していた。

ヘインズのメッセージを要約すると、「私には事態が理解できず、対処法もわからない。誰か助けてくれないか?」ということになる。

通知と自由回答式の質問が組み合わさり、コックピットの中では一種カオスのようなコミュニケーションがくり広げられていた。ぎこちなく、自信がなく、くり返しが多い。たとえるなら、真っ暗な部屋の中を手探りで進んでいるようなものだ。「着陸しても止まれないかもしれない……そうだ、ブレーキもダメだ……ブレーキもダメなのか?……少しなら効く。1回だけ思いっきり踏め」

ユナイテッド232便のクルーは、不安や疑問をどんどん口にするコミュニケーションで、複雑な問題を解決することに成功した。残った2つのエンジンで最適の力の配分を割り出し、機体の予期せぬ動きに備える。乗客、乗務員、管制官、整備士、空港の緊急車両にも、状況を随時知らせていた。

ルートを選び、降下の角度を計算し、脱出に備えながら、ときにはジョークもはさんでいた。アイオワ州スーシティに近づくと、管制官から着陸の許可が下りた。空港のすべての滑走路に着陸できる。ヘインズはそれを聞くと、笑いながら言った。「滑走路は１本あれば十分だよな」。管制塔とコックピットが笑いに包まれた。

数分後、ユナイテッド２３２便は、通常の着陸時の2倍のスピードを出し、通常の６倍の降下率で着陸態勢に入った。主翼の先端が滑走路に激突し、機体は横転した。

着陸時の衝撃はすさまじかったが、生存者は全乗務員を含む１８５人だ。壊れた機体から自力で出てきて、近くのトウモロコシ畑まで歩いていった人もいる。あれほどの大きな事故で、１８５人も生き残ることができたのは、まさに奇跡としかいいようがない。

国家運輸安全委員会は、事故調査の一環として、フライトシミュレーターを使ってベテランのパイロットに２３２便と同じ状況を体験してもらった。シミュレーションは28回にわたって行われたが、着陸に成功した例は一度もなかった。機体は真っ逆さまに墜落し、スーシティに近づくこともできなかった。

そこから見えてくるのは、とても奇妙な事実だ。ユナイテッド２３２便のクルーが着陸に成功したのは、個々のスキルが優れていたからではない。彼らはそれぞれのスキルを持ち寄り、より大きな「知恵」を生み出した。

それを可能にしたのは、「何かいいアイデアはないか？」「私にしてほしいことがあったら言ってくれ」という、正直で、率直で、謙虚なコミュニケーションだ。そこで、この章のテーマが登場する。

232便のクルーは、「弱さ」を見せることで成功したのだ。

すべての問題を洗い出す

最初に登場した「帰属のシグナル」がチームをくっつける「接着剤」だとするなら、これから見ていくのは「筋肉」だ。成功したチームは、接着剤でつながったメンバーから、どのように信頼関係や協力関係をつくりだしているのだろうか？

卓越したチームワークを観察していると、お互いに信頼していることがよくわかる瞬間がたくさん存在することに気づく。特に多く見られるのが、チームが難しい問題に直面したときだ。たとえば海軍特殊部隊ネイビーシールズが過酷な訓練を受けているときや、コメディ集団が即興で演技するときがそれにあたる。

そんなとき、結束力の強いチームは、特に事前の計画や相談がなくても、自然発生的に協力体制をとる。魚の群れがエサを取るときに似ているかもしれない。まるで群れ全体で1匹の魚であるかのように、見事に調和した動きを見せる。成功しているチームもそれと同じだ。

しかし、さらに詳細に観察すると、また別のことにも気づくだろう。なめらかで調和のとれた動きのなかに、どこかぎこちない瞬間も見つけることができる。気まずい空気が流れ、あえて言いにくいことも口にする。難題に直面し、緊張感が高まる。しかも、そのような瞬間は偶然の産物ではない。あらかじめ起こるようにデザインされているのだ。

たとえばピクサーの場合、気まずい瞬間が起こるのは「ブレイントラスト」と呼ばれる会議だ。ピクサーはこのブレイントラストで、製作中の映画をさまざまな角度から分析し、改善していく。

1本の映画でブレイントラストを行う回数はだいたい6回ぐらいで、定期的に開かれる。出席者は、その映画の監督、そしてその映画にはかかわらないベテラン監督とプロデューサーが数人だ。

彼らは集まると、映画のできた部分を鑑賞し、忌憚のない意見を述べる。部外者から見ると、ブレイントラストも普通のミーティングと変わらないようだ。しかし中に入ると、その印象は一変する。むしろ激しい痛みを伴う治療といったほうがいいだろう。映画を徹底的に解剖し、すべての問題を洗い出す作業だからだ。

ブレイントラストは楽しい集まりではない。キャラクターに深みがない、ストーリーがわかりにくい、ジョークが笑えないといった指摘が次から次へと飛んでくる。しかし、この過程があるからこそ、映画がよくなるのだ。

「ブレイントラストは、わが社でもっとも価値のあるプロセスだ」と、ピクサー社長のエド・キャットマルは言う。「思ったことを何でも発言できる。それが、ブレイントラストが成功しているいちばんの理由だろう」

会話のリズムやトーンという点で、ブレイントラストとユナイテッド232便のコックピットは似ているといえるかもしれない。問題点を指摘する「通知」が絶え間なく流れ、その間に本当に恐ろしい質問がはさまれる。

「こいつを着陸させる方法がわかる人はいるか？」

ブレイントラストの参加者は、たいてい眉間にしわを寄せて、映画が（少なくとも現時点では）うまくいっていないという事実と格闘する。キャットマルは言う。

「ピクサーの映画は、どれも最初はまったくの駄作だ。ブレイントラストで駄作になっている理由を解明し、駄作から傑作に変える方法を探っていく」

ネイビーシールズでこの役割を果たしているのが、「アフター・アクション・レビュー（AAR）」と呼ばれる会議だ。AARは、すべてのミッションやトレーニングの直後に開かれる。

メンバーは装備を外すと、軽食と水を持って部屋に集まる。ブレイントラストと同じで、ここでもすべての問題が洗い出され、あえて厳しい質問をぶつけ合う。

「何がまずかったのか？　それぞれが何をしたのか？　なぜそれをしたのか？　次はどこを変えたらいいか？」

AARも決して楽しい集まりではない。言いたくないことを言い、聞きたくないことを聞くことになる。ときに感情がむき出しになり、気まずい空気が流れる。

元シールズ・チーム6オペレーターのクリストファー・ボールドウィンは言う。

「かなり緊張した雰囲気になることもある。殴り合いのケンカは見たことがないけれど、それに近い状態にはなるね。それでも、あれはシールズにとってなくてはならないプロセスだ。AARがなければ、自分たちの行動を客観的に評価することも、改善法を考えることもできないだろう」

気まずい瞬間

このように、シールズとピクサーは、気まずい瞬間を持つことをシステムとして確立している。その一方で、もっとゆるく、有機的な方法を採用している組織もある。たとえば、グラマシータバーンというニューヨークの人気レストランがそうだ。

グラマシータバーンは、レストラン版のネイビーシールズとも呼べるようなスタッフをそろえている。私が取材に行ったときは、ちょうどホイットニー・マクドナルドという名前のスタッフが、生まれて初めてフロントウェイターの仕事をするところだった。

店の外には、すでにランチの客の行列ができている。彼女は新しい仕事に興奮し、それと同時に少し緊張もしていた。

アシスタント・ゼネラルマネジャーのスコット・ラインハルトが、彼女のところにやってきた。きっと激励の言葉をかけるのだろう、私はそう思った。

しかし、それは間違いだった。

ラインハルトは、ホイットニーの目をまっすぐ見ると、こう言った。

「1つ確実に言えることがある。それは、今日は完璧な1日にはならないということだ。

もちろん完璧な1日になる可能性はゼロではないが、かぎりなくゼロに近い」

ホイットニーは面食らった。この日のために半年前からトレーニングを受けてきた。すべてを完璧に準備してきたつもりだ。バックウェイターとして働きながら、フロントウェイターの仕事はすべてメモしてきた。スタッフミーティングに参加し、何度も予行演習をくり返した。それなのに、面と向かって「お前は失敗する」と断言されたのだ。

「いい1日だったと判断する基準を教えよう」と、ラインハルトは続けた。「10回助けを求めたら、それはいい1日だ。しかし、誰にも助けを求めず、すべてを自分で抱え込もうとするなら……」。あえてその先は言わなかったが、何が言いたいかははっきりしている。それは、「大惨事になるだろう」だ。

ピクサー、シールズ、グラマシータバーンのどの例を見ても、無意味なことをやっているとしか思えないかもしれない。彼らは気まずい瞬間を意図的につくりだし、メンバーにわざわざ痛みを与えている。円滑な協力関係の対極にある行為ではないだろうか？

しかし、おもしろいことに、この気まずい瞬間があるからこそ、互いに信頼し、結束力のあるチームが生まれるのだ。そのしくみをさらに詳しく見ていこう。

第8章

弱さのループ

自分には弱点があり、助けが必要だ

見知らぬ人を相手に、お互いに以下の質問をするところを想像してみよう。質問は2セットある。

質問セットA

・今までにいちばん嬉しかった贈り物は何ですか？　なぜそれがいちばん嬉しかったのですか？
・最後に飼ったペットについて教えてください
・高校はどこでしたか？　高校生活はどうでしたか？

・いちばん好きな俳優は誰ですか？

質問セットB

・未来や人生など、自分についてすべてがわかる水晶玉があるとしたら、何をいちばん知りたいと思いますか？
・昔からの夢はありますか？　まだそれを実現していない理由は何ですか？
・人生でいちばん大きな達成したことは何ですか？
・最後に1人でいるときに歌った曲は何ですか？　誰かの前で歌った曲は？

一見したところ、2つのセットの質問は共通点がたくさんあるようだ。たしかにどちらも、個人的な情報を開示することを求めている。しかし、実際にこの実験をしてみると（完全版は質問が36個ある）、2つの違いに気づくだろう。

1つは、セットBの質問のほうが、答えていて居心地が悪くなるということ。心拍数が上がるかもしれない。気まずい雰囲気になるかもしれない。顔が赤くなったり、口ごもったりもするだろう。気まずさを隠すために笑ったりもするかもしれない。まったくの他人を相手に長年の夢を打ち明けたりするのだから、変な気分になって当然だ。

もう1つの違いは、セットBの質問をするときのほうが、お互いの距離が近くなったように感じること。実験によると、セットAよりも24パーセントほど近く感じる度合いが大きくなるという。※17

セットAの質問なら、安全地帯の外に出ないで答えることができる。しかしセットBの質問は、仮面を捨てて、本当の自分を見せなければ答えられない。その結果、お互いの関係が近くなるのだ。セットAが相手に関する情報を生み出すとするなら、セットBはもっと強力なものを生み出している。それは「弱さ」だ。

私たちも、弱さが協力関係や信頼関係につながることを直感的に知っている。しかし、その真の力には、まだ気づいていないかもしれない。特にチームの人間関係では、弱さを見せることが大きな役割を果たす。

弱さが開示される瞬間

ここで、ハーバード大学で組織行動学を教えるジェフ・ポルザー博士に登場してもらおう。博士がキャリアの大部分を使って研究してきたのは、人間同士の行動と組織の関係だ。どんなにささいなやりとりでも、連鎖反応によって組織の性質を大きく変えることがある。

「たいていの人は、『弱さを見せる』と聞くと、べたべたした馴れ合いのような人間関係を連想する。しかし、それはまったくの誤解だ」とポルザーは言う。「むしろ『自分には弱点があり、助けが必要だ』という明確なメッセージだ。それがチームの中で当たり前の態度になれば、不安や恐怖を忘れ、お互いに信頼し、協力して働くことができる。反対にリーダーが弱さを隠すと、他のメンバーも同じようにする。そうなると、どんなに小さなタスクでも、不安を生むきっかけになるんだ」

ポルザーによると、弱さを見せるという行為は、見せる人よりも、むしろ見せられる人の役割が大きいという。「カギになるのは受け取り手だ」とポルザーは言う。「相手の弱さを見て、自分の弱さも開示するのか。それとも自分の弱さを隠そうとするのか。受け取り手がどちらを選ぶかで、結果は大きく違ってくる」

多くの組織を観察してきたポルザーは、今では「弱さが開示された瞬間」をすぐに見分けることができるようになった。「メンバーの誰かが弱さを見せると、チーム全体がリラックスした雰囲気になるんだ。つながりが深まり、信頼感も深まる。誰もが『弱さを見せる』というモードを感じ取り、『このチームでは強がらなくてもいいんだ』と安心するからだ。そこから思いやりと助け合いの精神が生まれる」

このような弱さを見せるコミュニケーションは、「弱さのループ」と呼べるかもしれない。正直さと率直さは、あらゆる協力関係や信頼関係において、もっとも基本的な土台になる。

部外者から見ると、弱さのループはごく自然に発生し、スムーズに流れていると思うかもしれない。しかし実際は、いくつかの決まったステップを踏んで確立されていく。

ステップ1　人物Aが弱さのシグナルを送る
ステップ2　人物Bがそのシグナルを受け取る
ステップ3　人物Bが自分の弱さも開示する
ステップ4　人物AがBからのシグナルを受け取る
ステップ5　「弱さのループ」が確立され、親密さと信頼が深まる

ここで、ユナイテッド232便のアル・ヘインズを例に考えてみよう。ヘインズは機長であり、機長といえばその飛行機の中でいちばん偉い存在だ。誰もが機長を頼りにし、何かあったときは指示を求めてくる。

爆発が起き、機体をまったく制御できなくなったとき、ヘインズも最初は「頼りになる

リーダー」を演じようとした。副操縦士のレコーズに助けを求められたとき、ヨークをつかんで「私がやる」と言ったことに、その姿勢が現れている（ヘインズは後に、あれは人生でもっとも愚かな言葉だったと言っている）。

もしヘインズがずっとこの調子で、「何でも知っているリーダー」然として指示を出していたら、２３２便はおそらく墜落していただろう。しかし、ヘインズはすぐに軌道修正した。頼りになるリーダーになるよりさらに難しいこと、つまり弱さのシグナルを送ることを実行したのだ。

自分にはわからないことを認め、クルーに助けを求めた。それを伝えたのは、「誰かわかる人はいるか？」という短い言葉だ。

パイロット教官のデニー・フィッチにも、いつものように「教える立場」としてふるまうという選択肢があった。危機対応の知識なら、機長のヘインズと同等か、またはそれ以上だからだ。

しかしフィッチも、頼れるリーダーの役割を演じようとはしなかった。自分はクルーより下の立場であり、あくまで手を貸しているだけだという立場を明確に伝えた。その姿勢は、「私にしてほしいことがあったら言ってくれ」という言葉に表れている。

弱さのループが持つ伝染性

それぞれの小さなシグナルは、長さにして数秒ほどでしかない。しかしその短い言葉には、チーム全体の力学を変える大きな力がある。バラバラになっていたメンバーがまとまり、1つになって問題に向かっていくことができる。

その変化の瞬間を、ある実験を参考にさらに詳しく見ていこう。実験の内容はこうだ。会ったことのない他人同士が2人1組になり、それぞれがコインを4枚受け取る。コイン1枚の価値は、自分で持っていたら1ドル、相手にあげたら2ドルだ。そこで参加者は、何枚のコインを相手にあげるか決めることになる。

これは簡単な決断ではない。4枚すべてあげたら、自分の分はゼロになってしまうかもしれない。実験の結果、あげる枚数は平均して2・5枚になった。この態度を協力的かどうか評価するなら、「やや協力的」となるだろう。しかしここで、お互いに弱みを少しずつ見せると、まったく違った結果になる。

ある実験では、まず参加者それぞれに、大勢の人の前でスピーチをしてもらった。聴衆はあらかじめ、スピーチを聴く間ずっと無表情で黙っているようにと指導されている。そのスピーチが終わったら、先ほどの実験を行う。

冷たい聴衆を前にスピーチをするという苦行を経験した人は、他人に対して非協力的になると思うかもしれない。しかし、結果はその正反対だった。スピーチをした人の他人への協力度は、50パーセントも上昇したのだ。

自分の弱さを感じる瞬間を経験した人は、むしろ他人に対して協力的になる。ちなみに、その逆のケースがあることも、実験によって証明されている。自分の力が増したような経験をした人は、他人への協力度が激減するのだ。


弱さと協力的な態度の間にあるつながりは、個人間だけでなく、集団にもあてはまる。ノースイースタン大学のデイヴィッド・デステノが、それを証明する実験を行った。

実験の参加者は、まずパソコンを使ってこまかい作業を長時間行う。この作業は、完成間近になったところでソフトウェアがクラッシュするように、あらかじめプログラムされている。

誰かのソフトがクラッシュすると、参加者の1人（実は参加者のふりをした研究者）がその人のところにやってきて、親身になって一緒に問題を解決しようとしてくれる。そして次に、同じ参加者が、先ほどのコインの実験を行う。

困ったところを助けられた参加者は、助けてくれた人に対してかなり協力的な態度をとった。ここまでは簡単に予想できるだろう。しかしおもしろいことに、相手が自分を助けてくれた人でなくても、同じくらい協力的な態度になったのだ。

弱さのループから生まれた信頼感と親密さが、たまたま同じ部屋にいた人にまで広がったということだ。このように、弱さのループには伝染性がある。

実験を行ったデステノは言う。

「信頼は固定したものだと思われがちだが、人間の脳はつねに周囲の環境をスキャンし、そこにいる人が信頼できるかどうか判断しているんだ。信頼は文脈で決まる。そして信頼を生むきっかけは、自分は弱いという感覚だ。自分1人ではできないので、他の人の助けが必要だと感じたときに、人は他者を信頼しようとする」

普通であれば、「信頼」という言葉で連想するのは、まず安定した地面に立ち、そこから未知の世界へ飛び込んでいくような状況だ。信頼が最初にあり、そこから飛び込む。しかし科学的な実験や研究で明らかになったのは、実際はその逆だということだ。

信頼しているから弱くなれるのではなく、信頼より先に弱さが存在する。未知の世界に飛び込むときに、他の人も一緒であれば、信頼という安定した足場が生まれることになる。

回答不可能な質問

全米各地に、10個の大きな赤い風船を隠した。
その風船を見つけるにはどうすればいいだろうか？

これは簡単な質問ではない。この質問を考えたのは、国防総省の一部門で、軍事用の技術開発を行う国防高等研究計画局（DARPA）の研究者たちだ。

２００９年10月29日、DARPAは、全米に散らばった赤い風船を探す「レッドバルーン・チャレンジ」の開催を発表した。この実験の目的はテロや疫病対策のヒントを探ることであり、優勝者には４万ドルの賞金が出る。

とはいえ、捜索範囲はとてつもなく広く、８００万平方キロメートルにもなる。多くの人は、さすがにこれはムリだろうと考えた。アメリカ国家地球空間情報局のある上級アナリストは、「不可能」だと断言した。

開催のアナウンスから数日のうちに、数百ものグループから参加の申し込みがあった。ハッカー、SNS起業家、テクノロジー企業、大学の研究室など、いずれもアメリカ有数の知性を誇る集団ばかりだ。

参加者の大多数は、合理的に問題を解決しようとした。衛星写真を分析する、すでに存在する社交やビジネスのネットワークを活用する、広報活動を行う、オープンソースのソフトウェアをつくる、SNSを活用する、といった方法だ。

しかし、MITメディアラボのチームは一風変わっていた。そもそも実験のことを知ったのが開始の4日前だったので、準備の期間がなかったという理由もある。博士研究員のライリー・クレインをリーダーとする学生チームは、全国の協力者を集める時間も、ソフトやシステムを構築する時間もないということに気がつき、やむをえず別のアプローチを考えた。ウェブサイトをつくり、次のような呼びかけをしたのだ。

MITレッドバルーン・チャレンジ・チームに登録してくれた人には、個人用の招待ページのURL（http://balloon.mit.edu/〈あなたの名前〉）をお送りします。

友だちを誘って、このURLから登録してもらいましょう。

あなたが招待した人、あなたが招待した人が招待した人、あなたが招待した人が招待した人が招待した人、とにかくあなたとつながりのある人が優勝したら、あなたも

郵便はがき

料金受取人払郵便

麹町局承認

5200

差出有効期間
2020年2月29日
まで

102-8790

226

東京都千代田区麹町4-1-4
西脇ビル

㈱かんき出版
読者カード係行

フリガナ ご氏名	性別　男・女 年齢　　歳
フリガナ ご住所　〒 TEL　　（　　）	
メールアドレス □かんき出版のメールマガジンをうけとる	
ご職業 1. 会社員（管理職・営業職・技術職・事務職・その他）2. 公務員 3. 教育・研究者　4. 医療・福祉　5. 経営者　6. サービス業　7. 自営業 8. 主婦　9. 自由業　10. 学生（小・中・高・大・その他）11. その他	

★ご記入いただいた情報は、企画の参考、商品情報の案内の目的にのみ使用するもので、他の目的で使用することはありません。

★いただいたご感想は、弊社販促物に匿名で使用させていただくことがあります。　□許可しないご購読ありがとうございました。今後の出版企画の参考にさせていただきますので、ぜひご意見をお聞かせください。なお、ご返信いただいた方の中から、抽選で毎月5名様に図書カード（1000円分）を差し上げます。

サイトでも受付中です！　https://kanki-pub.co.jp/pages/kansou

書籍名

①本書を何でお知りになりましたか。

- 書店で見て　• 知人のすすめ　• 新聞広告（日経・読売・朝日・毎日・その他　　　）
- 雑誌記事・広告（掲載誌　　　）
- その他（　　　）

②本書をお買い上げになった動機や、ご感想をお教え下さい。

③本書の著者で、他に読みたいテーマがありましたら、お教え下さい。

④最近読んでよかった本、定期購読している雑誌があれば、教えて下さい。

（　　　）

ご協力ありがとうございました。

賞金を受け取ることができます！

まず正しい風船の場所を最初に教えてくれた人には、風船1個につき2000ドルを払います。さらに、最初に見つけた人を招待した人には1000ドル払います。その招待した人を招待した人には500ドル、500ドルもらう人を招待した人には250ドル払います。

このように、招待という形で風船を見つけた人とかかわっていれば、何らかのお金がかならず受け取れます。

他のグループの洗練された方法に比べると、なんとも原始的な方法だ。組織的な構造もなければ、戦略も、ソフトウェアもない。全米の地図さえ用意していない。これではとても勝てるチームにはなれないだろう。

たとえるなら、ただ「お願い」を紙に書き、ビンに入れ、「これを見つけたら助けてください！」というラベルを貼り、インターネットという大海に流しただけだ。

12月3日の朝、レッドバルーン・チャレンジ開始の2日前に、MITチームはウェブサイトを立ち上げた。数時間は何も起こらなかった。そして同じ日の午後3時42分、最初の登録があった。それから登録者はどんどん増えていった。

最初は大学のあるボストンからの参加者が主だったが、それがシカゴ、ロサンゼルス、サンフランシスコ、ミネアポリス、デンバー、テキサスと、全米各地に広がっていった。ヨーロッパから登録してくる人までいた。登録者が広がるようすを早送りすると、まるで巨大な神経系が形成されていくように見える。

12月5日、東部時間の午前10時ぴったりに、DARPAがレッドバルーン・チャレンジの開始を正式に宣言した。それと同じ時刻に、全米各地で一斉に赤い風船が設置された。場所はサンフランシスコのダウンタウンにあるユニオンスクエアから、テキサス州ヒューストン郊外の野球場、デラウェア州クリスティアナ近くの公園までさまざまだ。

多くのチームが一斉に行動を開始した。主催者側は長い戦いになることを予測し、のんびりと結果を待つことにした。すべての風船を見つけるには、最低でも1週間はかかると考えていた。

開始から8時間52分41秒後、早くもゲームは終了した。MITのチームが、4665人の助けを借りて、10個すべての風船を見つけたのだ。ゲームを主催したDARPAスタッフのピーター・リーに言わせると、「ものすごい数の参加者で、あまりにも安い報酬」だった。

ビンにメッセージを入れて海に流すという原始的な方法が、時間をかけて練り上げた最先端の方法に勝ったということだ。MITチームはなぜ、やる気のあるメンバーをあんなにたくさん集めることができたのだろうか?

弱さのネットワーク

理由は単純だ。MIT以外のチームは、すべて合理的で、インセンティブをベースにしたメッセージを送った。つまり、「私たちのチームに参加しなさい。そうすればお金がもらえるかもしれない」ということだ。

たしかにやる気が出そうなメッセージだ。しかし、他人と協力しようという気持ちにはつながらない。協力に関してはむしろ逆効果になる。他の人にこのゲームのことを話したら、自分が勝つ確率が下がるからだ。

自分は風船を見つけられず、教えた相手が見つけたら、お金はその人のものになってしまう。つまりこれらのチームは、自分たちは無傷のままで、協力者には弱い立場になることを強いている。

一方でMITチームは、自分たちも弱い立場になることを選んだ。見つけた人だけでなく、その人とつながっていたすべての人に報酬を出すと約束した。すると人々は、安心して弱さのネットワークをつくることができる。周りの友人や知り合いに協力を求めても、自分が損をすることはないからだ。

MITチームは、参加者のやり方に口出しはしなかった。ある特定の道具やテクノロジーを使えとも言わなかった。ただURLを送り、あとは好きなようにやってもらっただけだ。そして参加者は、より多くの人とつながることを選んだ。

誰かが誰かを招待するたびに、弱さのループが広がっていく。「風船を探すという難しいプロジェクトに参加している。きみの力を貸してほしい」というメッセージだ。

協力関係で大切なのは、声をかけた人数の多さでもなければ、風船を探す方法の優秀さでもない。そもそも、その人が誰であるかということも関係ない。大切なのは、人を組織する方法だ。共通の課題に取り組む人を、どれだけ効果的に集められるかがカギになる。

レッドバルーン・チャレンジは、そもそもテクノロジーの優秀さを競うゲームではなかった。協力が必要になるすべてのプロジェクトがそうであるように、これはどこまで弱さを共有できるかを競うゲームだったのだ。

レッドバルーン・チャレンジの物語を知ると、多くの人は驚くだろう。私たちは本能的に、弱さは隠さなければならないと思っているからだ。しかし科学は、むしろ正反対のことを言っている。協力関係を築きたかったら、弱さはリスクではなく、むしろなくてはならない要素だ。

ポルザーは言う。「そもそも人はなぜチームをつくるのか。それは、それぞれの長所を合わせ、お互いのスキルを補完し合うためだ。弱さを見せると、みんな鎧を捨てて、安心して協力できるようになる。1つのチームとして動くことができるようになるんだ」

協力関係のしくみ

ポルザーをはじめ、チームの信頼関係を研究する科学者から話を聞いているうちに、取材で訪れたチームの中に弱さのループを発見できるようになった。ひと言、ふた言のちょっとしたやりとりから、弱さのループが生まれることもある。

たとえばあるプロバスケットボールの監督は、シーズン最初のスピーチで、「久しぶりなのでとても緊張している」と言う。すると選手たちも、監督に共感するように笑顔になる。彼らも同じように緊張していたからだ。

または、物理的なもので弱さのループを表現するチームもある。たとえば企業調査サービス大手のダン&ブラッドストリートの社内には、「失敗の壁」と呼ばれるホワイトボードが設置され、社員たちが自分の失敗した経験を書き込んでいる。

アップルのスティーブ・ジョブズは、世間からは自信満々のリーダーというイメージを持たれているが、それでも自分のアイデアを提案するときは、よく「バカなアイデアだと思うが」という言葉を頭につけていたという(アップル最高デザイン責任者のジョナサン・アイブによると、本当にバカなアイデアもたしかにあったそうだ)。

弱さのループはチームによって違う。しかし基本的なパターンはみな同じだ。自分の限界を認め、メンバーの力を借りなければ目的を達成できないことを深く理解している。弱さのループが送り出すのは、「あなたには役割がある。あなたの力が必要だ」というメッセージだ。

デステノは言う。「いいチームは、弱さを見せることで大きな成功を収める。弱さのメッセージをつねに送り合うことで、お互いの距離が近くなり、信頼も深まる。その結果、勇気を持ってより大きなリスクを取ることができるんだ」

協力関係のしくみは、次のようにまとめることができるだろう。

「人は本能的に弱さを隠そうとするが、その弱さをあえて見せ合うと、お互いを信頼する協力関係ができあがる」

チームワークのしくみの一部も、これで説明できる。この先でも詳しく見ていくが、協力関係は、何もないところからいきなり生まれるものではない。協力の筋肉は、ある特定のパターンの行動をくり返すことで、少しずつ鍛えられていく。

その行動とは、あえてお互いに弱みを見せ合うというリスクを取り、恥ずかしさや苦痛を共有することだ。

以上は弱さのループの本質的な働きだが、もっとわかりやすい効果もある。それは、まったく関係なさそうな世界のつながりを見せてくれることだ。

飛ぶ鳥を落とす勢いのコメディ集団、世界に悪名をはせる宝石窃盗団、そして世界最強の特殊部隊に、いったいどのような共通点があるのだろうか?

その答えを、次の章で見ていこう。

第9章

驚異のチームワーク

ネイビーシールズ、コメディと窃盗の集団

他の特殊部隊と比較して、ネイビーシールズの特別な点を1つあげるとするなら、それは高度な潜入能力と適応力の組み合わせだろう。どんなに複雑で危険な地形であっても、彼らは物音ひとつ立てずに進んでいくことができる。

その能力を認められ、シールズはこれまでに数多くの重要任務をまかされてきた。たとえば、オサマ・ビン・ラディンの殺害、ソマリアの海賊の人質になったリチャード・フィリップス船長の救出作戦などだ。

シールズ内では、この能力は「ピックアップ・バスケットボール」と呼ばれている。バスケのピックアップゲームとは、公園などに集まったプレーヤーが、即席のチームを組ん

で行う遊びだ。いいチームであれば、事前の計画や指示がなくても、即興で動くことができる。シールズの作戦もそれと同じだ。

シールズの強さの根源

ネイビーシールズ・チーム6の元指揮官に話を聞いた。「以前にレンジャーと組んだことがある」と彼は言う。レンジャーとは陸軍特殊部隊のことだ。

「レンジャーの指揮官と私は、現場近くの基地で、ドローンが撮影した映像を一緒に見ていた。レンジャーの指揮官は無線機をかたときも手放さず、つねに隊員に指示を出していた。『これをしろ。あれに気をつけろ』とね。まるでスポーツチームのコーチのようだ。サイドラインに立って、大声で指示を出し続ける。

しかし私は、作戦の間、ずっと何の指示も出していなかった。彼はそれに気づくと、ぎょっとしたような顔で私を見たんだよ。その顔は、『なんでお前は部下に指示を出さないんだ?』と言いたげだった。

あれはなかなか衝撃的な体験だった。彼の部下も私の部下も、同じ作戦を行っている。彼はずっと話していて、私たちはずっと黙ったままだ。私たちはなぜ黙っていたのか。それは、話す必要がないからだ。部下たちは、自力で問題を解決することができる。私にはそれがわかっていた」

軍関係者の間では、シールズがピックアップ・バスケに優れている理由について、いくつかの説がある。その1つが、訓練プログラムの厳しさだ。精神も肉体も極限まで追い込まれるために、本当にタフな人間しか生き残れない。

または、シールズを目指すのは元から優秀な兵士が多いからだという説もあれば、シールズのつねに上を目指す文化のおかげだという説もある。

どれももっともな説明だが、すべてを説明できるわけではない。たとえば訓練の厳しさでいえば、陸軍特殊部隊のデルタフォースも負けていない。むしろシールズよりも厳しい選抜をへて選ばれている。落伍者の割合は、シールズが67パーセントなのに対し、デルタフォースは95パーセントにもなる。

それに入隊する兵士の質に関しても、他の特殊部隊と変わらないだろう。どこも元から優秀な兵士を集めている。上を目指す文化も、すべての特殊部隊に共通している。

それでは、なぜシールズのチームワークは、群を抜いて優れているのだろうか？

この答えを探っていくと、かならず同じ人物につきあたる。その人物とは、やせっぽちで、近眼で、岩のように固い意志を持つ男、ドレイパー・カウフマンだ。

カウフマンは1911年に生まれた。伝説的な海軍大将のジェームズ・カウフマン、通称「ストーミー」のひとり息子だ。現代の心理学者だったら、彼のような子供に「反抗的」のレッテルを貼るだろう。周りの人間が自分に期待していることを十分に理解し、あえてそれと正反対のことばかりやっていたからだ。

5歳のとき、家に帰るのが遅くなって怒られたことがあった。そのとき彼は、母親に向かって、「早くお尻を叩いてよ。終わったらまた外に遊びに行きたいから」と言ったという。学校の成績は平凡で、父親からはよく怠け者と叱られていた。

そして1933年、海軍兵学校を卒業する。近視のために士官になることはできなかったので、軍隊を辞めると、運送会社で働きだした。

やがて第二次世界大戦が近づいてくると、運送会社の仕事を辞め、戦場での救急車の運転手に志願した。両親と姉妹は彼の身を案じ、考え直すよう懇願する手紙を書いた。そこで彼が出した答えは、もっとも危険な戦場での任務に志願することだった。

それはマジノ線と呼ばれるフランスとドイツの国境に築かれた要塞で、ドイツ側では、ヒトラーがフランス侵攻のための兵を集結させていた。1940年2月、カウフマンが到着した直後に戦争が始まった。

カウフマンの最初の仕事は、戦場で救急車を走らせ、負傷兵を回収することだった。初めて体験する本物の戦場に、彼はすっかり混乱してしまった。「本物の戦場を知っていたら、志願はしていなかっただろう」と彼は書いている。

「道路の先に、爆弾が次から次へと落ちてくる。（中略）私はただ、本能に従って、車をできるかぎり速く走らせるだけだ。そのせいで大事故を起こしそうになったこともある。病院に戻る別の救急車に（負傷兵を）移すと、運転席に座ったまま、体が木の葉のように震えだした」


そのころ、カウフマンはフランス軍の兵士と出会っている。彼らはカウフマンとは正反対の存在だった。志願兵のエリート部隊で、その任務は、敵の陣地に密かに忍び込み、情報伝達を妨害したり、捕虜を取ったり、騒ぎを起こして敵を撹乱したりすることだ。

少人数のチームで行動し、各自が軽量の武器と爆弾を持ち歩いている。カウフマンは、彼らの兄弟愛のような絆に感銘を受けた。海軍兵学校に、そのような絆は存在しなかった。

「フランス軍の人に対する態度は、受け入れるか、それとも受け入れないかのどちらかしかない。そして両者の間には巨大な違いがある」と、カウフマンは家族への手紙に書いている。「そして受け入れると決めたなら、何があっても守り抜く。５人チームでの活動中に、仲間の１人が敵に捕らえられたら、たとえ50人のドイツ兵が相手でも、１人の仲間を救うために戦うのだ」

戦地ですごした６週間、カウフマンは何度かフランス軍と行動をともにした。彼らは毎晩、死んだ仲間のために献杯し、そして激しい戦闘の最中にあってもきわめて冷静だ。カウフマンが家族に宛てた手紙をさらに紹介しよう。

「人は極限状況にあると、会ったばかりの人間を友人と呼ぶことができる。私もそれを経験した。あれはフランス兵のトワンを救急車に乗せたときのことだ。彼は顔の半分が吹き飛び、片腕はこなごなで、左の足先もなくなっていた。救護所のライトで彼の姿をはっきり見たとき、私は思わず気を失いそうになった。それなのに当の本人は、見えるほうの目で私に向かってウィンクすると、残ったほうの手で私の手を握ったんだ」

ドイツ軍にマジノ線を突破されると、カウフマンはイギリスにわたり、イギリス海軍予備員の爆発物処理班とともに働くことを志願した。そして１９４３年にアメリカに戻ると、海軍予備役に入隊する。

爆弾処理ができるやせっぽちの大尉のうわさはすぐに広がり、カウフマンはフロリダ州フォートピアースの訓練基地に派遣されることになった。水中での破壊作戦を行う特殊部隊の選別と訓練をまかされたのだ。

この特殊部隊は、フランスと北アフリカの海岸沿いに展開するドイツ軍を攻撃することになっていた。軍の幹部は、カウフマンがマニュアル通りに動くことを期待していた。数週間にわたってそれなりに厳しい選抜試験と訓練を実施し、それを上官が監督する。

しかしカウフマンは、マニュアルを完全に無視し、マジノ線で出会ったフランス軍を再現することを目指した。

彼が最初につくったのは、「ヘル・ウィーク（地獄の1週間）」と呼ばれる訓練プログラムだ。訓練内容は、4マイル（約6・4キロ）の遠泳、障害物コース、一対一の格闘訓練、10マイル（約16キロ）走、極度の睡眠不足、丸太エクササイズなど、カウフマンがイギリスで目撃したイギリスの特殊部隊の訓練を参考にしている。

この訓練に参加する兵士は、マジノ線での戦いと同じレベルの苦痛、恐怖、混乱を経験することになる。ヘル・ウィークを通過した兵士（全体の25〜35パーセント）は、次に8週間から10週間にわたってより実戦に近い訓練を受けることになる。

カウフマンが次に行ったのは、すべての訓練をチーム単位で行うという決断だ。兵士は

6人で1チームとなり（6人というのは、海軍のゴムボートにちょうど入る人数だ）、訓練の間はつねに行動をともにする。それに加えて、チームは独自の判断で訓練を進めていかなければならず、中央の命令を頼りにすることはできない。

そして最後に、カウフマンは従来の指揮系統を撤廃し、教官と兵士の区別をなくす決断をした。彼のプログラムでは、階級に関係なく、誰もが訓練に参加する。それはもちろん、カウフマンも同じように課題をこなすという意味だ。

兵士たちは、やせっぽちでメガネをかけた指揮官を一目見ると、誰もが「これはムリだろう」と考えた。しかしそんな兵士たちの前で、カウフマンは彼らが間違っていることを証明したのだ。

カウフマンの訓練プログラムの一期生だったダン・ディィロンは、当時を回想してこう書いている。「私たちは訓練を通して、ずっと（カウフマンを）試していた。しかし、彼への尊敬の念は深まるばかりだった。たいていの教官は命令を下すだけで、自分は何もしない。しかし彼は、（中略）部下に提案を求める。そしていい提案があれば採用する。（中略）それに加えて、すべての活動に自分も参加するのだ。（中略）いちばんキツい汚れ仕事をしているときに、ふと横を見ると、彼もそこにいて、私たちと同じことをしている。

そんな人物を尊敬しないのは不可能だ」

カウフマンの訓練プログラムを卒業したチームは、ノルマンディ上陸作戦や、太平洋戦線に派遣され、最初から大きな成功を収めた。

そして1960年代、ケネディ大統領が不正規戦争への備えを拡大する方針を打ち出すと、カウフマンの訓練プログラムをもとにして、海軍特殊部隊の正式な訓練プログラムが作成された。そのときに生まれた特殊部隊が、後のネイビーシールズになる。

訓練の象徴「丸太エクササイズ」

考えてみれば、これはおかしな状況だ。シールズは世界最強ともいわれ、もっとも高度に洗練された軍の部隊だ。しかしその訓練は、時代遅れで、原始的で、完全に非科学的なプログラムをもとにしていて、しかも基本的な内容は1940年代から変わっていない。あるシールズの教官に話を聞いた。「私が思うに、それは『無意識の天才』というものだろう」と、彼は言う。

「訓練プログラムの原型をつくった人たちは、何か科学的な根拠があって判断したわけではない。しかし、これがベストの方法だと、直感的にわかっていたんだ。現在の科学に基づいてプログラムを変更することは簡単だが、私たちはあえてしないようにしている。なぜなら、結果に大いに満足しているからだ」

コロナドとバージニアビーチのシールズ訓練場を訪れると、今でもドレイパー・カウフマンの電柱を見ることができる。障害物コースの近くの砂浜に、それは立っている。まるで建築途中で放置された柱のように見えるが、シールズ隊員にとっては神聖な記念碑だ。「電柱をかつぐ『丸太エクササイズ』は、ここで行われるすべての訓練を象徴している」と、元シールズ指揮官のトム・フリーマン（仮名）は言う。「チームワークの神髄はそこにあるんだ」

丸太エクササイズは単純な訓練だ。6人で1組になり、丸太を使ってさまざまな動きをする。軍の訓練というよりも、むしろアーミッシュの納屋造りのようだ。丸太を持ち上げ、運び、転がす。丸太を運ぶ合間に腕立て伏せを行い、両手で丸太を頭上に掲げたまま長時間立つ。

そこには戦略もなければ、技術もない。洗練された計画やスキルが必要なエクササイズは1つもない。この訓練の大切な役割は2つある。それは、弱さを見せることと、そして仲間と協力することだ。1つずつ詳しく見ていこう。

まずは弱さを見せることについて。シールズでは、丸太はただの丸太ではない。それは「恐怖の丸太」だ。シールズの訓練はどれも過酷だが、丸太エクササイズはその中でも群を抜いている。

「30分後にOコースに集まれと教官に言われると、『なんてこった。丸太エクササイズだよ』と気づくんだ」とフリーマンは言う。「丸太エクササイズの前は、食事を取ることに決まっている。目的は腹を満たすことだけではない。食事の間、ずっと『やりたくない』という気持ちにさせるという意味もある。訓練で最悪なのは、この『やりたくない』と思っているときだ。訓練が始まって30秒もすると、もう肩が焼けるように痛くなる。そして『あと1時間半もあるのか』と絶望的な気分になるんだ」

次は、仲間との協力について。丸太は長さ3メートル、重さは100キロだ。それを持ち上げたり運んだりするには、それぞれが正しいタイミングで、適切な力を出さなければならない。他のメンバーの動向に気を配り、息を合わせる必要がある。

たとえるなら、これは片手でバトンを回すことに似ているかもしれない。親指と他の指を正しいタイミングで動かせば、回すのは簡単だ。しかし、どれか1本の指がほんの一瞬でもタイミングを逃すと、バトンは下に落ちてしまう。

丸太エクササイズでもそれは同じだ。チームワークがしっかりしていれば、非力なメンバーばかりでも課題をこなすことができる。反対に力持ちのメンバーが集まっていても、チームワークがなければ失敗に終わる。

小さな出来事の積み重ね

この「弱さを見せる」と「協力」という2つの要素が組み合わさると、そこにはある特別な感覚が生まれる。

あなたは今、大きな苦痛を味わっている。そして仲間もすぐ近くにいて、同じ苦しみを味わっている。彼らの息づかいを肌で感じることができる。仲間が失敗したり、動きを間違えたりすると、あなたもすぐに影響を受ける。そしてそれは、自分が失敗したときも同じだ。

その状況から生まれるのは、1つの選択だ。あなたは自分のことに集中するか、それとも仲間と課題に集中するか。

丸太エクササイズで失敗すると、丸太はすぐに落ちて転がっていく。メンバーはしだいにイライラを募らせ、一触即発の空気が漂い、実際にケンカが始まる。逆に成功したときの丸太エクササイズは、とても静かでスムーズだ。

しかし、簡単そうに見えるのは幻想にすぎない。外から見えないところでは、つねにコミュニケーションが行われている。誰かの力が弱くなるのを感じたら、近くのメンバーがさらに力を出してバランスを取る。誰かの手が滑ったら、丸太が落ちないようにチーム全員で支える。この会話は、耳で聞くことはできない。

すべて丸太を通して伝わっている。

1　1人のメンバーが失敗する
2　他のメンバーがそれを感じる。そしてチーム全体のために、自分の負担を大きくする
3　丸太は再び安定する

シールズの訓練プログラムには、この「弱さ」と「協力」がいたるところに存在する。ドレイパー・カウフマンの精神は今も受け継がれて、それがやがて「すべてはチームで行う」というシールズの鉄則になった。

シールズ隊員はいつでも、他のメンバーの動向に気を配らなければならない。メンバーを見失うのは、シールズにとって最悪の罪だ。ボートのエクササイズでは、メンバー間で

役割をつねに交代する。

スピードを競う訓練では、守るべきタイムがあらかじめ決められている。しかし、メンバーを助けるために遅れたのであれば、教官も決められたタイムにこだわらず、見逃すことが多い。なぜなら、自分が早くゴールすることよりも、仲間を助けることのほうが大切だからだ。

フリーマンは言う。「シールズでは、どんな小さな出来事も見逃さない。すべての訓練が、チームワークを育てるチャンスになる。そういった出来事をきちんと観察していれば、頼りになるメンバーと、そうでないメンバーがはっきりわかるようになるんだ。

意外な瞬間にわかることもある。たとえば、集合時間に遅れそうで走っているとしよう。このままでは確実に遅刻だ。そんなときに、『みんな急げ！　教官に怒られるだろう！』と言うか。それとも、チーム全員でいったん立ち止まり、『もう怒られることは確実だ。それならここで装備を見直し、完璧な状態で集合できるようにしよう』と言うか。シールズが求めるのは、後者のように考える人物だ。この人物は、自分のことではなく、チーム全体のことを考えている」

そう考えると、シールズの卓越したチームワークは驚くようなものではなく、むしろ当然の結果だということがわかるだろう。カウフマンがつくったプログラムは、数え切れないほどの「小さな出来事」が生まれるようにデザインされている。その小さな出来事の積み重ねによって、固い結束と協力関係が育成されるのだ。

「あれはただのチームワークではない」と、フリーマンは言う。「あなたは自分のすべてをさらけ出す。だから他のメンバーも、あなたのすべてを知っている。それを正しく行えば、他では得られないような深い信頼関係を築くことができるんだ」

コメディ集団の奇妙なメソッド

1999年のある夜、人気コメディ番組「サタデー・ナイト・ライブ」プロデューサーのローン・マイケルズは、マンハッタンの高級住宅街にある自宅マンションを出ると、チェルシー地区の寂れた一角に向かった。彼の目的地は、座席数60の小さな劇場だ。

ここはほんの数カ月前まで、場末のストリップ劇場だった。裏口の近くにゴミ置き場があり、ネズミが走り回っている。あたりにはすえた臭いが漂っていた。劇場は防火基準を満たしていないために、3年もしないうちに閉鎖になるだろうと思われていた。

人気番組の敏腕プロデューサーが、なぜこんな寂れた場所にやってきたのだろうか？

それは、新しい才能を発掘するためだ。

マイケルズはたとえるなら、コメディ界のラン蒐集家だ。もっとも美しいランを探しだし、自分のコレクションに加える。過去には、生まれ育ったカナダのトロントやシカゴで、数々の優秀なコメディアンを発掘している。

しかし最近になって、どうやら新種のコメディ集団が登場したようだという噂を耳にした。彼らは頭の回転が速く、巧みな話術でとんがった笑いを提供する。

彼らは、ものすごい勢いでコメディ界を席巻していた。

出身者は、「ジ・オフィス」「ザ・デイリー・ショー」「30ロック」「コルベア・リポート」「パークス・アンド・レクリエーション」「コミュニティ」「コナン」「キー&ピール」「ブロード・シティ」「ボブズ・バーガーズ」「ニューガール」「ザ・リーグ」「ガールズ」「ヴィープ」といった名だたるコメディ番組や、さらには『俺たちニュースキャスター』『タラデガ・ナイト　オーバルの狼』『チアーズ!』『ブライズメイズ　史上最悪のウェディングプラン』などの映画にも進出している。

そのコメディ集団とは、アップライト・シチズンズ・ブリゲード（UCB）だ。[※18]

マイケルズにとって、UCBのすごさはその驚異的な層の厚さにある。他の即興コメディ集団も優秀なコメディアンを輩出しているが、ＵＣＢの数は桁違いだ。

しかし不思議なことに、一見したところはＵＣＢも他のコメディ集団も変わらない。コメディ界の伝説、故デル・クローズの影響を受け、新人には即興劇の講習を提供し、伝統や形式にとらわれない自由な発想で活動している。

唯一の違いは、ＵＣＢが即興の訓練で使っているメソッドだけだろう。彼らはその奇妙なメソッドを「ハロルド」と呼んでいる。

即興ゲームのほとんどは、単純さとスピードを売りにしている。観客の呼びかけに応じて、即興で短いスケッチをつくりあげる。しかし、ハロルドはその正反対で、長く複雑なスケッチを即興でつくるのだ。

登場人物は８人で、９つのシーンを連続して演じる。長さはおよそ40分だ。即興劇の世界では、40分という長さは永遠にも等しい。ハロルドは、教えるのも難しければ、習うのも難しい。そのため、結果は大惨事になることもよくある。

デル・クローズによると、ハロルドで成功するのは、「大勢の人が一斉に階段を転がり落ちて、奇跡的に全員が足で着地するようなもの」だという。つまりたいていの場合、ただ転がり落ちるだけだということだ。

ハロルドのしくみは次のようになっている。

・グループによるオープニング
・第1ビート……シーン1A、1B、1C（各シーンの出場者は2人）
・グループゲーム
・第2ビート……シーン2A、2B、2C
・グループゲーム
・第3ビート……シーン3A、3B、3C

見ていてわけがわからなくなっても、心配はいらない。むしろそれが、ハロルドのハロルドたるゆえんだ。ハロルドの出演者は、他の7人の出演者と一緒に、連続するシーンをその場で考えなければならない。

「A」のシーンのすべてがつながっていて、「B」のシーンのすべてもつながっている。そのためには、UCBで「ゲーム」と呼ばれているシーンに集中する必要がある。これは各シーンのネタの中心であり、それを頭に叩き込んだうえで、前のシーンから続く新しいシーンを考える。

他のコメディ集団もハロルドをやることはあるが、ごくたまにだ。しかしUCBは、ハロルドにとりつかれているといってもいい。ハロルド・チームがあり、ハロルド・ナイトがあり、ハロルド・クラスがあり、ハロルド・コンテストがあり、ハロルド・プラクティスがあり、ハロルドの各要素を分析するクラスもある。

劇場の壁一面に、最高のハロルド・チームの写真が貼ってある。ある人の言葉を借りれば、UCBにとってのハロルドは、カトリック教会にとってのミサのようなものだ。

その結果、なんとも奇妙な状況になっている。UCBはまれに見るチームワークを誇るコメディ集団だが、その背景には、難度の高すぎる即興劇を何度も行い、失敗や苦痛を共有するというプロセスがあったのだ。

UCBについてさらに詳しく知るために、私は実際に劇場に足を運び、ハロルド・ナイトを鑑賞した。現在はネズミも悪臭もない別の劇場に移っている。

席に座ると、隣の人とおしゃべりを始めた。ヴァレリーという名前の女性で、他の多くの観客と同じように、UCBのクラスに参加しているという。いつかハロルド・ナイトに出るのが夢だそうだ。彼女は舞台を楽しむためではなく、勉強のためにここに来ていた。

「基本的には、テクニックを観察しているの」と、彼女は言う。「プレッシャーのかかる状況で、どうやって反応するのか。即興では反応がとても大事だと思う。私も今、自然だけど、ありきたりではない反応をする方法を研究しているところなの」

舞台が始まった。３つのチームが出演し、それぞれがハロルドを行う。１つのハロルドが終わるたびに、ヴァレリーは自分の分析を早口で教えてくれる。

「今のは閉鎖的すぎる」ヘッドフォンをつけた女性が、地下鉄でアデルの歌を大声でうたうコントの後で、彼女はそうささやいた。「あれじゃ誰もからめないわ。彼女は自分でジョークを言っているだけ。広げようがない」

そして２つめのハロルドが終わると、彼女は「直接的すぎる」とささやいた。ＡＩを搭載したコーヒーマシーンが、持ち主の女性を誘惑するというコントだった。ヴァレリーによると、いいハロルドは１つの筋書きに閉じ込められず、まったく違う筋書きに自由に飛躍できるという。

「これはすごい」と、彼女は３つめのハロルドの後でささやいた。このハロルドには、吸血鬼と、休暇中の家族と、大人のおもちゃを出産したカップルが登場する。「このチームは、メンバーがきちんとお互いをサポートしていた。自分の思い通りに動かそうとしないで、自然な成り行きにまかせていたでしょう？　そういうのがいいハロルドなの」

デル・クローズは1970年代にハロルドを開発したとき、次のようなルールを書いた。

1 すべての出演者が脇役だ
2 衝動的に行動しない
3 自分が必要とされないシーンには絶対に出ていかない
4 つねに共演者を助ける。作品は二の次だ
5 いちばん大切な役割は共演者を助けることだ
6 つねに頭をフル回転させる
7 観客を過小評価しない、観客に媚びない
8 ジョーク禁止
9 信頼する。共演者が自分をサポートしてくれると信頼する。彼らに難題を投げかけても、きちんと受け止めて返してくると信頼する。自分を信頼する
10 舞台の上で起こっていることの良し悪しを評価しない。考えるのは、自分の助けが必要か、どうやってつなげるのがベストか、助けを求められたら自分の想像力をどう活用するか、ということだけだ
11 聞く

弱さと協力を積み重ねる

どのルールも、自分が主役になりたいという気持ちをいましめ、共演者の助けになること（サポートする、助ける、信頼する、聞く）を説いている。それがこのルールの難しいところであり、同時に卓越したチームワークを生む秘密にもなっている。

ハロルドを演じるには、観客の前で舞台に立ちながら、自然な本能にことごとく逆らわなければならない。自分が目立ちたいという欲求を抑え、むしろ自分を捨ててチームに貢献する。つまり簡単にいうと、コメディ版の丸太エクササイズだ。

「おもしろいことを言いたい、主役になりたいという気持ちを捨てなければならない」と、元UCBアーティスティック・ディレクターのネイト・ダーンは言う。「自分をさらけ出し、言葉が見つからないという状態になることを覚悟する。そうなれば、メンバー同士で協力して言葉を見つけていくことができる。頭の中を真っ白にしろと言う人もいるが、それは少し違う。むしろ頭をオープンにしなければならない」

UCBは、まるでスポーツのようにハロルドに取り組んでいるという点でも、他のコメディ集団とは一線を画している。この態度は、彼らの使う言葉に現れている。「ディレクター」ではなく「コーチ」がいて、「リハーサル」ではなく「プラクティス」を行う。

そしてハロルドを行った後はかならず反省会だ。ネイビーシールズのAARやピクサーのブレイントラストのように、言いにくいことでもずばずばと指摘する。

「ほめることもあるけれど、ほとんどは批判だね」と、ダーンは言う。

「たとえば、『共演者の言葉をまったく聞いていない』とか、『自分だけ目立とうとして、共演者に何もやらせない』とかね。かなり緊迫した空気になる。パフォーマーにとっては苦痛でしかない。まずい舞台だったということは十分にわかっているのに、さらに追い打ちをかけられるように厳しく批判されるからだ」

UCBニューヨークでアカデミック・スーパーバイザーを務めるケヴィン・ハインズは言う。「たいていの即興劇は、個人の魅力や愛嬌で、なんとか体裁を保つことができる。しかし、ハロルドは違う。本当に容赦がない。だからここで成功できる人は、みなものすごい努力家なんだ」

言い換えると、ハロルドは脳みそのワークアウトであり、その中で「弱さ」と「協力」という要素を、純粋な形で何度も経験するということだ。そう考えると、UCBの出身者が舞台や映画で成功していることは、偶然でも何でもないだろう。

ネイビーシールズの訓練と同じで、これもまた、数え切れないほどの小さな出来事の積み重ねだ。弱さを見せ、支え合い、卓越したチームワークを確立する。UCBのチームワークは、偶然の産物ではない。訓練を重ねて築き上げたものだ。

彼ら（窃盗集団）は1つの頭で考える

2000年ごろ、世界各地の高級宝飾店が、新種の窃盗団に襲われる事件が相次いだ。彼らは白昼堂々と犯行に及ぶ。現場は高級店が集まる繁華街だ。しかも犯行のすべては、防犯カメラにとらえられている。

手順はたいてい、いつも同じだ。お金持ちの客を装って店に入り、ハンマーを使ってガラスケースを割り、いちばん高い宝石だけを盗み出す。用意周到で、手際も見事だ。ほとんどの犯行で45秒もかからない。

それに、ときには警備員や客に手荒なまねをすることもあるが、銃は使わず、逃走方法も毎回独創的だ。ロンドンでは運転手つきのベントレーで逃走し、東京では自転車を使った。ある犯罪学者は、彼らの仕事を「芸術的」と描写する。

窃盗団のメンバーは若く、一説にはセルビアとモンテネグロの出身だといわれている。

どちらも元はユーゴスラビアで、凄惨な内戦を経験した。警察は彼らを「ピンクパンサー」と呼んでいる。[※19]

2001年　パリ

工事業者のふりをしたメンバーが、バーナーを使って、高級宝飾店ブシュロンの本店の窓ガラスに塗られたセキュリティコーティングを溶かし、ガラスを割ると、150万ドルに相当する宝石を盗んで逃走した。

2005年　東京

裕福な客のふりをして店に入り、警備員に催涙スプレーを吹きかけて動けなくすると、3500万ドルに相当する宝石を盗んで逃走した。

2005年　サントロペ

リゾート帽と花柄のシャツという出で立ちで海岸沿いの店に押し入り、300万ドル相当の宝石を盗み、モーターボートで逃走した。

2007年　ドバイ

4人のメンバーがレンタカーのアウディ2台に分乗し、高級店が軒をつらねるワフィモールにある高級宝飾店グラフを狙った。車で店の窓ガラスに突っ込むと（エアバッグは事前に細工して作動しないようにしていた）、340万ドル相当の宝石を盗んで逃走した。

2007年　ロンドン

4人の男性メンバーが、カツラと高級ドレスで中年女性に変装し、ハリー・ウィンストンを襲った。エメラルド、ルビー、ジェリービーンズほどの大きさのダイヤモンドなど1億5000万ドル相当の宝石を奪って逃走した。

犯行のようすを防犯カメラの映像で観察すると、彼らの動きにまったく無駄がないことがよくわかる。まるで流れる水のように店の中を移動し、動きのすべてが計算されている。お互いの顔を見て確認することはない。誰がどこにいて、どう動くか、完全に把握しているからだ。

ガラスケースにハンマーを打ち下ろすときも、きわめて冷静で、動きが正確だ。ガラスの破片を素早くどけると、手際よくダイヤモンドを盗み出す。そしてすべてが終わると、まるで影のようにあっという間にいなくなる。

犯罪の専門家から見ると、パンサーの「すごさ」は他にもある。窃盗団はたいてい、仲間への忠誠心が薄いものだが、パンサーのメンバーには本物の絆が感じられるという。パンサーといえども、ごくまれにではあるが捕まることもある。逮捕されたメンバーは、どんな司法取引を持ちかけられても、絶対に仲間を売らない。

2005年、ドラガン・ミキッチというメンバーが、フランスの刑務所を脱獄した。男性の集団（おそらくパンサーの仲間と思われる）が、梯子、ライフル、ペンチを持って刑務所に侵入し、ミキッチの脱獄を助けたのだ。

ある検事は言う。「彼らは自分が捕まることを恐れていない。仲間が助けにきてくれることを知っているからだ」。また別の人物は、「彼らは1つの頭で考える」と表現する。パンサーの存在が世界に知られるようになると、人々は彼らの正体を知りたがった。どんな人がメンバーになり、どのように組織されているのか。もっとも有力だったのは、メンバーはユーゴスラビアの内戦で戦った元兵士という説だ。

なかにはセルビア義勇親衛隊の元メンバーなのではないかと考えている人もいる。セルビア義勇親衛隊はアルカンの虎とも呼ばれる準軍事組織で、悪名高いスロボダン・ミロシェヴィッチのもとでユーゴ内戦を戦った。または、ＪＳＯ（セルビアの特殊部隊）の元メンバーだとする説もある。

われわれは運命共同体だ

彼らの正体が何であれ、元兵士であり、中央からの命令で動いているということは間違いなさそうだった。ギリシャ警察のゲオルゲ・パパシファキスは、記者の取材に答えてこう言っている。

「セルビアで指揮を執っている人物が間違いなく存在するだろう。それに若者のスカウトと訓練を担当している人物もいるはずだ」

まるで映画のような話だ。元兵士が集まって秘密組織を結成し、世界を股にかける窃盗団に華麗に転身したというのだ。そして彼らの裏には、すべてを操る影の指導者が存在する。たいていの人は、この説に納得するだろう。

卓越したチームワークには、特別な訓練と、強力なリーダーと、中央集権的な組織が必要だと思われているからだ。

たしかにもっともな説だ。しかし、問題が1つある。

それは、間違った説だということだ。

警察やジャーナリストが調査を重ねた結果、最近になってわかってきたことがある。ピンクパンサーは自主的に参加したメンバーで構成されており、自分たちの判断で動いている。影の指導者は存在しない。

それにメンバーは軍人ではなく中流の一般市民であり、元アスリートや、軽犯罪の前科者だ。なかにはロースクールに通っていたメンバーもいる。彼らの共通点は、地獄のような戦争を経験したこと、行動力があること、友情に厚いこと、そして失うものが何もないことだ。

ピンクパンサーのドキュメンタリー映画『スマッシュ&グラブ（Smash & Grab）』を監督したハヴァナ・マーキングに話を聞いた。

「彼らのほとんどは、ある3つの街で育った幼なじみです。共産党政権、それに続く凄惨な内戦という共通の体験が、彼らを強く結びつけたの」

最初のうちはただの泥棒だった。生きるためにしかたなく盗みに走った。彼らは過酷な環境で生き残るために協力したのだ。目当てはお金ではない。ただ生き残るためだった。その過程で、身分証を偽装する方法や、国境を越える方法を学んでいった。そして、犯罪行為に伴うアドレナリンやアクションに夢中になっていったのだ。

「バルカン半島では、犯罪は日常の一部なの。バルカンの過酷な歴史がなかったら、彼らは起業家や弁護士やジャーナリストになっていたでしょうね」

パンサーのメンバーには、明確な役割分担がある。

まず「誘惑者」という意味の「ザヴォドニク」。ザヴォドニクはたいてい女性であり、現場の下見が主な役割だ。「筋肉」という意味の「マガレ」は店に押し入る実行部隊で、「ヤタク」と呼ばれるメンバーがロジスティクスを担当する。

各チームにはリーダーもいるが、命令は出さない。メンバーはたった1つのシンプルなルールを守って行動する。あるメンバーがマーキングに説明したところによると、そのルールとは「われわれは運命共同体だ」というものだ。

「運命共同体」という関係は、犯行の計画段階からすでに始まっている。

各メンバーは（1チームはつねに、5人か6人までの少人数で構成されている）、まず狙った店のある街に移動して情報を集める。数週間にわたって共同で生活し、綿密に計画を立てる。店を偵察し、従業員の出入りを把握し、店内の見取り図を作成して、もっとも高価な宝石のある場所を確認する。

準備の費用は各メンバーで分担する（費用といっても少ない額ではない。たとえば東京の仕事でかかった費用は10万ドルだ)。外部の組織やセイフティーネットには一切頼らない。彼ら自身が組織であり、セイフティーネットだ。チームの誰かが失敗したら、チーム全体が失敗することになる。

そう考えると、パンサーの仕事は、UCBのハロルドや、ネイビーシールズの丸太エクササイズに似ているかもしれない。少人数のチームが、弱さと協力という要素をつねに見せながら、共同で問題解決にあたる。

レラと呼ばれるパンサーの1人が、マーキングにこう語った。「私が1つでも失敗すると、チーム全体が失敗することになる。1人の失敗がチームの運命を決めてしまうのよ」

マーキングは映画の中で、元パンサーの男性1人と女性1人にインタビューしている。2人は同じチームだったが、インタビューのときは数年ぶりの再会だった。

マーキングは2人のやりとりを注意深く観察した。

「あれは2人にとって久しぶりの再会で、2人とも本当に会えて嬉しそうだった」とマーキングは言う。「本物の友情で結ばれていることがよくわかったわ。『この人たちは一緒にいて、本当にリラックスできるのだな』ということは、見ればわかるでしょう? 彼らからもそれを感じたの」

第10章 小さなチームで協力関係を築く方法

シールズ・チーム6指揮官のルール

地球上でもっとも高いパフォーマンスを発揮するチームを知りたいのなら、バージニア州ダムネックを訪ねるといいかもしれない。ここには、ドレイパー・カウフマンの後輩たちが集まる海軍基地がある。彼らは300人からなるネイビーシールズ・チーム6の隊員だ。

退役、現役を問わず、チーム6メンバーに「もっとも尊敬しているリーダーは誰か」と尋ねると、少数の同じ名前を何度も聞くことになるに違いない。その中でもいちばん登場する回数が多いのは、おそらくデイヴ・クーパーだろう。

これは意外な答えだ。というのも、クーパーにはこれといって傑出したところはないからだ。2012年に退役した彼は、知力や体力が特別に優れていたわけではない。射撃も、水泳も、格闘もごく普通だ。

しかし彼には、定義するのは難しいが、それでもとても大切なある才能があった。それは、「チームをつくる才能」だ。

「クープはとても知的な男で、現場にいる時間がとても長い」と、元チーム6オペレーターのクリストファー・ボールドウィンは言う。「彼は出世のための出世を目指すタイプではない。言ってみれば、こちら側の人間だ。大局を理解していて、用があるときはいつでも話すことができる」

他のオペレーターは言う。「上層部には、彼のことを気に入らない人もいたようだ。命令に従わないことも多かったからね。でも彼のチームに入ると、その優秀さがよくわかる」

また別のオペレーターは、こう簡潔に表現した。「クーパーは仲間だってことだよ」

誰かが誰かに命令する危険な意思決定

クーパーは、ボスニア、ソマリア、イラク、アフガニスタンの激戦を経験した。「お偉方」がシールズを派遣したがる地域にはほとんど行っている。チーム6メンバーに話を聞くと、クーパーのチームがいかにチームワークに優れていたか語ってくれるだろう。絶望的な状況になっても、クーパーのチームは切り抜けられる。

話を聞いていると、私の想像するクーパーはどんどん人間離れした存在になっていった。まるで映画に出てくるスーパーヒーローのようだ。

そしてついに、私はバージニアビーチの海軍基地でクーパーと面会した。

クーパーはアロハシャツに短パン、ビーチサンダルという出で立ちで現れた。中肉中背で、伝説のシールズ隊員というよりは、普通の休日のお父さんという表現がぴったりくる。

たしかに体は鍛えられている。しかし性格は想像とはまったく違い、陽気でおしゃべりだ。そして人の話を聞くときは、眉根を寄せて真剣な顔をする。シールズ隊員によく見られるように、彼もまた、肘をつねに体から少し離している。ゆだんなく周囲を警戒している証拠だ。

私たちはレストランでランチをともにした。彼が野外の席を選んだので、周りのようすをよく見ることができた。彼はウェイターと言葉を交わし、おすすめのメニューについて熱心に聞いていた。そして私のほうに向き直り、眉根を寄せると、こう言った。

「それで、何が知りたいのかな？」

他のチーム6メンバーと同じように、クーパーもまた、そこにいたるまでの物語があった。生まれはペンシルベニア州の小さな街で、子供のころは医者になりたかった。そしてジュニアータ大学で分子生物学を学ぶ。ジュニアータ大学はペンシルベニア州にある小さなリベラル・アーツの大学で、年に一度だけ軍の勧誘をキャンパス内で行うことを許可している。

クーパーは、歴史の教授からネイビーシールズの話を聞いて興味を持った。特に惹かれたのは、「シールズ隊員は知性が高く、かなりの読書家だ」という教授の言葉だ。彼は今でも、その言葉を暗唱することができる。そして卒業すると、すぐにシールズの訓練に参加した。

ヘル・ウィークを生き残り、ドレイパー・カウフマンの選抜テストをくぐり抜け、さらに別のテストに合格すると、1993年にチーム6のメンバーになった。

チーム6オペレーターとして、クーパーは多くのことを経験した。その中には、話せることもあれば、話せないこともある。しかし、チームづくりについて尋ねたら、決まってある1つの体験を話してくれるだろう。

それは2001年の大晦日、アフガニスタンでの出来事だ。

クーパーの部隊は、バグラムとジャララバードを結ぶ、うら寂しい道を進んでいた。偵察のためにその道を移動する指揮官を護衛する任務だ。4人のチームで、1日のうちにバグラムとジャララバードを往復する予定だった。

それはまるで悪夢のような道だった。いたるところに爆弾がしかけられ、強盗団や武装勢力もあちこちに潜んでいる。しかしクーパーの指揮官は、命令を撤回することをかたくなに拒否し、自分の計画に従えばまったく問題ないと主張した。

車両は武装したサバーバンで、タイヤは特別仕様に変えてある。速く、しかも静かに走れるはずだ。だから何も問題ない。クーパーは反論を飲み込み、命令に従うことにした。

バグラムを出て数キロもいかないうちに、早くも問題が発生した。道は予想より悪い状態だった。舗装されていない箇所も多く、ハイウェイというよりはハイキングコースのようなところもある。武装したサバーバンは車体が沈み、地面との距離がほんの数センチしか離れていない。そのため、ほとんどの行程でのろのろ運転にならざるをえなかった。

夜になり、やっとジャララバードに到着した。今夜はここに泊まり、明るくなってから帰るべきだと考えていたが、上官は予定通り日帰りすると言い張った。

クーパーは反対し、危険だからやめたほうがいいと進言した。2人の議論はヒートアップし、そしてついに指揮官が「これは命令だ」と宣言した。クーパーは従うしかなかった。出発して1時間後、クーパーたちを乗せた車は待ち伏せ攻撃にあった。トラックとジープの一団が暗闇からいきなり飛び出し、サバーバンを取り囲んだ。運転手が逃げようとしたところで、特別仕様の強化タイヤがパンクした。

サバーバンはそのまま走り続けた。あたりは真っ暗で、銃弾が四方八方から飛んでくる。シールズ隊員の1人が出血していた。銃弾が足を貫通していた。状況は「まさに最悪」だったとクーパーは言う。

クーパーたちは降伏するしかなかった。両手をあげて車を降りた。殺されると確信していた。「どういうわけか、彼らは発砲しなかったんだ」とクーパーは言う。「報復を恐れたのかもしれないし、または私たちを見て、殺すほどの脅威ではないと判断したのかもしれない」

武装集団はシールズの武器を奪うと、そのまま暗闇の中に消えていった。クーパーのチームは陸軍特殊部隊のデルタフォースと、イギリス軍の特殊部隊に連絡し、数時間後に空から救出された。クーパーは生きてバグラムに戻ることができた。あれは彼にとって生まれ変わるチャンスであり、それから世界を違う目で見るようになった。

「あの夜の経験が私を変えたんだ」と、クーパーは言う。

「リーダーとして、もっとチームに対して責任を持たなければならない。ここでの問題は、人間は権威に弱いということだ。上官から何かを命令されると、ほとんど本能的に従ってしまう。たとえその命令が間違っていたとしても。つまり、誰かが誰かに命令するという意思決定法は、とても危険だということだ。

そこで問題は、そうならない環境をどうやってつくるかということになる。階級にとらわれず、誰もが自由に意見を言えるようにするにはどうするか。そのためには、誰もがリーダーになる必要がある。上からの命令に従うだけではダメだ。自分で考えて動けるようにならなければならない」

本能を回避するシステム

2001年のあの夜をきっかけに、クーパーはチームの意識改革に着手した。彼が目指したのは、上からの命令に無批判に従う態度を徹底的に排除することだ。ただ「対等な立場で協力しよう」と宣言するだけでは十分でない。権威に弱いという本能を克服し、真の協力関係を確立するには、明確なシグナルを一貫して送り続ける必要がある。

「本能に打ち勝つのは難しい」とクーパーは言う。「本能をなくすことはできないので、それを回避するシステムをつくることが大切だ」

クーパーは、小さなことから始めた。まずお互いを肩書きで呼ぶのをやめる。新しいメンバーが彼のことを肩書きで呼んだら、すぐに訂正した。「私のことは、クープかデイヴと呼ぶように。またはマヌケでもかまわない。とにかく肩書き以外なら好きなように呼んでくれ」

そして自分の意見を言うときは、誰もが反論しやすいように工夫する。たとえば、「誰かこのアイデアの穴を見つけてくれ」といった言葉を加えるのだ。命令は極力控え、代わりに質問をたくさんする。

「誰かアイデアはあるか？」

作戦中でも、メンバーの意見を求めるチャンスを逃さない。特に新しいメンバーには、「あなたの意見を求めている」というメッセージを積極的に伝えるようにしている。

「市街地で作戦を展開しているときは、建物の窓が特に危険だ」と彼は言う。

「窓の前に立っていると、狙撃手にとってかっこうの的になる。しかも弾がどこから飛んできたのかわからない。

そこで、たとえば（イラクの）ファルージャで、私が窓の前に突っ立っていたら、新入りの隊員はどうするか。危ないからそこをどけと私に言うか、それとも私が撃たれるまでただ黙っているか。

新入りにこの質問をすると、『動くように言う』と答える。そこで私は、こう言うんだ。『その通り。市街地だけでなく、どんな状況でもその態度を忘れないではしい。上からの命令を待たず、いつでも自分で考えて行動するんだ』とね」

クーパーは、チームワークを育てるためのツールも開発した。「チームづくりのためにできることはいろいろある。一緒に出かけたりするのも1つの方法だ」と彼は言う。「しかし私が思うに、もっとも効果的な方法は、チーム全員にとにかく厳しい訓練をやらせることだ。崖からぶら下がったり、濡れて寒い思いをしたりという経験を共有すると、チームは強い絆で結ばれるようになる」

もっとも効果的なツールの1つは、前にも登場したアフター・アクション・レビュー（AAR）だ。AARは作戦の直後に行われ、作戦中に下された決断の是非について徹底的に話し合う。

AARを主導するのは、指揮官ではなく、それぞれの隊員だ。決まった議題もなければ、時間も決まっていない。階級にとらわれず、みな同じ立場で話し合い、失敗の原因と対策をとことん追求することが目的だ。なかでも、自分の失敗をふり返ることが大切になる。「安心して発言できる環境でなければならない」とクーパーは言う。「全員が階級を忘れ、謙虚な気持ちになる。そうやって、誰かが失敗を告白するのを待つんだ。私が思うに、リーダーとしていちばん大切な資質は、自分の失敗を認められることだろう」

真実を追求することを習慣にする

成功したAARには、ある決まった流れがある。

「まずは、作戦の直後に行うこと」とクーパーは言う。

「銃を置いたら、すぐに輪になって話し始める。たいていは、作戦を時系列に沿って再現していく。すべての決断をふり返り、すべてのプロセスについて語る。すべて成功だったふりをして終わりにしたくなる気持ちをぐっと抑え、深く掘り下げて真実を明らかにしなければならない。そうしなければ、何も学べないからね。

なぜそうなったのか尋ね、そして答えが返ってきたら、さらに『なぜ？』と問いかける。なぜあの時点で発砲したのか？　何を見たのか？　どうしてわかったのか？　他にはる。

どんな選択肢があったか？　そうやって質問を重ねていくんだ」

AARの目的は、ただ「本当にあったこと」を掘り出すことではない。または、誰の功績、誰の失敗ということをはっきりさせるためでもない。ある態度をチーム全員で共有し、この先の作戦で生かすことが目的だ。クーパーは言う。

「そもそも、いつでも正しい人なんて存在しない。それでも、自分の行動を厳しくふり返り、真実を追求することを習慣にしていれば、全体像が見えるようになってくる。お互いに自分の経験や失敗を話すのはそのためだ。自分の行動が他のメンバーにどんな影響を与えるのかがわかり、しだいにチーム精神が育っていく。互いに協力し、チームのポテンシャルを最大限に発揮できるようになるんだ」

クーパーにとって、成功したAARの定義は、「謙虚さという背骨があること」だ。この言葉は、AARの矛盾した性質をうまくとらえている。AARでは、真実を厳しく追求し、自分の責任を認めなければならない。

丸太エクササイズやハロルドと同じように、メンバーは弱さを見せ、さらに規律を守る必要がある。そして、丸太エクササイズやハロルドもそうであるように、AARも簡単なプロセスではない。しかし、その見返りはとても大きい。

バグラムへの道での気づきがあってから10年間、クーパーは主に中東で任務にあたってきた。そしてついにチーム6のトップに就任し、全隊の訓練をまかされるようになった。

２０１１年３月、クーパーらチーム６のリーダーは、海軍大将で、統合特殊作戦コマンド司令官のウィリアム・マクレイヴンから召集を受け、バージニア州マクレーンのＣＩＡ本部に集合した。

マクレイヴンは単刀直入に切り出した。

「われわれはオサマ・ビン・ラディンを発見したようだ」

そして計画の概要が告げられた。チーム6がステルスヘリコプターでパキスタンに飛び、ロープをつたってビン・ラディンが居住する建物の屋根に降り、そしてビン・ラディンを殺害する。

クーパーは話を聞きながら、ある1点が気になっていた。それはステルスヘリコプターだ。マクレイヴンが新型のステルスヘリを使いたがる理由はよくわかる。レーダーに捕捉されないので、誰にも気づかれずにパキスタンの上空を飛ぶことができる。

しかし、まだ実戦で使われたことはない。それに歴史を振り返ると、こういった特殊作戦は、初めて実戦で使われたツールの不具合で大惨事に終わることが多々あった。

そこでクーパーは、計画に異を唱えて次のように言った。

「恐れながら申し上げます。私なら、ステルスヘリコプターは使いません。並行して別の計画を立てます。別の計画がうまくいかなかったら、そのときに初めてそのヘリコプターを使います」

「今の時点で計画は変えられない」と、マクレイヴンは答えた。

クーパーはあきらめなかった。不安な点はすべて話しておかなければならなかった。

「私の話をどうしても聞いていただきたい。この発言は自分の義務であると考えます」

マクレイヴンは声を荒らげた。「もう計画は変えられないと言っているだろう！」

「そのときは、間違いなくクビになると思ったよ」とクーパーは言う。「それでも、黙っているという選択肢はなかったんだ」

マクレイヴンは、再びクーパーの発言を制した。話し合いは終わりだ。

クーパーは難問を抱えたまま部屋を出た。命令には従わなければならないが、その命令は受け入れがたいほどリスクが大きい。クーパーはここに来て、また同じジレンマに直面した。２００１年の大晦日と同じ状況だ。命令に従うのか、それとも拒否するのか？

クーパーは第三の道を選んだ。ステルスヘリコプターの使用を受け入れ、それと並行して、ヘリコプターに問題があったときに備えた訓練も行うことにしたのだ。シールズは作戦に備え、ノースカロライナ州、ネバダ州、アフガニスタンに、ビン・ラディンの住居の模型をつくった。それぞれの場所で、クーパーはヘリを使ったシナリオを何度も何度もくり返した。

住居の敷地の外でヘリが墜落するシナリオ、敷地の中にヘリが墜落するシナリオ、住居の屋根に墜落するシナリオ、庭に墜落するシナリオ。どのシナリオも、基本はすべて同じだ。作戦の途中で、クーパーはいきなり「ここで降りろ」と命令を出してチームの不意を突く。パイロットはヘリを降ろし、そのときに着陸した地点から住居への侵入を開始する。

「この訓練には、正解も間違いもない。自分で判断しながら、状況に応じて動きを決めなければならない」とクーパーは言う。「1つのシナリオが終わると、すぐにAARに突入する。作戦をふり返り、状況を正確に把握し、改善できるところを徹底的に洗い出す」

ヘリの墜落を想定した訓練は簡単ではない。高度な集中、協力、即興の能力が求められる。AARのたびに、メンバーは自分の失敗を認め、どうすればよかったか話し合う。

「あんまりしつこく訓練をくり返したので、しまいにはメンバーからからかわれるようになったよ」とクーパーは言う。「彼らは言うんだ。『よう、クープ。次の墜落はいつだ？』ってね」

シンプルな質問を何度も何度もくり返す

5月1日、ホワイトハウスから作戦実行の命令が出た。2機のステルスヘリコプターが、ジャララバードのアメリカ空軍基地を飛び立った。基地の司令室には、クーパー、マクレイヴンら指揮官が集まり、ドローンから送られてくる映像を見ていた。ホワイトハウスでも、オバマ大統領と国防チームが集まり、同じ映像を見守っていた。

出だしは順調だった。誰にも見つからずにパキスタン上空を飛び、ビン・ラディンの住む建物に近づいた。しかし、最初のヘリコプターが着陸態勢に入ったとき、問題が発生した。

1機のヘリコプターが、まるで氷の上を滑るようにバランスを崩し、そのまま旋回しながら降りていった。もう1機のヘリコプターはメインの建物の屋根に着陸するはずだったが、問題を目撃すると、作戦を変更して敷地の外の地面に着陸した。

（後に行われた説明によると、居住地の高い塀が下向きの風を生み、それがヘリのバランスを崩したという。予行演習で使った模型は、ただチェーンで囲まれていただけで、高い塀はなかった）。

事態はさらに悪化した。最初のパイロットは高度を保つことができず、中庭に墜落した。テールの部分が塀につっかえ、頭から柔らかい砂の地面に激突した。司令室では、指揮官たちが押し黙ったままドローンの映像を凝視していた。耐えがたい沈黙が、3秒から4秒は続いた。

そして、彼らはそれを目撃した。チーム6の隊員が、墜落したヘリから次々と出てきたのだ。訓練と同じように、それぞれの仕事に取りかかった。卓越したチームワークで、目の前の問題を解決していった。これぞ世界最高峰のピックアップ・バスケだ。

クーパーは言う。「すべての動きに無駄がなかった。作戦が始まったら、彼らの心に迷いはまったくない」


38分後、すべてが終わった。ビン・ラディン殺害のニュースは世界を駆けめぐり、チーム6の優秀さと勇敢さは誰もが知るところとなった。しかし、華やかな成功の表面だけを見ていたら、決してわからないことがある。この瞬間を生み出したのは、地道な訓練と、AARの積み重ねだったのだ。

ビン・ラディン殺害作戦には、チームの強さ、力、統率力が凝縮されているように見える。しかしその強さが生まれたのは、真実を正面から見つめることを恐れず、「ここで本当に起こっていることは何だ?」というシンプルな質問を何度も何度もくり返してきたからだ。

クーパーと彼のチームは、墜落のシナリオをあそこまでくり返す必要はなかったかもしれない。しかし、あえて自分が無防備になる状況をつくりだし、お互いに弱さを見せたことで、彼らは無敵のチームワークを発揮できたのだ。

「勇気というと、マシンガンを手に敵に向かって突進していく人を想像するかもしれない」とクーパーは言う。

「しかし本当の勇気は、真実を見て、お互いに真実を告げることだ。『ちょっと待て。ここで本当に起こっていることは何だ?』と言う役割は、誰もがいやがるものだ。しかし軍の部隊では、その姿勢こそが求められている。だからわれわれは成功してきたんだ」

第11章

個人間の協力関係を築く方法

相手に全神経を集中させる

20世紀の前半、シリコンバレーが生まれるはるか以前、世界のイノベーションの中心地はニュージャージー州にある何の変哲もないビルだった。そこはベル研究所と呼ばれる場所だ。

ベル研究所は1925年に設立された。当初の目的は、全米に電話網を広げることだった。以降もさまざまな研究開発を行い、やがて科学技術におけるルネサンス時代のフィレンツェのような存在になる。天才科学者を次々と輩出し、その勢いは1970年代まで続いた。

研究所のリーダーは博識で知られたクロード・シャノンで、よく建物の廊下をジャグリングしながら自転車で走り回っていた。ベル研究所から生まれた技術は、トランジスタ、データネットワーキング、太陽電池、セルラー通信などがある。

つまり簡単にいうと、現代の私たちが使っている技術のほとんどということだ。

ナイキスト・メソッド

この黄金時代の半ばごろ、ベル研究所の職員の中に、自分たちの成功の秘密を知りたいと考える者が現れた。彼らはまず、特許数の多い研究者を調べ、次に彼らの共通点を分析することにした。特許の数は、研究所の図書館に保管された資料を見ればわかる。特許取得の記録は研究者ごとにまとめられ、バインダーに保管されていた。

「たいていのバインダーはだいたい同じ厚さだった」と、特許事務所で働いていた弁護士のビル・キーファウヴァーは、当時を回想して言う。

「しかし、中には飛び抜けて分厚いバインダーもある。そのバインダーに該当する研究者は、創造性がきわめて高いということだ。そのため特許も、他の人の何倍も取得している。そういう人は10人ぐらいいいた」

ベル研究所の職員はその10人を分析し、共通点を探した。専門分野が同じなのか？　受けた教育が似ているのか？　そうやって考えられる可能性を検証していった結果、ついに1つの共通点が見つかった。それは、研究者本人の資質とはまったく関係のない要素だ。彼らの才能や、知識ではなく、普段の習慣と関係している。

彼らはみな、ベル研究所のカフェテリアで、物静かなスウェーデン人エンジニアのハリー・ナイキストと一緒にランチを食べていたのだ。

これは控えめにいっても、かなり驚きの結果だった。それはナイキストが無名の存在だったからではない。むしろ彼は所内でよく知られていた。実際に彼の研究によって、電報やフィードバック増幅器の技術が大きく発達している。

しかしベル研究所は、個性的でエキセントリックな天才科学者の集まりであり、ナイキストはその対極に位置する存在だ。物腰柔らかで、いつも穏やかな笑みを浮かべている。所内でのナイキストのイメージは、「信頼できる常識人」だった。

スウェーデンの農場で生まれ育ち、仕事ぶりは勤勉そのもの。朝はいつも6時45分ぴったりに起き、ぴったり7時30分に家を出る。そして帰宅するのは6時15分で、夕食は家族と一緒だ。彼の変わっている点といえば、ときどき地下鉄の代わりにフェリーで帰宅することぐらいだった（船上の新鮮な空気が好きだったからだ）。

ナイキストはあまりに普通の存在なので、研究所内ではほとんど透明人間のようになっていた。つまり、歴史上もっともクリエイティブな場所の1つに数えられるベル研究所で、もっとも重要な人物は、ほとんど誰も気にとめないような存在だったということだ。いったいその人物に、どんな「特別な何か」があったのだろうか？

ナイキストには、誰もが認める重要な資質が2つあった。1つは人柄の温かさだ。彼には、周りの人を安心させる何かがあった。彼と一緒にいると、自分は気にかけてもらっていると感じることができる。ナイキストを直接知る人は、誰もが「お父さんのような人」と描写するだろう。

もう1つの資質は、旺盛な好奇心だ。ベル研究所には、さまざまな分野の専門家が集まっている。彼はその環境を生かし、多くの知識を身につけ、さらにまったく違う分野を結びつけることにも興味を持っていた。

「ナイキストはいろいろなアイデアを持っていた。それに質問好きだったね」。ベル研究所のエンジニアだったチェイピン・カトラーは当時を回想する。「彼と話していると、こちらもいろいろな考えを引き出されるんだ」

キーファウヴァーは言う。「ナイキストは、当時のベル研究所がとりわけ熱心に推奨していたある活動が得意だった。それは、まったく違う分野の研究者同士が交流し、お互いの研究に刺激を与えることだ。ハリー・ナイキストは、他人の研究を理解して、さらにアイデアを提供することができる」

この本の取材でも、温かい人柄と好奇心を持った人にたくさん出会うことができた。あまりにもたくさんいたので、彼らのことを密かに「ナイキスト」と呼ぶようになったほどだ。

彼らは礼儀正しく、控えめで、聞き上手だ。周りの人を安心させる雰囲気がある。幅広い分野の深い知識を持ち、相手をやる気にさせたり、ひらめきのきっかけになったりするような質問が得意だ。

「ナイキスト」を見つけるいちばん簡単な方法は、チームのメンバーに次の質問をすることだ。

「あなたのチームの文化を知るために誰か1人だけに会うとしたら、誰に会えばいいですか?」

チームの文化が協力を推進するエンジンだとするなら、ナイキストはエンジンに火をつける点火プラグだ。

大切なのは発見する力

取材で会ったなかで、もっともナイキスト的だった人物はロシ・ジヴェチだ。ロシ・ジヴェチはＩＤＥＯのニューヨーク支社で働いている。ＩＤＥＯは国際的なデザイン会社で、本社はカリフォルニア州パロアルトだ。

ＩＤＥＯはある意味で、現代版のベル研究所と呼べるかもしれない。アップルコンピュータの初代マウス、糖尿病患者のためのインスリン注射器、立てておける歯磨きチューブなど、革新的な製品を数多く開発してきた。受賞したデザイン関係の賞は、歴史上のどの会社よりも多い。

従業員は６００人で、プロジェクトごとに小さなチームに分かれている。プロジェクトの内容は、地球規模の災害救助プログラムの開発から、スマホの充電ができるハンドバッグの開発まで多岐にわたる。

ロシ・ジヴェチの正式な肩書きはデザイナーだ。しかし彼女には、非公式の役割もある。それはさまざまなプロジェクトに顔を出し、アイデアを生む触媒になることだ。

「プロジェクトが行きづまったり、チーム内で問題が発生したりすると、ロシの出番になる」と、ＩＤＥＯパートナーのデュエイン・ブレイは言う。「彼女はまるで魔法使いだ。彼女が何か質問をすると、人々の絆が深まったり、可能性が開けたりする。正直に言うと、彼女のやっていることを理解しているわけではない。ただとてもうまくいっていることだけはたしかだ」

ロシ・ジヴェチは40代の小柄な女性で、大きなポケットのついたフレアスカートをはいている。カールのかかったダークヘアと、表情豊かな黒い瞳が印象的だ。

彼女は初対面のときに、相手に強い印象を残そうとはしない。ジョークも言わず、必要以上のおしゃべりもしない。クリエイティブ業界に多くいる、エネルギッシュでドラマチックなタイプでもない。彼女から感じるのは、安心感と落ち着きだ。初めて会ったときから、まるで何年も前からの知り合いのような気分になれる。

「あまり口数が多いほうではないの」とジヴェチは言う。

「話を聞くのは好きだけど、自分が人の輪の中心になって話すタイプではありません。部屋の片隅で聞いていて、たまに質問をするのが私の役割ね。質問といっても、特別なことを尋ねるわけではない。ごく普通の内容です。それでも私が質問するのは、相手の話をきちんと理解したいからなの」

ＩＤＥＯには、「フライト」と呼ばれる定期的なミーティングがある。プロジェクトの開始時、中間期、終了時にチーム全員が集まるミーティングで、ジヴェチもこのミーティングを活用してチームのメンバーとコミュニケーションをはかる（フライトは、ＩＤＥＯ版のブレイントラストやＡＡＲだと考えるとわかりやすいかもしれない）。

ジヴェチはこのフライトに、普通とは逆のアプローチで臨む。まず普段の会話から、問題のありかをだいたいつきとめておく。問題には、デザイン的な問題（どこで行きづまっているのか？）もあれば、人間関係の問題（誰がもめているのか？）もある。

おおよその状況を頭に入れると、チーム全員を集め、巧みな質問で問題を明らかにし、さらに解決していく。彼女はこのプロセスを「表面化」と呼んでいる。[※20]

「私は『つながる』という言葉が好きなの」とジヴェチは言う。「私にとって、会話の役割はすべて同じ。それは会話の相手に、新しい発見をしてもらうこと、ワクワクしてもらうこと、モチベーションを高めてもらうことです。

人はみんな違うので、その人に合ったアプローチを見つけなければならない。相手とつながり、本心を語ってもらうの。大切なのは、強いリーダーシップや決断力ではなく、発見する力です。私の場合、正しいときに正しい質問をすることが、発見する力につながっ

ているわね」[※21]

ジヴェチの同僚に話を聞くと、誰もが彼女の矛盾した性質を指摘する。ジヴェチの中では、優しさと厳しさ、共感能力と頑固さが同居しているのだ。

「ロシは間違いなく厳しい人だね」と、ＩＤＥＯデザイン・ディレクターのローレンス・エイブラハムソンは言う。「はっきり口には出さないが、彼女なりの考えがある。それを押しつけるのではなく、自分の考えのほうに優しく誘導するんだ」

彼女の七つ道具のうち、重要なのは時間だ。ロシはとにかく時間をかける。辛抱強く会話を続けることで、物事を正しい方向に進めていくんだ」

デザイン・ディレクターのピーター・アントネッリにも話を聞いた。

「ロシと話していると、いつも挑発されたり、刺激されたりする。目の前のことにとらわれず、もっと広い世界に目が向くようになるんだ。そのきっかけはいつも質問だ。それもごくありきたりな質問だ。彼女は絶対に相手を批判しない。『あなたは間違っている』とは言わない。とても有機的なプロセスで、会話の中にすべて埋め込まれているんだ」

人間同士の本物のつながり

人の話を聞くジヴェチを観察していると、まるで一流アスリートのパフォーマンスを見ているような気分になる。

彼女は主に、目で話を聞く。彼女の目は、まるでガイガーカウンターのように、相手の話に敏感に反応して表情を変える。小さな変化を見逃さず、すぐに適切な対応をする。会話の中で、あなたが話題に対してほんの少しでも不快そうにすると、彼女はそれを見逃さず、巧みな質問でその不快感の原因を探り出す。

彼女は自分が話すときも、つねに意識は相手にある。

「あなたも同じような経験があると思うけれど……」「あなたも同じようなお仕事かもしれませんが……」というような言葉で、相手とのつながりを確認している。だから相手も安心して、普段は隠しているような本心を打ち明けることができる。

まるで魔法のようだが、実際は地道な訓練のたまものだ。ジヴェチは子供のころ、お気に入りの本を朗読する自分の声を、何度もカセットテープに録音していた。そして録音を聞き返し、声のトーンや読むタイミングを変えるだけで、意味がまったく違ってくることを発見する。

大学では心理学とデザインを学び、視覚障害者を助けるボランティアに参加し、そして卒論のテーマはダンスと振り付けだ。彼女によると、彼女がＩＤＥＯで使っているコミュニケーション術は、ダンスに通じるものがあるという。どちらも音楽を見つけ、パートナーをサポートし、リズムに従うからだ。

「私はオーケストラの指揮者ではありません」とジヴェチは言う。「あからさまに指示を出すのではなく、それとなく突っつくのが私の役割ね。そうやって何かいいものが生まれる環境を整えているの」

1年前、ＩＤＥＯはジヴェチの役割を全社に広げることを決定した。チームの活動を促進する正しい質問のひな形をつくり、すべてのデザインチームに配布するのだ。

質問の例をいくつか紹介しよう。

・このチャンスで自分がもっともワクワクしていることを1つあげるとしたら？
・このチャンスで、正直なところあまり乗り気になれないことを1つあげるとしたら？
・このプロジェクトで自分が成長したいことは？

ジヴェチの質問で興味深いのは、どれもきわめてシンプルだということだ。難しいことを尋ねる必要はない。ここでの目的は、恐怖、野心、モチベーションといった、相手の感情を引き出すことだ。

ジヴェチ以外の人がこの質問をしたら、ただのありきたりな質問で終わってしまい、会話に命が吹きこまれることはないかもしれない。コミュニケーションのカギは、感情を双方向でやりとりし、「つながっている」という空気をつくりだすしところになる。

「彼女のコミュニケーションのすごさをひとことで言うなら、『さりげなさ』になるだろう」とエイブラハムソンは言う。

「彼女は相手に警戒心を抱かせない。自分の意見を押しつけず、相手の話をよく聞くからだ。ロシは会話の途中で完全に黙ることができる。自分の思考を完全にストップし、相手の話と、目の前の質問と、その質問からどんな展開があるかということに集中できる。自分の望む方向に会話を引っ張ろうとはしない。完全に相手の立場で物事を見ているんだ。それが彼女の大きな強みだよ」

ＩＤＥＯ上級コミュニケーション・デザイナーのジョキ・ギタヒは言う。

「『共感』という言葉から連想するのは、優しさとか思いやりかもしれないが、ロシの共感はそういうものではないの。相手の考えを批判的に理解して、そこから相手を刺激するような言葉を考える。ただ優しいだけでは、刺激を与えることはできないでしょう？

彼女にそれができるのは、相手のことをよく知っているからでもある。知っているから、相手が必要としているものも理解できるのね。相手がサポートや賞賛を求めているときもあれば、あごにがつんと一発もらうことを求めているときもある。もっと頑張らなければいけない、新しいことに挑戦しなければならないと気づかせてくれる何かが必要なの。彼女はそれを与えることができる」

「彼女は人の話を真剣に聞く。相手の話を理解し、質問をして、さらに深く理解する」と、IDEOデザイン・リサーチャーのニリ・メトゥキは言う。「物事をあいまいなままにしておかないの。たとえ不都合な真実でも、すべてをはっきりさせるのが彼女のやり方ね」

そこで、こんな疑問が浮かんでくる。

ロシ・ジヴェチの沈黙の中には、いったい何があるのだろうか？　彼女はどうやって、ナイキスト的な瞬間を生み出し、人間同士の本物のつながりをつくっているのだろうか？

会話でもっとも大切な瞬間

その疑問に挑み続けたのが、ハーバード大学で教える神経学者のカール・マーシーだ。興味を持ったきっかけは、メディカルスクールの授業で知った非西洋医学のヒーラーたちの存在だ。ヒーラーたちは、西洋医学の伝統的な治療法に頼らない。科学的には効果は疑わしいが、実に幅広い治療法を採用している。

たとえば、患者の体に触れないマッサージや、治療効果のない成分を混ぜた水を与えるといった方法でも、なぜか病気や症状が消えることがある。マーシーの調査によると、ヒーラーと患者の間に生まれた絆に、カギがあるという。

「そういったヒーラーの共通点は、卓越した聞き手であるということだ。彼らは患者の身の上話や悩みを辛抱強く聞き、患者のすべてを知るようになる」とマーシーは言う。

「彼らはみな、共感力が高く、思いやりがあり、信頼関係を築くのがとてもうまい。そこで私は気がついた。治療のカギは、治療そのものではなく、話を聞くことにあるのかもしれない。患者とヒーラーの人間的なつながりが、病気の治癒にもつながるんだ。西洋医学も、そこから学べることはたくさんあるだろう」

そこでマーシーは、ある実験を行った。2人の人物に会話をしてもらい、その間、双方のガルバニック皮膚反応を計測する。ガルバニック皮膚反応とは、皮膚を流れる電流の抵抗が、皮膚の湿気で低くなることであり、感情の起伏がこれによってわかるとされている。

実験の結果、会話する2人のガルバニック皮膚反応は、ほぼ一致しないということがわかった。ただしその中でも、なぜか反応が完全に一致するときがある。

「一致の瞬間が訪れるのは、その場で表出された感情に、もう1人が真摯な反応をするときだ」とマーシーは言う。「相手の感情に共感し、理解する。そしてその気持ちを、身ぶり、コメント、表情などで相手に伝える。それが本物のつながりをつくりだすのです」

実験を撮影した映像の中には、マーシー自身が参加しているものもある。会話の相手はグレーのスーツを着た年配の男性で、お互いに向き合って椅子に座っている。この年配の男性は、実はマーシーのセラピストだ。

マーシーは、当時のガールフレンドにプロポーズした日のことを話していた。2人の間には、ガルバニック皮膚反応を計測する機械が置いてあり、スクリーンにそれぞれの反応が映し出されている。マーシーが青の線で、セラピストが緑の線だ。

マーシー：パン屋に行って、野菜入りのサモサを買おうという話になりました。「僕がおごるから買いにいこう」と、私は言いました。彼女は、ピクニックにでも行くのだろうと考えたようです。
セラピスト：(何度も小さくうなずきながら聞いている)
マーシー：僕たちは丘の上に行きました。これまで何回か、その場所で一緒に夕日を眺めたことがあります。だから彼女も、もしかしたら、何かおもしろい景色を眺めるためだと思ったかもしれません。

セラピスト：（大きくうなずく）

マーシー：それから彼女は言いました。「ほんの一瞬、もしかしたらプロポーズされるかもしれないと思ったけれど、すぐに違うって打ち消したの」と。

セラピスト：（頭を傾け、理解を示すようにうなずく）

マーシー：あの日も彼女はきれいでした。そして私に「何があるの？」と尋ねました。後から考えると、彼女は食べ物を探していて、見つからなかったのかもしれない。

セラピスト：（小さくほほえむ）

マーシー：私は、「ここに座って」と言いました。そして、E・E・カミングスの詩の一節を暗唱しました。「永遠に続く時間のように、愛には始まりもなければ、終わりもない」

セラピスト：（顔を上げ、眉を持ち上げる）

マーシー：（詩の暗唱を続ける）「呼吸する空気がなく、散策する大地がなく、泳ぐ海がないときに、愛が空気になり、海になり、大地になる」。そして私は言いました。「きみは僕の空気で、僕の海で、僕の大地なんだ」

セラピスト：（頭を傾け、ほほえんでうなずく）
マーシー：僕が指輪を取り出すと、彼女も僕が何をしようとしているのか理解しました。あれは本当に感動的な瞬間でした。彼女は泣いていました。本物の感情から生まれた涙です。僕も感動しました。彼女は大喜びでした。
セラピスト：（理解を示すように小さくうなずく）

この映像を見てまず気づくのは、ガルバニック皮膚反応が完全に一致する瞬間がいくつかあるということだ。緑の線と青の線が、まったく同じように上下する。そして次に気づくのが、その一致の瞬間で、セラピストは何も言っていないということ。

何も言っていないからといって、会話に参加していないわけではない。相手に注意を向け、きちんと話を聞いている。膝の上で両手を組み、目は真剣だ。相手の話にうなずき、表情を変えて反応する。

つまりこのセラピストも、ロシ・ジヴェチやハリー・ナイキストと同じことをしているのだ。彼らが証明しているように、会話でもっとも大切な瞬間は、どちらかが相手の話を真剣に聞いているときに訪れる。

「ガルバニック皮膚反応が一致するのは、たいていい一方が話して、もう一方が聞いている瞬間だ。これは偶然でも何でもない」とマーシーは言う。

「自分が話しているときに、相手に共感するのは至難の業だ。話すというのは複雑な作業だ。何を言うか頭の中で考え、計画を立てなければならない。だから自分の考えで頭がいっぱいになってしまう。しかし、聞いているときはそうはならない。本当に真剣に聞いていると、時間の感覚を失うことがあるだろう。エゴもなくなり、『目の前の相手とつながる』というタスクだけに集中する」

マーシーの研究によると、「一致」の瞬間が増えるほど、お互いの共感も深くなる。それに加えて、相手との距離は少しずつ縮まるのではなく、ある瞬間に一気に縮まる。

「誰かと心の距離が近くなるときはいつもそうだ」とマーシーは言う。

「相手の話を本当に聞き、相手に全神経を集中させると、関係が劇的に進展する。まるでブレークスルーの瞬間のようだ。お互いに距離が一気に縮まったことを感じ、新しい関係になったことを、本人たちも自覚している」

第12章

行動のためのアイデア2

弱さを見せられるようになる方法

弱さを見せられるチームになる過程は筋トレに似ている。時間がかかり、くり返しが必要で、痛みを伴うことを覚悟しなければならない。

そしてこれも筋トレと同じで、まずは計画を立てることから始める。

弱さを見せるために必要なこと

以上を念頭におき、方法について具体的に見ていこう。チームで行う方法もあれば、個人で行う方法もある。

まずリーダーが弱さを見せる（1回だけでなく何回も見せる）

すでに見たように、弱さを見せる小さな瞬間を何度も積み重ねることで、チーム内に協力関係が生まれる。なかでもいちばん影響力が大きいのは、リーダーが弱さを見せる瞬間だ。デイヴ・クーパーも言っているように、自分の失敗を認められるのは、リーダーにとってもっとも大切な資質だ。

レストラン経営者のダニエル・マイヤーもその姿勢を大切にしている。以前に彼を取材したとき、朝のミーティングに同席したことがある。参加するスタッフは20人ほどだ。マイヤーはこの後の第15章にも登場するが、ユニオン・スクェア・カフェ、シェイクシャック、グラマシータバーンをはじめとする人気店を数多く手がけている。彼が経営するレストランをすべて合わせると、総額10億ドル以上もの価値になる。

私が訪ねる前の夜、マイヤーは生まれて初めてTEDに出演した。あの朝のスタッフミーティングは、まずマイヤーのTEDのビデオを見ることから始まった。ビデオが終わり、部屋の明かりがつくと、マイヤーが口を開いた。

「私の足が震えているのがわかったかな？」と、彼は言った。

「緊張でガチガチだったよ。ずっと木の葉のように震えていた。これまでスピーチは何度もしているけれど、TEDは特別だ。ありきたりのスピーチでは満足してもらえない。もっと深くて、意義深い内容が求められている。だから前の晩は3時間しか寝られなかったよ。その証拠に、目の下にクマがあるだろう？　リハーサルは最悪だった。パワーポイントの操作を、何度やっても失敗する。大失敗になるところだったが、ありがたいことに、心強い助っ人が来てくれたんだ」

彼はそこで間をつくる。

「チップ、ハリー、ありがとう。スピーチが無事に終わったのはすべて彼らのおかげだ。すばらしい台本を書いてくれた。すばらしいアイデアも出してくれた。2人がいなければ、私は何もできなかったよ」

部屋中の誰もがチップとハリーを見た。そして拍手が起こると、マイヤーはそのようすを満足そうに見つめていた。

マイヤーは、「私はおびえていた」というメッセージを堂々と発信した。彼のその態度は、「ここは自分の弱さを安心して見せられる場所だ」という、さらに大切なメッセージを伝える役割を果たしている。弱さを見せるのは、強さの証だ。

グーグルの元ピープル・アナリティクス責任者のラズロ・ボックは、部下に次の3つの質問をすることをリーダーにすすめている。

・今私がしていることのなかで、このままずっと続けてほしいと思うことを1つあげるとしたら何か？
・今私があまりしていないことのなかで、もっとたくさんしたほうがいいと思うことを1つあげるとしたら何か？
・あなたにもっと生産性を上げてもらうために、私にできることは何か？

「ここでのカギは、5個や10個ではなく、1つだけあげてもらうことだ」とボックは言う。「そのほうが簡単に答えられるからね。それに、リーダーがこういう形でフィードバックを求めると、部下も安心してフィードバックを求められるようになる。弱さを率直に認める態度には伝染性があるんだ」

メンバーに期待されていることをしつこいぐらい伝える

私が取材した成功しているチームは、チームワークが生まれるのを偶然にまかせたりはしない。メンバーに期待されていることを明確にしている。そして言葉や態度で、協力することの大切さを何度も伝える。

ＩＤＥＯはその典型だ。ＩＤＥＯのチームリーダーは、協力的な態度が期待されていることを何度も口にする。ＣＥＯのティム・ブラウンは、「問題が複雑になればなるほど、多くの助けが必要になる」という言葉を、マントラのように何度も唱えている。

ＩＤＥＯでは、協力するという態度が明確に定義され、弱さを見せることが推奨されている。その証拠に、社内の掲示板には、「おすすめのヨガ教室を教えてください」「クリスマス休暇中に頼めるキャットシッターを紹介してください」といった助けを求める書き込みがたくさんある。

それでもメッセージに気づかないという人のために、ニューヨーク支社の壁と、すべての社員に配布されるＩＤＥＯの紹介冊子に、次のような標語が大きな文字で書かれている。

「協力して、仲間の成功を助ける」

「料理をおいしくする秘密のソースは、自分よりも仲間のために行動することだ」

ネガティブなフィードバックは直接会って伝える

これは成功しているチームに共通する暗黙のルールだ。何かネガティブなフィードバックを与える必要があるのなら、それがたとえ、経費の報告のなかで認められない項目があったというようなささいなことであっても、直接会って伝えなければならない。

このルールを守るのは難しい。フィードバックを与えるほうも、受け取るほうも、電子メールやSNSでやりとりしたほうがずっと簡単だ。しかし、それでも直接伝えたほうがいい。お互いに気まずさときちんと向き合うことで絆が生まれ、それに誤解されることなく、こちらの意図をはっきり伝えることができる。

ネガティブなニュースを伝えるのがうまいリーダーに、シカゴ・カブス監督のジョー・マドンがいる。無類のワイン好きでもあるマドンは、オフィスの机の上に、高級ワインの銘柄を書いた紙片をたくさん入れたガラスのボウルを置いている。

選手の誰かがチームの規則に違反すると、マドンはその選手をオフィスに呼ぶ。そしてボウルから紙を1枚引かせ、その紙に書いてある銘柄のワインを買わせ、そのワインを一緒に飲むのだ。つまり彼は、罰を与えると同時に、選手との絆を結び直している。

新しいチームをつくるときは、2つのタイミングを重視する

ハーバード・ビジネス・スクールで組織行動学を教えるジェフ・ポルザー（第8章に登場）によると、チームの協力関係を築けるかどうかは、チーム結成初期の2つのタイミングで決まるという。

1　最初に弱さを見せるとき
2　最初の意見の衝突

このタイミングで、チームの進む先に2つの可能性が生まれる。お互いに強がって本音を語らず、相手を蹴落として自分が上に立とうするチームになるのか。それとも、お互いに協力して未知の領域を冒険し、一緒に新しいことを学んでいく仲間になるのか。

ポルザーは言う。

「こういうときの選択肢は2つある。強がってガードをかたくするか、それとも率直に話し合うチャンスととらえるか。後者を選ぶ人は、こんなふうに言う。『なるほど、あなたは違う意見なんだね。私の意見のどこに反対なんだろう？　もちろん私が間違っている可能性もある。あなたの意見もよく知りたいから、もう少し詳しく話してみないか？』と。最初の『弱さの瞬間』で起こることが、その後のチームの雰囲気を決めるんだ」

トランポリンのように聞く

聞き上手になるには、ただうなずいていればいいというわけではない。自分の考えも提供し、発見の瞬間を共有することがカギになる。

リーダーシップ・コンサルティングを行うジャック・ゼンガーとジョゼフ・フォークマンは、マネジャー開発プログラムに参加した3492人を分析し、もっとも効果的な聞き手には次の4つの特徴があることを発見した。

1　相手が「ここは安全だ」「私はサポートされている」と感じられるような対応をする
2　相手を助けたい、協力したいという姿勢を見せる
3　ときおり優しく質問し、相手の思い込みを変えさせる
4　ときおり提案をはさみ、別の可能性に目を向けさせる

ゼンガーとフォークマンの言葉を借りるなら、もっとも効果的な聞き手はトランポリンのような存在だ。彼らは、ただ相手の話を吸い込むだけのスポンジではない。もちろん相手の話を吸収し、理解を示すが、自分からも積極的に反応する。相手がさらに高く跳び上がれるように、エネルギーを与えることができるのだ。

またトランポリンは、跳躍回数が増えるほど高度も上がる。いい聞き手もそれと同じで、その人と話せば話すほど、相手は高く跳べるようになるのだ。彼らの質問は1回では

終わらない。さまざまな可能性を探りながら本当の問題を洗い出し、お互いに協力できる道を見つけようとする。

「どんな質問でも、最初の答えは本当の答えではないということに気づいたの」とロシ・ジヴェチは言う。「だからそこで終わりにしないで、ゆっくりと本当の答えを探っていく。協力関係の基礎になるようなものを見つけるのね。同じ質問でも、尋ね方はいろいろあるし、尋ねる角度もいろいろある。相手の反応を見ながら、さらに探っていくの」

「価値のあることを言いたい」という衝動を抑える

弱さを見せられる環境をつくるうえでは、「何を言うか」ではなく、「何を言わないか」がカギになることが多い。それはつまり、自分なら簡単に解決できると思っても、何も提案せずに黙っているということだ。

聞き上手な人は、「それならいい考えがある。自分のときはこれでうまくいったから、同じようにするといいよ」というようなセリフは絶対に言わない。なぜなら彼らは、ここでの主役は自分ではないということを知っているからだ。

彼らは、身ぶりや相づちを巧みに使って、相手に話を続けさせる。

「私が会話でいちばんよく使う言葉は、『それについてもっと話して』でしょうね。ごく簡単な言葉です」とジヴェチは言う。

もちろん、提案やアドバイスをしていい場合もある。

ただし、ジヴェチが「思いやりの足場」と呼んでいるものをすでに築いていることが絶対条件だ。お互いに弱みを見せ、支え合い、信頼に裏打ちされた協力関係ができあがっているなら、提案が役に立つこともあるだろう。しかし、その足場がない状態でむやみに提案すると、会話は崩壊することになる。

率直な意見交換のできる場を確立する

ＡＡＲは軍で生まれた習慣だが、他の分野でも十分に活用できる。ＡＡＲは基本的に、次の５つの質問で構成されている。

1　私たちが当初目指していた結果は何か？
2　実際の結果はどうだったか？
3　その結果になった原因は何か？
4　次もくり返す行動は何か？
5　次は変えたほうがいい行動は何か？

これは事後の話し合いだが、事前の話し合いを行うチームもある。そのような話し合いも、基本的に同じような質問で構成されている。

1　私たちはどのような結果を目指しているか？
2　どんな困難が待ち受けていると予想できるか？
3　過去の同じような状況で、自分たちや他の人たちは何を学んだか？
4　今回の挑戦で私たちが成功するにはどうすればいいか？

ＡＡＲを行うときは、シールズのやり方のとおり、リーダー役を決めないほうがいいだろう。そうすれば、誰もが率直に、正直に発言することができる。

また、ＡＡＲで出た意見は書きとめておき、チーム内で共有するといい。特に4の「次もくり返す行動は何か？」と、5の「次は変えたほうがいい行動は何か？」の答えは役に立つ。

そもそもＡＡＲの目的は、「何が起こったか」を明らかにすることだけではなく、将来の問題に向けて、チーム内の意思の統一を図ることでもある。

一方、ピクサーが生んだブレイントラストは、プロジェクトごとに行われるミーティングだ。特徴は、そのプロジェクトにかかわっていないプロに参加してもらい、客観的な立場で良いところと悪いところを率直に指摘してもらうこと。

ブレイントラストのいちばん大切なルールは、提案をしてはいけないということだ。参加者の役割は問題を指摘することだけだ。これでプロジェクト・リーダーの権限が守られ、ただ命令に従うだけという態度を避けることができる。

軍隊から生まれたミーティングには、他にも「レッドチーム演習」と呼ばれるものがある。これは戦略会議の一種で、敵を想定した「レッドチーム」をつくり、現在の戦略にさまざまな攻撃を加えてもらうことで、問題を洗い出すことが目的だ。

ここでのカギは、現在の戦略とは関係のない人を集めてレッドチームをつくること。そうすれば、自由な発想で戦略の立案者が予想していなかった攻撃を思いつくことができる。

AAR、ブレイントラスト、レッドチーム演習に共通するのは、「弱さをさらけ出すことで問題点を洗い出し、よりよい結果につなげる」という構造だ。

率直な意見と個人攻撃は違う

正直なフィードバックを与えるのは簡単な仕事ではない。少しでもやり方を間違えると、相手を傷つけ、やる気を奪ってしまう。そのためピクサーは、「率直さを目指し、残酷さを避ける」という基準を設けている。

フィードバックを与えるときは、問題点だけを具体的に指摘し、相手の性格や人間性にまで話を広げないこと。そうすれば、言われたほうも「安心と帰属意識」を失わずにすむ。

気まずい瞬間を大切にする

弱さを見せる習慣を確立するうえで、大きな障害が2つある。それは、感情が傷つくことと、自信を失うことだ。AARやブレイントラストを行うと、すでに起こったことを徹底的に検証し、見たくない現実とも向き合わざるをえなくなる。

しかし、前にもいったように、これは筋トレと同じだ。痛みは問題ではなく、さらに強い筋肉をつくる基礎になる。

協力関係を強調する言葉を選ぶ

たとえば海軍のパイロットは、空母に戻ることを「着艦する」とはいわず、「回収される」と表現する。また、IDEOに「プロジェクト・マネジャー」は存在しない。代わりに「デザイン・コミュニティ・リーダー」が存在する。ピクサーのブレイントラストでは、「欠点を指摘する」ではなく、「解決策をプラス」するという表現を使う。

ささいな違いだと思うかもしれないが、言葉に気をつかうことには大きな意味がある。何度もくり返すことで、「信頼と協力」という価値観が、チームのアイデンティティとして定着するからだ。

仕事の評価と能力開発を明確に区別する

評価と教育はまとめて考えられがちだが、実際は明確に区別したほうがそれぞれの効果が高まる。仕事の評価は、厳しいことも言わなければならないので気まずい雰囲気になる可能性が高く、最終的にはサラリーの話に直結する。

一方で能力開発に関する会話は、相手の長所を見つけて伸ばす方法や、さらに成長できる分野はどこかという話になる。

この2つをごっちゃにすると、論点があいまいになってしまうだろう。

「フラッシュ・メンタリング」を活用する

フラッシュ・メンタリングは、協力的なチームをつくるもっとも有効な方法の1つだ。基本的には従来のメンタリングと同じであり、自分にとってのメンターを決めて、その人に指導を仰いだり、その人のまねをしたりする。

違いはメンタリングを受ける長さだ。数カ月や数年という単位ではなく、フラッシュ・メンタリングは数時間単位になる。その短い時間で、チーム内の壁をなくし、絆を築き、協力的な態度を促進する。

ときどきリーダーが姿を消す

成功しているチームのリーダーは、大事なときに姿を消すことがたまにある。

たとえばグレッグ・ポポヴィッチは、このテクニックの達人だ。NBAのチームのほとんどは、タイムアウト中の行動があらかじめ決まっている。たいていは、まずコーチ陣が集まって戦略を確認し、次にそれを選手に伝える。

しかしスパーズの場合、月に1回ほどのペースで、タイムアウトを取っても選手に何も指示を出さないことがある。選手たちはベンチでポポヴィッチが来るのを待っているが、しばらくしてこれは来ないつもりだと気づいたら、自分たちだけで話し合って戦略を決める。

一方、ニュージーランド代表ラグビーチームのオールブラックスにもこの習慣がある。週に何度か、コーチ陣の指導を受けないで、選手だけで練習を行うのだ。

さらに、デイヴ・クーパーの取材中に、シールズで最高ランクのチームの特徴を1つあげてほしいと質問したところ、こんな答えが返ってきた。

「それは私の介入をほとんど必要としないチームだ。自主的に訓練するチームが特に優秀だね。私の前から姿を消し、ほとんど頼ってこない。彼らがやるべきことは、私よりも彼らのほうがずっとよくわかっている」

Skill 3

Establish Purpose

THE CULTURE CODE

スキル 3

共通の目標を持つ

第13章

チームの価値観と目標の共有

311語の言葉が持つ力

1975年のある日、ジョンソン・エンド・ジョンソン社長のジェームズ・バークは、35人の経営幹部を集めていつもと違うミーティングを開いた。

戦略の話も、マーケティングの話もしない。そもそもビジネスの話をするために集まったのではない。ミーティングの目的は、32年前から会社に伝わる「我が信条」という文章について話し合うことだ。

この信条は、1943年、ロバート・ウッド・ジョンソンという人物によって書かれた。ジョンソンは会社の元会長であり、創業家一族の1人だ。信条の冒頭部分を紹介しよう。

我々の第一の責任は、我々の製品およびサービスを使用してくれる医師、看護師、患者、そして母親、父親をはじめとする、すべての顧客に対するものであると確信する。顧客一人ひとりのニーズに応えるにあたり、我々の行うすべての活動は質的に高い水準のものでなければならない。適正な価格を維持するため、我々はつねに製品原価を引き下げる努力をしなければならない。顧客からの注文には、迅速、かつ正確に応えなければならない。我々の取引先には、適正な利益をあげる機会を提供しなければならない。

このような文章が、全部で4段落続く。会社と利害関係のあるすべての存在に言及し、優先順位をつけている。ジョンソン・エンド・ジョンソンにとって、いちばん大切なのは顧客であり、以下、従業員、地域社会、会社の株主と続く。

とても直接的で、厳格な文章で書かれている。旧約聖書を読んでいるような気分だ。ちなみに「しなければならない」という表現は、21回も登場する。この信条は、ジョンソン・エンド・ジョンソンのすべての事業所に掲示されていて、ニュージャージー州の本社には信条を刻んだ石碑も建っている。

しかしバークにとって気がかりだったのは、多くの社員が信条を重視していないことだ。そしてさらに大きな問題は、そもそも信条を重視すべきなのか、バーク自身もよくわかっていなかったことだ。

時代は変わった。だが、信条に反対するような運動が起こっていたわけではない。ただ、各地の職場を見て回るうちに、バークは社員が発する雰囲気を感じ取っていた。彼は後にこう語っている。

「若い社員の多くは、信条にほとんど関心を持っていないようだった。PR用のきれい事のように感じていた。社員を1つにまとめる文章ではなくなっていたんだ」

「我が信条」の存在意義

バークがあのミーティングを開いたのは、社内での信条の位置づけを決めるためだった。彼が議題を告げると、幹部の多くは反対した。信条は会社の基本であり、わざわざ疑問を持つのは時間の無駄でしかないと主張した。

取締役会長のディック・セラーズは、バークの提案を「くだらない」と一蹴している。セラーズはバークに、信条に疑問を持つのは、カトリック教会がローマ教皇に疑問を持つのと同じだと言った。

バーモント州の出身で、第二次世界大戦では上陸用舟艇の指揮官を務めたバークは、簡単には引き下がらなかった。「私は毎朝、ローマ教皇に疑問を持っている」と彼は言った。「教皇は頭がおかしいと思うときもあれば、私の信仰がおかしいのだと思うこともある。自分の核となる価値観であっても、ときには疑問を持つのは当然のことだ。わが社の信条もそれと同じだ。本当に価値があるのか、きちんと検証しなければならない」

ミーティングは広い会議室で行われた。幹部たちが席につくと、バークはその日の課題を説明した。

「あなたたちは、会社の魂である信条に疑問を持つことができる立場にある。この信条を守れないのなら、すべての額や石碑を撤廃すべきだろう。守れないものを掲げるのは、偽善でしかないからだ。信条の内容を変えるべきだというのなら、どう変えるか意見を出してもらいたい」

そうやって話し合いは始まった。あるマネジャーが発言した。「信条は絶対的な存在であるべきだ」

別のマネジャーが発言した。「私は、信条はきれい事だと思う。ビジネスである以上、利益を出さなければ話にならない」

また別のマネジャーが発言した。「しかしビジネスは利益だけではない。道義的、倫理的な正しさもビジネスの一部だ。つまり信条に従うことで社会のニーズに応え、人道を大切にするビジネスを行うべきではないだろうか？」

「チャーリー、それはみんなわかっている」と、髪をなでつけた男性が鋭い声で発言した。「問題は、信条はどこまで現実的かということだ。社会の要求はどこまでが適切なのか。ビジネスとの折り合いはどうつけるのか」

もうおわかりだろう。これはビジネス・ミーティングではない。むしろ大学の哲学の授業に近い。彼らはその日、朝から晩まで信条について話し合った。ビジネスとして利益を出すことと、倫理的であることにどう折り合いをつければいいのか。家に帰ってからも、夜遅くまで自分の考えを紙にまとめる者もいた。

そして長い話し合いの末、彼らはついに合意した。信条はこのまま変えず、新たな気持ちで守っていくことにしたのだ。

それから数年の間、バークは信条の話題を何度も持ち出した。全社規模で信条についての話し合いを行い、すべての社員に信条が持つ意味を考えてもらった。その結果、だんだんと変化が見えてきた。

信条に無関心だった社員たちも、新たな気持ちで信条を守る努力をするようになった。しかしもちろん、この種の心構えを数字で表すことはできない。本当に守っているかどうか、日常生活でわかることはめったにないだろう。

311語の信条が導く決断

そして7年後の1982年9月30日、日常生活がいきなり終わりを告げた。ジョンソン・エンド・ジョンソンの製品が原因で死者が出たのだ。

会社の看板商品であるタイレノールという鎮痛剤を飲んだ6人が亡くなった。現場となったシカゴはパニックに陥った。警察が街中をまわり、住民に警告を与えた。ボーイスカウトのメンバーが各家庭を訪ね、特にお年寄りに注意を促した。

翌日、7人目の犠牲者が見つかり、不安はさらに広がった。サンフランシスコ市は、タイレノールをトイレに流さないよう、住民に指示を出した。下水が汚染される恐れがあるからだ。一説によると、タイレノール汚染事件は、ケネディ大統領暗殺以来、もっとも広く報道されたニュースだという。

バークが電話で第一報を受け取ってからほんの数時間のうちに、ジョンソン・エンド・

ジョンソンは、薬を売る会社から、毒を売る会社になってしまった。そのころ本社には、ショックと、信じられないという気持ちが入り交じった空気が充満していた。

しかしジョンソン・エンド・ジョンソンにとって、それよりもさらに大きな問題は、会社にはこのような危機対応の手段がないということだ。広報を専門に行う部署もなければ、製品のリコールを行うシステムも確立していない。メディア対応のマニュアルも、リングノートに書かれたメモだけだった。

ジョンソン・エンド・ジョンソンの子会社で、タイレノールを製造したマクニール・プロダクツ会長のデイヴィッド・コリンズは言う。

「まるでペストの流行のようだった。いつ終わるのかまったく見当もつかない。唯一わかっているのは、私たちは何もわかっていないということだけだ」

本社の一室が、即席の対策本部になった。誰かが部屋にイーゼルを設置した。犠牲者、場所、製品のロットナンバー、購入店などの情報が入ると、イーゼルに置かれた紙に書き込み、それを壁に貼る。ほどなくして、部屋の壁は緊急の質問が書かれた紙でいっぱいになった。

しかし、その質問の答えは誰にもわからない。唯一確実だったのは、タイレノールは商品として終わったということだ。広告界の重鎮、ジェリー・デラ・フェミナは、「タイレノールという名前で製品を売ることは不可能だろう」と「ニューヨーク・タイムズ」紙に語った。

バークは7人のメンバーからなる危機対策の特別委員会をつくり、次々と襲ってくる難題と格闘した。警察とはどう連携すべきか？　消費者に何を話すか？

そしていちばんの難題は、残りのタイレノールだ。全米の店の棚にすでに並んでいるタイレノールは、いったいどうしたらいいのだろうか？

事件発生から4日後、バークと特別委員会のメンバーはワシントンへ飛んだ。FBI、アメリカ食品医薬品局（FDA）と対策を話し合うためだ。

FBIとFDAは、リコールはシカゴにとどめるべきだと主張した。シカゴ以外で、毒で汚染されたタイレノールは見つかっていなかったからだ。全国でリコールを行うと、消費者に不必要な恐怖を与え、さらに犯人をつけあがらせることにもなりかねない。

それに、FBIに言われるまでもなく、大規模なリコールは、ジョンソン・エンド・ジョンソンに巨額の損失を強いることになる。

バークと委員会のメンバーは、この問題について話し合った。そして、FBIとFDA

の助言に従わないという決断を下し、即座に全国でリコールを行うと発表した。すでに店頭に並んでいるタイレノール3100万錠をすべて回収する。会社の損失は1億ドル以上だ。この決断の理由を尋ねられたバークは、迷うことなく答えた。

「我々の第一の責任は、我々の製品およびサービスを使用してくれる医師、看護師、患者、そして母親、父親をはじめとする、すべての顧客に対するものであると確信する」

それからしばらくの間、ジョンソン・エンド・ジョンソンは一私企業の枠を超えて、公衆安全を司る組織のような存在になった。まず彼らは、外から毒物を混入できないようなパッケージを開発した。製品の交換、破棄、返金に応じるプログラムも始めた。

政府、警察、メディアとの連携も確立した。事件から4週間以内に、2000人以上の営業担当者が各地の医師や薬剤師を訪問し、疑問や懸念に耳を傾け、会社の方針を随時報告した。

バークは全国メディア各局に出演し、会社の弁護士を震え上がらせた。公に遺憾の意を表明し、安全を守るために会社として行う対策を約束したからだ。事件から6週間後、新しい安全なパッケージの製品が発売された。

そして、誰もが予想していなかったことが起こった。事件後はゼロまで落ち込んでいたタイレノールの市場シェアが、いつの間にか以前のレベルにまで戻り、さらに成長を続けていたのだ。

あるコメンテーターは、この出来事を「ラザロ（新約聖書に登場するイエスの友人。奇跡によって死から蘇る）以来の奇跡のカムバック」と評した。

そして年月をへて、タイレノールの一件は、企業の危機対策のお手本とされるようになった。バークは後に語っている。

「数え切れないほどの決断をその場で下さなければならなかった。何百人もの人が、何千もの決断をしていたんだ。今からふり返ると、私たちの決断に間違いはなかったことがわかる。本当に正しい決断ばかりだった。

おびただしい数の決断だが、基本的な考えはすべて同じだ。それは、まず国民の安全を第一に考えること。あのとき、もっとも大きな危険にさらされていたのは国民の命だからだ。当時、私たちの態度を決めたのは、わが社の信条だった。ジョンソン・エンド・ジョンソンの社員であれば、誰もが信条の精神を熟知していた。（中略）だから、あのときやるべきことを正しく判断することができたのだ」

外から見れば、タイレノールの事件は、危機に直面した大企業が、最後までまったくぶれない姿勢で立派な対応をしたという物語だ。しかし組織の内側に目を向けると、興味深い事実が浮かび上がる。

ジョンソン・エンド・ジョンソンの立派な対応は、1枚の紙に書かれた文章から生まれたのだ。311語からなる「我が信条」が、あの前代未聞の危機のなかで、全社員のすべての決断を導いていた。

ここで私たちが知りたいのは、「あの平凡で、短い文章のどこに、全組織の態度を変えるような力があったのか？」ということだ。

目的意識の高い環境

本書はここまで、「安全」と「弱さ」に注目してきた。「ここは安全だ」「私たちはリスクを共有している」というシグナルを送ることで、それがどんなに小さなシグナルであっても、人々が結びつき、1つのチームとして活動するようになる。

しかしここからは、チームのしくみではなく、もっと大きなことに目を向けていこう。そもそも私たちは、チームとして何を目指しているのだろうか？

成功しているチームを取材していてわかったのは、どのチームも共通の価値観や目的がはっきりしているということだ。たしかにどんなチームも、部屋の飾りなどで価値観を表現することはある。しかし成功しているチームは、並外れてそれを徹底しているのだ。

バージニア州ダムネックのネイビーシールズ本部を訪れると、世界貿易センター爆破事件でねじ曲がったビルの梁《はり》、ソマリアのモガディシュから持ち帰った国旗など、犠牲になった隊員を思い出させるものがたくさん展示してある。まるで戦争博物館のようだ。

またピクサーの本社も、まるで映画の世界そのものだ。レゴでつくった大きなウッディとバズが訪問者を迎える。さらに入り口の外には、高さ6メートルもある、ピクサーのトレードマークであるデスクランプが置いてある。

アップライト・シチズンズ・ブリゲードも（その地下の劇場は、劇場というよりも栄誉の殿堂だ）、劇場の壁には、ハロルド・チームの写真がびっしりと貼られている。多くのコメディアンが、ハロルドから出発して有名になっていった。どの写真にも、知っている顔を1つは見つけることができるだろう。

成功したチャータースクールのＫＩＰＰでは、教室の飾りつけで、先生がどこの大学を出たかが一目でわかるようになっている。生徒たちを刺激し、「大学へ行く」という目標を持たせるためだ。そしてトイレの鏡を見ると、「きみはどの大学へ行くのか？」という言葉が目に入るようになっている。

彼らのこだわりは、部屋の装飾にとどまらない。成功したチームと一緒に行動していると、同じキャッチフレーズやモットーを何度も耳にする。それも、メンバーにとっては当たり前すぎて、わざわざ言う必要もないだろうと思われるような言葉ばかりだ。

たとえばピクサーなら、「テクノロジーがアートを刺激し、アートがテクノロジーを刺激する」という言葉をよく聞く。シールズでは「撃つ、動く、コミュニケーション」、そしてKIPPでは「勉強を頑張り、友だちに優しくする」だ。

彼らはみな、自分たちの価値観や目標を、しっかりと胸に刻み込んでいるはずだ。それでもまだ、自分たちの物語を語ることにかなりの時間を割いている。

自分たちが何者であるかを言葉で表現し、その言葉を無限にくり返す。

なぜ彼らは、そんなことをするのだろうか？

その答えを知るヒントは、ホシムクドリというありふれた小さな鳥にあるかもしれない。

ホシムクドリは、大きな群れになって飛ぶことがある。ときに鷹のような外敵に襲われると、その群れに不思議なことが起こる。

それは「マーミュレーション」と呼ばれる現象で、群れ全体が大きな生き物のように、さまざまに形を変えながら、縦横無尽に空を舞うのだ。まるで映画『ハリー・ポッター』の特殊効果を見ているような気分になる。

鷹が一羽のホシムクドリを襲おうとすると、何千羽もの群れがそれに気づき、群れが一体となって危険から逃れようとする。

なぜホシムクドリは、あんなすごいことができるのだろうか？

かつては科学者たちの間でも、ホシムクドリには一種の超能力があると考えられていた。あるイギリスの科学者はそれを「テレパシー」と呼び、別の科学者は「生物無線」と呼んだ。２００７年、ローマ大学の理論物理学者のチームが、その秘密をついに解き明かした。ホシムクドリは、つねに小さなシグナルを送り合うことで、あの見事なチームワークを達成しているのだ。

基本的に、1羽のホシムクドリは、近くにいる6羽から7羽の動きを感知できる。彼らはお互いに、方向、速さ、加速、距離などの情報を送り合っている。その情報交換が群れ全体に広がると、あのような見事な動きにつながるのだ。

超能力も魔法も関係ない。ただ、周りが出すシグナルを敏感に受け取っていただけだ。

この発見から、成功したチームの秘密も解明できるかもしれない。彼らもホシムクドリと同じように、周りから送られてくる小さなシグナルをつねに感じ取っている。つまり、部屋の装飾や、くり返されるキャッチフレーズやモットーがシグナルの役割を果たし、チーム全体が確固とした目的意識を共有するようになったのだ。

目的意識を高める方法は、魔法でもなければ、神秘の技でもない。誰でも覚えられる簡単な標語をつくり、それを延々とくり返しているだけだ。その結果、いわゆる「目的意識の高い環境」がつくられる。

現実と理想をつなぐ物語

目的意識の高い環境には、現在の状況と理想の未来を結ぶ、小さなシグナルがたくさん存在する。メンバーはそのシグナルを受け取って、自分が今いる場所を確認し、これから目指す場所を知ることになる。

おもしろいのは、私たち人間は、このパターンのシグナルに対して極度に敏感だということだ。それは科学的にも証明されている。

今から数年前、ガブリエル・エッティンゲンという心理学教授が、おそらくもっとも原始的だと思われる心理学の実験を行った。簡単な実験なので、誰でも今すぐ行うことができる。手順を説明しよう。

ステップ1……現実的な目標を設定する

目標は何でもかまわない。あるスポーツができるようになることでも、人間関係を再構築することでも、何キロか痩せることでも、新しい仕事を見つけることでもいい。

次に、数分かけて、その目標が実現した未来を想像する。

想像できただろうか？

ステップ2……現状と目標の間にある障害を思い浮かべる

できるだけ具体的に、詳しく想像すること。極度に悲観的になる必要はないが、現実的になる必要はある。たとえば、ダイエットを目標にしたなら、焼きたてのクッキーの匂いを嗅ぎ、つい1枚（または3枚）食べてしまうというのが、現実的に考えられる障害になるだろう。

これだけだ。この目標達成のメリットと障害を想像するテクニックは、「心理対比」と呼ばれている。

これは科学というよりも、深夜の通販番組で言っていそうな内容に近いと思うかもしれない。それでもエッティンゲンの実験によると、この方法は効果がある。モチベーションが高まり、行動や態度も実際に変わるというのだ。

たとえば、統一テストに向けて勉強している中学生を対象にした研究では、心理対比を行った生徒は、行わなかった生徒に比べ、練習問題を解く量が60パーセント多かった。またダイエット中の人を対象にした研究でも、心理対比を行った人は、行わなかった人に比べ、摂取カロリー量がかなり少なく、体をよく動かし、減った体重の量も多かった。

心理対比は、見知らぬ他人とのポジティブな交流や、取引の交渉、人前でのスピーチ、時間管理などの能力を向上させる力もある。エッティンゲンはこう書いている。

「理想の未来と、ネガティブな現実を詳細に思い描くと、心理的にはどちらの状態にも同時にアクセスすることができる。その結果、理想の未来が実現するのを妨げるものの正体も、はっきり見ることができるのだ」

エッティンゲンの実験によって、モチベーションに対する従来の考え方が覆された。これまでモチベーションは、個人の資質によるところが大きいと考えられていた。やる気がある人はあり、ない人はない、ということだ。それと呼応して、モチベーションとは、欲求や気持ちの問題だとも考えられていた。

しかしエッティンゲンの実験を見ると、モチベーションは個人の資質ではなく、2つの対象に注意を向けるというプロセスの結果だとわかる。

「ここが自分の今いる場所、そしてここが行きたい場所」というわけだ。

この「理想の未来」は、目標や態度に置き換えることもできるだろう（「我々は顧客の安全を第一に考える」、「撃つ、動く、コミュニケーション」）。大切なのは、現実と理想をしっかりとつないでおくことだ。理想を物語にして、何度も語ることだ。

私たちは、「物語」という言葉を安易に使っている。物語と現実は違うものであり、つらい現実をたとえ一瞬でも忘れるために、物語が存在すると考えている。

しかし実際のところ、人間の脳はそのようには働かない。物語は現実を覆い隠すのではなく、現実を創造するのだ。物語に触発されてモチベーションが生まれ、それが行動を引き起こし、やがて理想が実現することになる。

この現象は、脳スキャンを使って科学的に証明することができる。人間の脳は、事実を聞くと、いくつかのバラバラな部位が発光し、言葉と意味を解釈する。しかし物語を聞くときの脳は、まるで夜のラスベガスのように明るくなる。

原因、結果、意味の流れをたどり、脳全体が反応しているからだ。物語は、単なる物語ではない。モチベーションを高めたいのなら、物語は最高のツールになる。

タイレノール事件の直後、ジョンソン・エンド・ジョンソンの幹部が直面した状況を想像してみよう。当局のアドバイスに反し、1億ドルの支出を決めるのは簡単なことではない。株主や取締役会にその決断を説明し、理解を求めるのも、並大抵のことではないだろう。また何千人もいる社員に、なじみのない仕事をするよう説得するのも簡単ではない。おそらく関係者はもがき苦しんだはずだ。

しかしバーク本人は、そうは感じていない。むしろ迷いはまったくなかったという。「あの対応では、たしかに賞賛の言葉をたくさんいただいた」とバークは言う。「しかし、実際のところ私の仕事はごく簡単だった。(中略)というよりも、むしろあれ以外の選択肢がなかったといえるだろう。全世界のジョンソン・エンド・ジョンソンで働く社員たちが、タイレノールが毒物に汚染されるという事件を目撃していた。(中略)私たちがあれ以外の対応をしていたら、彼らはどんな気持ちになっただろう。つまり、会社の魂が、私たちの行動を見つめていたのだ」

言い換えると、バークと彼のチームは、群れで飛行するホシムクドリのように行動していたということだ。ホシムクドリと同じように、彼らもまた、群れの仲間から送られてくるシグナルを感知して行動を決めていた。この場合のシグナルは、「我が信条」だ。「我々の第一の責任は、我々の製品およびサービスを使用してくれる医師、看護師、患者、そして母親、父親をはじめとする、すべての顧客に対するものであると確信する」だ。

傍《はた》から見れば難しい決断かもしれないが、彼らにとってはごくシンプルな決断だったのだ。信条の価値観が骨まで浸透していたために、ほぼ反射的に決断することができた。

人は物語に良くも悪くも影響される

物語がチームの行動に与える影響を理解するのは難しい。その理由の一部は、物語だけを切り離すのがほぼ不可能だからだ。物語は空気のような存在だ。いたるところに存在し、それと同時にどこにも存在しない。こんなにとらえどころのないものなのだから、影響力を計測することなどできないのではないだろうか。

しかしありがたいことに、1965年、ハーバード大学心理学教授のロバート・ローゼンタールがある方法を発見した。

ローゼンタールはカリフォルニア州の公立小学校と協力して、「ハーバード式突発性学習能力予測テスト」という学力テストを実施した。このテストの成績によって、児童の将来の学業成績が正確に予測できるとされている。

そしてテストの数週間後、教師たちは、「勉強ができる子になる可能性が高い」と判断された児童の名前のリストを受け取る。その数は全児童の20パーセントほどだ。

教師たちが受けた説明によると、その子たちは「特別」であり、たとえ今は勉強ができなくても、「知性の発達において並外れた潜在能力を持っている」とのことだ（ちなみに児童本人は、テストの結果を知らされていない）。

その翌年、ローゼンタールは、「能力が高い」と判定された児童の追跡調査を行った。するとテストが予言した通り、彼らの成績は大幅に向上していた。

たとえば1年生の児童では、特別と評価された子の知能指数は27ポイントも上昇している（それ以外の児童は12ポイントの上昇だ）。そして2年生では、特別な児童が17ポイント、それ以外が7ポイントの上昇だった。

それに加えて、特別な子たちは数字に表れない面でも、能力の高さをうかがわせた。教師によると、彼らは好奇心が旺盛で、幸福感が高く、社会によく適応し、成功した大人になる可能性が高いという。さらには、特別な子を教えた教師たちは、教師人生でいちばん教えるのが楽しい1年だったと言っている。

しかし、この実験には裏があった。「ハーバード式突発性学習能力予測テスト」は、まったく無意味なテストだったのだ。この実験の本当の被験者は、テストを受けた小学生ではない。ローゼンタールが知りたかったのは、教師と児童の関係に影響を与える「物語」の力だ。「この子たちの能力は平凡です」という物語を、「この子たちは特別です。将来の成功が約束されています」という物語に置き換えただけで、教師の態度に変化が起こり、それが児童に送られるさまざまな小さなシグナルとなって、結果的に児童の成績も上がったのだ。

物語がウソか本当かということは関係ない。「知性の発達において並外れた潜在能力を持っている」という物語が、教師のモチベーション、態度、気づきに変化を与えた。

ローゼンタールは、この変化を次の4つのカテゴリーに分類している。

1　温かさ（教師はより優しく、ていねいに指導するようになる）
2　インプット（児童の学習効果を高めるために、より多くのことを教えるようになる）
3　応答機会（教師は児童により目をかけ、よく話を聞くようになる）

4　フィードバック（特に児童が間違えたときに、フィードバックの量が増える）

これらの変化で興味深いのは、どれもごく小さな態度の変化であるということだ。それが1年の間、何度もくり返されてきた。「特別」とされた児童と接する機会があるたびに、教師の脳内では、現在と未来をつなぐ回路が活発になる。

児童が特に優秀と思えないような言動をとっても、教師は好意的に解釈する。児童が間違えても、教師は教え方の問題だったと考え、ていねいなフィードバックを与える。

それらの態度は、個別に見れば大きな意味を持たないかもしれない。しかし何度もくり返されると、それが好循環となり、子供も自分の「限界」を超える能力を発揮することができる。

物語で高まるモチベーション

この好循環を生み出す方法は他にもある。それがよくわかるのが、たとえば第6章にも登場したアダム・グラントが行った実験だ。

グラントは、ペンシルベニア大学ウォートン校で組織心理学を教えており、作家でもある。今から数年前、グラントはミシガン大学から依頼を受けて、大学のコールセンターのパフォーマンス改善に取り組むことになった。

コールセンターの仕事は、卒業生に電話をかけて寄付を募ることだ。仕事は基本的に、同じことのくり返しだ。そして寄付を断られる率は、93パーセントで一定している。大学は、賞品やコンテストなどのインセンティブを用意してパフォーマンスの改善を試みたが、どれもうまくいかなかった。

コールセンターで集めた寄付金の一部は、学生の奨学金に使われている。そこでグラントは考えた。コールセンターの職員が、寄付金が実際にどう使われているか知っていたら、もっと本気で寄付を募ろうと思うのではないだろうか？

グラントは奨学金を受け取った学生の1人と連絡を取り、奨学金への感謝の気持ちを手紙にしてもらいたいと依頼した。手紙の一部を引用しよう。

大学進学について調べていたときに、州外の大学に通うのはとてもお金がかかることを知りました。でもこの大学は、私のルーツでもあるのです。祖父母はこの大学で出会いました。父と、父の4人の兄弟も、この大学の出身です。それに私の弟も、この大学と深いかかわりがあります。この大学のバスケットボール部がNCAAチャンピオンになった夜、弟はこの世に生を享《う》けました。この大学に入ることは、ずっと昔からの夢でした。だから奨学金を受け取ることができたときは、天にも昇る気持ちでした。この大学で、学生生活のすべてを体験したいと思います。奨学金のおかげで、私の人生は多くの面で向上しました。

この学生の名前はウィルだ。グラントはウィルの手紙をコールセンターの職員にも読んでもらった。すると職員のモチベーションはすぐに上がり、寄付額も増加した。

グラントは次の手を打った。ただ職員に手紙を読んでもらうだけでなく、奨学金を受け取った学生たちを、コールセンターに招待したのだ。訪問は5分ほどだった。大がかりなことも特にない。学生たちはただ、ウィルと同じように自分の話をしただけだ。

自分はこういう人間で、そして奨学金のおかげでこんな学生生活を送っている。

1カ月後、職員が電話をかける時間が142パーセント増加した。週ごとの収入は172パーセントの増加だ。インセンティブはまったく変わっていない。仕事の内容も前と同じだ。

唯一変わったのは、職員が「働く意味」という明確なメッセージを受け取ったことだ。それがここまで大きな変化につながった。

ローゼンタールとグラントの実験は、ジョンソン・エンド・ジョンソンが「我が信条」の価値を再確認したのと基本的には同じだ。彼らは、目的意識の高い環境をつくりだした。たくさんのシグナルを送り、現在の努力と理想の未来の橋渡しをした。そして1つの物語をくり返し語ることで、メンバーのモチベーションを高めた。

物語はたとえるなら、磁北《じほく》（磁石が指す北）と同じだ。道に迷っても、コンパスで磁北の方向を確認すれば、また正しい道に戻ることができる。

次の章では、実例をあげて、目的意識の高い環境について見ていこう。紹介するのは、意外な場所で生まれた2つのチームだ。1つはもっとも危険なフーリガン、もう1つは革新的な手術法を実践する外科医のチームが登場する。

第14章

目的意識の高いチーム

フーリガンの制圧と外科医の学習

ポルトガルは前代未聞の危機に直面していた。

ヨーロッパでは、4年ごとにサッカーのヨーロッパ選手権が開催されている。これはかなり大規模なスポーツイベントであり、サッカーの大会としてはワールドカップに次ぐ存在だ。

2004年のヨーロッパ選手権は、ポルトガルで開催されることになっていた。何十万人ものサッカーファンが、この陽光あふれる小さな国にどっと押し寄せてくるだろう。ポルトガルにとって、これは大きなチャンスだ。

しかし、頭の痛い問題が1つある。その問題とは、何十年にもわたってヨーロッパのサッカーに影を落としてきた、イングランドのフーリガンだ。

ポルトガル政府は、フーリガンの恐ろしさを十分に知っていた。前回のベルギー大会が教訓になったからだ。

フーリガンを手なずける

ベルギー警察は、フーリガンに備えて念入りに対策を立てていた。大金をかけて警備にあたる警官を訓練し、暴動に備えて最新の装備もそろえた。

各所に監視カメラを設置し、情報システムも整えた。イギリス政府と緊密に連携し、特に危険なフーリガンを選別すると、ベルギーへの入国を禁じる措置をとった。つまり、どこから見ても準備は万全だったということだ。

しかし、せっかくの対策も、すべて無駄に終わった。どうやらイングランドのフーリガンは、自国の代表チームに歴史的に欠けているある資質に恵まれていたようだ。彼らは固い団結力をもって、大挙してベルギーに押し寄せた。

何千人ものイングランドのフーリガンが街にくり出し、店のウィンドーを割り、通りがかりの人を殴り、警棒や放水ホース、催涙ガスで武装した警備隊と衝突した。大会が終わるまでに、1000人以上のイングランド・サポーターが逮捕された。

運営側は、イングランドのチームを大会から追放することも考えた。識者の中には、大規模な国際大会はもう時代に合わないのではないかと発言する者もいた。たいていの社会学者は、これは理論的にも歴史的にも避けられなかった事態だと言うだろう。イギリスの労働者階級が社会への不満を募らせ、それが過度な攻撃性となって現れたのがフーリガンだからだ。これはイギリス特有の病気であり、数十年にもわたる経験から、この病気は治らないとされている。できるのは、症状をコントロールすることだけだ。

2004年の大会が近づくにつれ、暴動は避けられないという空気が充満していった。あるイギリス人ライターが言っていたように、陽光あふれるポルトガルは、「Dデイ以来最大のイギリスによる侵攻」にさらされようとしていた。

ポルトガル政府はフーリガンの侵攻に備え、放水砲、警棒、催涙スプレー、警察犬などの暴動対策に2100万ドルを費やした。またそれ以外にも、従来にはない斬新なアプローチも試してみることにした。

そのカギを握る存在が、リヴァプール大学の無名の社会心理学者、クリフォード・ストットだ。ストットの専門は群衆による暴力行為だ。1992年のロサンゼルス暴動、

1990年にイギリスで起きた人頭税に反対する暴動などを研究している。

2004年のヨーロッパ選手権が近づくと、ストットは暴動に関する新しい理論に取り組むようになった。彼が重視したのは、これまでの暴動の歴史ではなく、社会が送り出すシグナルだ。つまり、警察が人々に向けて送り出すシグナルを変えれば、暴動を予防できるのではないかと考えたのである。

彼の考えでは、機動隊や装甲車の存在が刺激になり、フーリガン的な行動が誘発される。それらの刺激が存在しなければ、暴動は起こらなかったかもしれない（彼の調査によると、サッカーに関連する暴力で逮捕された人の95パーセントは、それまで暴動とは無縁の人だった）。

小さなシグナルを送り続ける

暴動を取り締まるカギは、暴動を取り締まらないことである。

これが、ストットが提唱した新しい理論だ。

ストットはこの理論を実践し、それなりの成果を上げていた。そこでポルトガル当局は、藁にもすがる思いで、ストットの理論に賭けてみることにした。だが、いちばん驚いたのはストット本人だった。サッカーのヨーロッパ選手権という大舞台で、壮大な実験をすることになったのだ。

世界でもっとも凶悪なイングランドのフーリガンは、「社会のシグナル」によってコントロールすることができるのだろうか?

ストットがまず行ったのは、ポルトガル警察の訓練だ。第一のルールは、暴動鎮圧用の装備を一切使わないこと。ヘルメット、盾、警棒、装甲車といったものは、すべて市民の目につかないようにする。

次にストットは、治安維持を担当する特別部隊を編成した。彼らは従来の黄色の制服ではなく、ライトブルーのベストを着用する。彼らが選ばれた基準は、暴動鎮圧の能力ではなく、社交スキルだ。親しみやすく、ユーモアのセンスがある人が集められている。

ストットは彼らに、出場チームやファンについて勉強させた。コーチの経歴、チームごとの戦略、選手のゴシップなどを知り、ファンとちょっとしたサッカー談義ができるようになるためだ。ストットは言う。

「人間スキルの高さを基準に人選した。誰とでもすぐに打ち解けて、肩を組んでおしゃべりができるような人を集めたんだ」

ストットにとっていちばん難しかったのは、警察官の意識を変えることだ。イングランドのフーリガンは、公共の場所でサッカーボールを蹴って遊ぶ習性がある。そして彼らが高く蹴り上げたボールが、通行人の頭や、近くのカフェのテーブルに落ちてくる。そこから小競り合いが始まり、やがて暴動に発展するのだ。

通常であれば、公共の場所でボールを蹴っている人がいたら警官がすぐに介入し、ボールは没収されることになる。しかしストットは、ポルトガルの警官にもっと難しいことをやらせようとしていた。フーリガンの蹴ったボールが自分の足元に来るまでは、好きなようにやらせておくのだ。警官が没収できるのは、自分の足元に来たボールだけだ。

ストットは言う。

「どちらにも同じルールを適用する。警察だからといって、有無を言わさずボールを取り上げることはできない。そもそもそういった力の不均衡が問題を生んでいるんだ。自分の足元に来たボールだけを確保していれば、理不尽だと怒るファンもいないだろう」

ポルトガル警察の中には、ストットのアイデアに納得できない人もいた。装備もつけずに暴力的なフーリガンを取り締まるのは不可能だという訴えもあった。

大会本番が近づくと、イギリスのメディアは、ストットの作戦に「ハグ・ア・サグ（暴漢を抱きしめる)」という名前をつけた。スポーツ界も、科学界も、不安な気持ちでこの実験の結果を見守っていた。

しかし、実験は成功だった。3週間にわたる大会期間中、100万人以上のファンがポルトガルを訪れたが、ストットの方針が採用された地域では、逮捕されたイギリス人のファンはたった1人だけだった。

群衆と警官のやりとりを分析した結果、数千回のやりとりのうち、問題があると判断されたのはわずか0・4パーセントだった。暴力事案が起こったのは、警察がヘルメットと盾という従来の装備で警備していた地域だけだ。

ポルトガルの成功以来、ストット方式は、大規模な国際スポーツ大会における基準になっていった。これがうまくいく理由の1つは、一貫してメッセージを送り続けることで、目的意識の高い環境をつくりだしていることにある。

警官がファンとおしゃべりするたびに、警官が装備をつけていないことにファンは気づく。これは、「私たちは一緒に楽しむためにここにいる」という、警官からのメッセージだ。ファンがボールを蹴っても介入しない警官を見るたびに、メッセージはさらに強化される。

警官が出す小さなシグナルは、個別に見れば大きな意味を持たない。しかしそれがたくさん集まると、1つの新しい物語になる。

大会の中ごろに、元気のよすぎるイギリス人ファンが、従来の黄色のベストを着た警官とひと悶着起こす騒ぎがあった。警官が落ち着かせようとすると、ファンが抵抗したので、警官は思わず乱暴にファンをつかんでしまった。

その場の空気が一気に緊張した。怒鳴り声があがり、小競り合いが始まった。まさにストットが恐れていた状況だ。たった1回、過度に力を使ってしまったために、暴動が一気に広まるかもしれない。

しかし、そうはならなかった。その場にいたファンが、ブルーのベストを着た警官を見つけると、助けを求めたのだ。ストットは当時を回想する。

「ファンがブルーベストの警官に向かって、『こっちで警官が問題を起こしているから、ちょっと来て助けてよ！』と呼びかけたんだ。

役割の逆転だね。むしろファンのほうが警官を取り締まっていた。ファンとブルーベストの警官の間には、絆が生まれていた。ファンは彼らのことを、自分たちの代弁者だとみなしていたんだ」

もっとも速く学ぶ医師たち

チームの能力を測る基準に、学習の速さがある。つまり、チーム全体が新しいスキルを獲得する速さのことだ。

1998年、第1章に登場したエイミー・エドモンドソン率いるハーバード大学の研究チームが、チームの学習の速さに関する実験を行った。対象になったのは16の外科医のチームで、低侵襲《ていしんしゅう》心臓手術（MICS）という、心臓に負担の少ない新しい手術法を習得する速さを計測する。従来のように肋骨を切断するのではなく、胸に開けた小さな穴から冠動脈バイパスと弁の修復をするという難しい手術だ。

16チームはみな、まったく同じ3日間の訓練を受ける。そしてそれぞれの病院に戻り、実際にMICSを行う。この実験で知りたいのは、どのチームがこの技術をいちばん速く、かつ効果的に習得するかということだ。

当初の本命はチェルシー病院のチームだった。[※22] チェルシーは大都市圏にある一流の大学病院だ。心臓外科医チームを率いるC医師は全国的に有名な名医で、MICSの開発にも携わっている。それに実験の時点で、すでに60回以上のMICSを経験していた。

さらにチェルシー病院には、新しい技術を積極的に取り入れるという伝統もある。その証拠に、今回の訓練には該当するチームだけでなく、他の医科のトップも送り込んできた。チェルシーと正反対に位置するのが、マウンテン・メディカル・センターのチームだ。ここは田舎の小さな病院で、大学病院でもない。リーダーのM医師はまだ若く、MICSは未経験だった。メンバーもそれは同じだ。

どちらが勝つか予想するとしたら、チェルシー病院を選ぶのが賢明な判断だろう。より専門性が高く、より経験があり、組織のサポートも期待できるからだ。

しかしふたを開けてみると、勝ったのはチェルシーではなかった。彼らは学習が遅く、スキルの向上（1回のMICSを成功させるまでの時間で計測する）も、10回目の手術で停滞してしまった。

それに加えて、チェルシーのメンバーは幸福度も低い。実験後のインタビューで、メンバーは口々に不満を表明した。半年後にチームのランク付けを行ったところ、チェルシーは16チーム中10位に沈んだ。

一方でマウンテン・メディカルのチームは、技術を速く身につけ、習熟度も高かった。わずか5回目の手術で、すでにチェルシーの記録を抜いたほどだ。20回目の手術を行うころになると、マウンテン・メディカルのチームは、チェルシーより1時間も早く手術を終えられるようになっていた。

さらに重要なのは、メンバー全員が技術を向上させ、仕事への満足度も高かったということだ。半年後、マウンテン・メディカルは16チーム中2位になっていた。

ここまで対照的な結果になったのは、チェルシーとマウンテン・メディカルだけではなかった。結果をグラフにすると、16のチームは2つのグループに分かれたのだ。

簡単にいえば、優秀なチームとそうでないチームが、見事にはっきりと分かれている。マウンテン・メディカルのようになるか、そうでなければチェルシーのようになる。なぜそのような結果になったのだろうか？

エドモンドソンによると、答えはメンバー同士で送り合うシグナルにある。このシグナルは、大きく5つのタイプに分けられる。

1　考え方

上位チームは、MICSを学習の機会ととらえ、MICSに習熟することは患者と病院の双方にとって利益になると考えている。下位チームは、MICSはこれまでの仕事の延長だと考えている。

2 役割

上位チームは、リーダーが技術習得の重要性をきちんとメンバーに説明している。個人のスキルだけでなくチーム全体のスキルを伸ばすことの重要性、チームワークの重要性を、チーム全体が理解している。下位チームは違う。

3 リハーサル

上位チームは綿密なリハーサルを行う。細部まで準備し、新しい手順を説明し、コミュニケーションの重要性を確認する。下位チームは最小限の準備しかしない。

4 メンバーの発言権

上位チームはすべてのメンバーに発言権があり、何か問題に気づいたら発言するようにリーダーから言われている。積極的にフィードバックを与えることで、つねにコーチングを行っている。下位チームのリーダーはコーチングをほとんど行わない。そのためメンバーも発言するのをためらう。

5　活発な反省会

上位チームは、手術が終わると反省会を行い、問題点を洗い出し、将来の改善点を探る。たとえばマウンテン・メディカルのリーダーは、ヘッドカメラを装着して手術を撮影し、その映像を見ながら反省会を行った。下位チームは、この種の話し合いをほぼ行わない。

ここで気づいてもらいたいのは、「経験」「医師のステータス」「組織のサポート」といった項目がリストに入っていないことだ。

これらは一見すると重要そうな項目だが、実際はメンバー同士が送り合う小さなシグナルのほうが、はるかに大きな役割を果たしている。

メンバーはこれらのシグナルを通じて、チームが目指す大きな目標を確認している。シグナルは病院に関することかもしれないし（ＭＩＣＳは重要な学習の機会だ）、患者に関することかもしれないし（ＭＩＣＳは患者の利益になる）、チームのメンバーに関することかもしれない（あなたには役割があり、チームと未来を共有している）。リハーサルや話し合いの大切さを伝えるシグナルもあるだろう。

しかし、どのシグナルも、１つの重要な役割を果たしている。それは、自分たちがしていることの意味を確認することだ。

リストの項目の特徴をもう1つあげるとすれば、それは「どれも当たり前で、わざわざ言うまでもない」という印象を与えるということだ。

たとえば、ベテランの看護師や麻酔科医に対して、「あなたには重要な役割がある」とわざわざ伝える意味が本当にあるのだろうか？

手術中に何か間違いに気づいたら発言するようにと、彼らにわざわざ言う必要があるのだろうか？

小さなシグナルをつねに送り合う

エドモンドソンの実験によると、その答えは「間違いなくイエス」となる。シグナルの本当の役割は、文字通りの情報を伝えることではなく、「私たちはこの仕事を大切にしている」「私たちはチームのメンバーを大切にしている」という、言外の意味を伝えることにある。

無駄なくり返しに見えることも、実際はチームの行き先を示す地図の役割を果たしている。小さなシグナルが積み重なり、やがてメンバーの発言すべてにシグナルが読み取れるようになる。

上位チームのメンバーの言葉を紹介しよう。

外科医：外科医にとっていちばん大切な資質は、リーダーではなくパートナーになることだ。たとえば、手術の最中に他のメンバーから適切な指摘があったら、外科医はその指摘に従わなければならない。

看護師：メンバー全員で知識を共有することが大切です。たとえば、前回の手術で誘導用のワイヤーを挿入するときに、私が違うワイヤーをつかんでしまったの。最初は気づかなかったけれど、他の看護師から、「スー、そのワイヤー違うわよ」と教えてもらって気づきました。つまり、役割の違いにこだわってはいけないということです。手術チームのメンバーなら、手術に関するすべてを知らなければならない。チームとして働くことが大切なんです。

看護師：（ＭＩＣＳを）するたびに、いつも誇らしい気分になるの。患者さんが元気になるのを見るのが嬉しくてたまらない。とてもやりがいがあります。このチームに入れて本当によかったわ。

次に、下位チームのメンバーの言葉を聞いてみよう。

外科医：チームが配置につくと、私はもう手術に集中して顔を上げない。すべてが滞りなく進むように確認するのは彼らの役割だからだ。

麻酔科医：何かミスに気づいても、そのミスが重大な結果になるという確信がなければ何も言いません。仮定でものを言いたくないんです。

看護師：次の日の予定にＭＩＣＳが入っているのを見るとぞっとします。「誰か剃刀を持ってきて。ここで手首を切ったほうがましよ」という気分ね。

あまりの違いに驚いたのではないだろうか。

まるで違う宇宙にいる人たちの言葉のようだが、皮肉なことに、彼らはまったく同じことをやっている。そのために受けた訓練もまったく同じだ。

唯一の違いは、１つのチームは仕事の意義を日常的に確認していて、もう１つのチームはしていなかったということだ。メンバーの地位や能力は関係ない。ここで成功と失敗を分けたカギは、今の現実と理想の未来を結ぶ小さなシグナルだった。

目的意識の高い環境はこうやってつくられる。どんなに立派な言葉でも、1回しか伝えないのでは意味がない。小さなシグナルをつねに送り合い、チームとしての目標をメンバー全員で共有するのが大切だ。気の利いたことを言う必要はない。一見すると「当たり前」の内容を、ぶれずに伝え続けていくことに意味がある。

目的意識の高い環境がどんなものかわかったら、次はこんな疑問が浮かんでくる。

目的意識の高い環境をつくるには、具体的にどうすればいいのだろうか?

その答えは、チームにどんなスキルを求めるかで違ってくる。安定したパフォーマンスを発揮する習熟度の高いチームを目指すのか、それとも新しい何かを生み出す創造性の高いチームを目指すのか。

この2つを区別することは大切だ。目的意識の高い環境をつくるときも、安定のチームか、それとも創造的なチームかで方法が違うからだ。

次の章から詳しく見ていこう。

第15章 「熟練したチーム」のつくり方

価値を言葉にして伝え続ける

地球上でもっとも過酷な環境といわれたら、たいてい灼熱の砂漠か、極寒の極地を想像するだろう。そこでニューヨークのレストラン業界を思い浮かべる人はなかなかいない。しかし、生き残る店がどれくらい少ないかを知れば、きっと考えを変えるはずだ。ニューヨーク市では、毎年およそ1000店のレストランが新しく誕生する。どの店も、将来の成功を楽しみにしていただろう。そして5年後、1000店のうちの800店がすでに姿を消している。

表向きの理由はさまざまだが、根本的な理由はどれも同じだ。レストランの成功は、南極探検の成功と同じで、必要なスキルをどれだけ習熟させたかで決まる。料理がおいしいだけではダメだ。場所がいいだけでも、サービスがいいだけでもダメだ。

社員教育も、ブランディングも、リーダーシップも、適応力も、運も、それだけでは十分でない。過酷な競争を生き残るには、それらのすべてが必要だ。もし1つでも失敗したら、その店は消えることになる。

気づきと行動という一連の流れ

この過酷な環境にあって、ダニー・マイヤーだけは成功に次ぐ成功を重ねてきた。彼は過去30年で、25店のレストランを開いた。そして1店をのぞき、すべて成功している。それもほどほどの成功ではなく、大成功だ。

最初に開いたユニオン・スクエア・カフェは、権威あるレストランガイドのザガットで9回もトップに輝いている。これは前代未聞の偉業だ。またトップ20の実に4分の1を、彼の他のレストランが占めている。「料理界のアカデミー賞」と呼ばれるジェームズ・ビアード賞も26回受賞している。

しかもマイヤーの店は、どれもみな独自性がある。バーやバーベキュー・ジョイントからイタリアン・カフェまで、同じような店は2つとしてない。高級ハンバーガーショップのシェイクシャックは、今では15億ドルの価値がある。

マイヤーのレストランがここまで成功したのは、店の雰囲気が格別だからだ。温かく、人とのつながりが感じられる。まさに「わが家」という表現がぴったりだ。

マイヤーの店に入ると、自分が大切にされていると感じられる。内装や料理からもその雰囲気は感じられるが、いちばん大きな役割を果たしているのは店で働く人たちだ。彼らはすべての客に対して、まるで家族のように親しく、思いやりをもって接している。


私はマイヤーの店の客と、マイヤーの店の従業員を取材して、家族のように感じた瞬間を話してもらった。彼らの話を紹介しよう。

中西部の町からニューヨークに引っ越してきたばかりの若い女性が、イレブン・マディソン・パーク（マイヤーの店の1つ）に両親を連れてきた。彼女のニューヨークでの門出を祝う会だ。それに両親にニューヨークのようすを見せて、そんなに怖いところではないと安心させたいという思いもあった。

ディナーも終わりに近づき、彼らはデザートのメニューを見ていた。そのとき父親が、シャトー・ディケムというデザートワインが1杯42ドルもするのを見ると、ニューヨークの物価の高さに言及した。その言葉を偶然耳にしたウェイターが、シャトー・ディケムのボトルとグラス3つを持って、彼らのテーブルにやってきて言った。

「今夜はお越しいただいて本当に感謝しています。シャトー・ディケムのことを話してらっしゃいましたね。これは世界でも最高峰のデザートワインです。ぜひ味見してみてください。店からのサービスです」

一家は驚き、そしてとても喜んだ。

次の話を紹介しよう。ネブラスカ州選出上院議員のボブ・ケリーが、グラマシータバーン（マイヤーの店の1つ）で知人と食事をしていたとき、知人の料理に虫《ビートル》が入っていた。

翌日、ケリーは友人と一緒に、別のマイヤーの店で食事をした。彼らが席につくとサラダが運ばれてきた。サラダには、「リンゴ」と書かれた小さな紙切れが一枚添えてある。

ウェイターは言った。「ダニーからのメッセージです。サラダに『ビートル』を入れる店は、グラマシータバーンだけでありません、とのことです」

マイヤーの店で食事をしたときに、何かの記念日や誕生日であることを伝えると、店はそれを覚えている。窓際の席がいいと伝えれば、その情報も覚えている。パンの端っこが好きだと伝えれば、それも覚えている。※23

これは簡単なことではない。というのも、気づきと行動という一連の流れを、途切れなく続けていく必要があるからだ。たとえば、シャトー・ディケムをサービスしたウェイターの行動で考えてみよう。

彼は、（1）新生活に興奮している若い娘と、心配している両親という構図に気づき、（2）父親がワインに関して言ったことに気づき、（3）その2つの気づきを1つのアイデアにつなげ、（4）ワインを無料で提供することを決められる権限があり、（5）そして優雅にさりげなくアイデアを実行に移した。

この一連の流れのどこかで、鎖が切れていてもおかしくなかった。そしてたとえ切れても、誰も気づかなかっただろう。しかし鎖は切れなかった。その結果、独特の家庭的で温かな雰囲気と、忘れられないサービスが生まれた。

マイヤーの店は、そういったことの積み重ねで成功している。そして私たちが知りたいのは、マイヤーがどうやってそれを達成したのかということだ。

すべての行動が人に影響を与える

ダニー・マイヤーと向かい合って座ると、自分をじっと見つめるマイヤーの目に気づくだろう。彼の目は、好奇心と優しさにあふれている。リラックスした態度だが、いい意味での緊張感も失っていない。落ち着いた口調で、言葉にはかすかな中西部訛りがあり、どことなく往年の名優ジェームズ・スチュアートを思い出させる。

彼に質問をすると（たとえば、「ニューヨークでいちばんおいしいハンバーガーはどれか？」）、少し間があってから答えが返ってくる。この種の質問は彼の専門分野なので、もちろん知識は豊富だ。しかし彼は、豊富な知識を披露するのではなく、あなたに合った答えを提供してくれる。

「そうだな」と、マイヤーは言う。「どんなハンバーガーを食べたいかは、そのときの気分で決まる。あなたは今、どんな気分だろう？」


私たちはそのとき、グラマシー・パークの近くにあるマイアリーノにいた。朝食の時間だ。いつもの「マイヤー宇宙」が店の中に広がっていた。陶器の花瓶からは花があふれ、客たちが楽しそうにウェイターとおしゃべりをしている。

私はマイヤーの生い立ちについて尋ねた。彼はコネチカット州のトリニティ・カレッジを卒業し、大統領選挙のキャンペーンで働いたこともある（その仕事を通して、すべての労働者は基本的にボランティアだということを学んだという）。

そのとき私の後ろで、ウェイターがうっかりトレーを落とした。ガラスのコップが床に落ち、割れる音がする。

一瞬、すべての動きが止まった。マイヤーは手をあげて「会話は中断だ」ということを私に伝えると、ようすを見守った。コップを落としたウェイターがガラスの破片を拾っている。別のウェイターが、ほうきとちり取りを持ってやってきた。掃除は迅速に完了し、客たちは食事に戻る。

私はマイヤーに、なぜあんなに熱心に見ていたのかと尋ねた。

「まず起こったことを注意深く見る。そのとき、彼らのエネルギーレベルを観察しているんだ」と彼は言う。「彼らは問題解決のためにつながる。そのとき、エネルギーレベルは上がるか、それとも下がるかのどちらかだ。店が成功しているなら、彼らのエネルギーレベルは上がる」

マイヤーはそう言うと、自分のこぶしを合わせ、それから爆発したように指を広げた。「活気のあるエネルギーが生まれるかどうかは、仕事の内容とは関係ない。人と人とのつながりと、その次に起こることがすべてだ。アリやハチの巣と同じだよ。すべての行動が、他の人に影響を与えるんだ」

そこで私は、メンバー同士の交流の悪い例について尋ねてみた。「2つのうちのどちらかだ」と彼は言う。

「1つは、相手にも仕事にも興味がないこと。『仕事だからやっているだけだ』というような態度だ。そしてもう1つは怒っていること。相手に対して怒っているか、または起きたことに対して怒っている。もしその状態になったら、背後にはもっと深い問題があるということだ。いちばん大切な仕事は、お互いを思いやることだからね。昔からそれがわかっていたわけではないが、今ならわかる」


マイヤーは自分の生い立ちについて話してくれた。故郷のセントルイスでの思い出、料理と旅行に夢中になったこと、ホテル業と飲食業で働いていた父親は、子供のころから遠い存在だったこと。

ロースクールに進学するつもりだったが、最後の瞬間に気が変わり、レストラン業界に就職したこと。そして1980年代半ば、ついに自分の店、ユニオン・スクエア・カフェを開いたこと。その店での経験が、彼にとって本当の勉強になった。

マイヤーは言う。

「当時の私は、財務のことは何も知らなかった。キャッシュフローのことも、厨房の管理のこともわかっていなかった。つまり何も知らなかったんだ。それでも、店に来てくれた人たちに、どんな気分になってもらいたいかはわかっていた。それは、家で食事をしているのと同じ気分だ」

それを実現するために、マイヤーが頼りにしたのは直感だ。フレンドリーな雰囲気をつくるために、中西部出身のスタッフを雇った。スタッフの訓練は自分で行った。自分も参加して、ウェイターと客のロールプレイを何度も行った。

店を始めたばかりのころ、サービスが遅いことがよくあった。そんなときマイヤーは、お詫びの気持ちとしてワインをサービスした。そしてスタッフにも、客へのサービスを自分で決める権限を与えた。客の好みなど情報を集め、サービスに生かすようになった。すべては客に、自宅でくつろいでいるような気分になってもらうためだ。

彼が特に気を配ったのは、店で使う言葉だ。マイヤーは、ウェイターのお決まりのセリフが大嫌いだった。

「お下げしてもよろしいですか？」（まるで急かしているみたいではないか！）

「料理はお楽しみいただけましたか？」（相手が誰でも同じ質問だ！）

彼が目指していたのは、客と個人的なつながりができるような言葉だ。たとえば、満席で予約を断らなければならないときは、こうつけ加える。

「ご希望の時間帯を教えてください。もしキャンセルが出たら連絡します」

ユニオン・スクエア・カフェは大成功だった。マイヤーも毎日店に出て、入口で客を迎えたり、テーブルを整えたり、こぼれた飲み物を拭いたりしていた。そして1995年、彼は2軒目のレストランを開いた。グラマシータバーンだ。

そこで、成功にかぎりが見え始める。サービスの質が落ちたのだ。料理の味も落ちた。そして客は食事を楽しんでいない。マイヤーは2軒の店を忙しく行き来しながら、なんとか事態を改善しようとした。しかし効果は出ない。

「あれはまさに悪夢だった」とマイヤーは言う。

「完全に途方に暮れていたよ。どちらの店にもできるだけ顔を出して頑張っているのに、どちらも理想からはほど遠い状態だ。あれはある意味、典型的なケースだ。だからたいていの人は、レストランを一軒しか開かないんだよ」

優先順位を言葉で表現する

その年の秋、グラマシータバーンで、マイヤーに気づきの瞬間が訪れた。なじみの客がランチに来ていた。彼女は注文したサーモンを半分ほど食べると、ウェイターを呼び、あまり好きな味ではないので他のものを頼んでもいいかと尋ねた。

ウェイターは新しい料理を運ぶと、マネジャーのところへ行き、彼女の伝票にサーモンも残しておくべきか尋ねた。マネジャーは「残しておけ」と答えた。そもそも半分以上は食べたのであり、それにサーモン自体に問題があったわけではない。

女性が会計をすませると、残したサーモンを持ち帰り用のバッグに入れてわたされた。彼女は帰宅すると、マイヤーに手紙を書いた。

「とてもひどい侮辱です。あの態度は嫌味としか思えません。あなたの店であんな扱いを受けるなんて、思ってもみませんでした」

「彼女は全面的に正しい」とマイヤーは言う。

「なかでも最悪だったのは、グラマシータバーンの全員が、自分たちはいい仕事をしていると思っていたことだ。マネジャーも、ウェイターも、自分の対応は正しいと信じていた。そのようすを見ていた他のスタッフも、誰も止めようとしなかった。スタッフのトレーニングにあんなに時間をかけるのは、まさにこういうことが起こらないようにするためだ。

しかし、実際には起こってしまった。誰もそれを止められなかった。言葉の大切さに気づいたのはそのときだ。正しい言葉を確立して、正しい態度を教えなければならない。それまでは、私が自分の行動で手本を示せば、スタッフもそれを見て学んでくれると思っていた。しかし、そのやり方は通用しない」

数週間後の土曜日、マイヤーはすべてのスタッフを招き、ハドソン川沿いのピクニックに出かけた。そしてスタッフを集めると、店の価値観について話を始めた。

「私たちの価値観は何か？　店にとっていちばん大切なのは誰なのか？」

レストランの親会社であるユニオン・スクエア・ホスピタリティ・グループで、チーフ・ディベロップメント・オフィサーを務めるリチャード・コレインは言う。

「サーモンの一件が、私たちの出発点だ。ダニーはそのとき気づいたんだ。ああいう事態を避けるために、自分は2つの店に同時にいなければならない。しかしそれは不可能だ。ならば、その代わりに自分の価値観をすべてのスタッフに浸透させればいい。ボスが大切にしていることは、スタッフも大切にする。そこでダニーは、自分の価値観を明確に伝える言葉を考えた」

1　同僚

ハドソン川のピクニックで、マイヤーとスタッフは店の優先順位を決めた。

2　客
3　コミュニティ
4　取引先
5　投資家

マイヤーにとって、これは突破口となる出来事だった。

「優先順位をスタッフと一緒に確認できたのはとてもよかった」と彼は言う。

「私たちの価値観がはっきりしたからね。サーモンの問題を起こしたマネジャーは、結果的に店を去ることになった。そこから状況が好転したんだ。あの出来事で私が学んだのは、お互いへの接し方がすべてだということ。それさえきちんとしていれば、後は自然にいい方向へ転がっていくんだ」

マイヤーは優先順位に続き、理想とする態度や交流のあり方も明確にすることにした。それまでも、スタッフのトレーニングでお気に入りのキャッチフレーズを使うことはあった。彼は微妙な概念をひと言で簡潔に表現するのが得意だ。

しかし、今度はそこからさらに一歩踏み出し、大切な価値観を共有するためのツールとして正式に活用することにした。いくつか例を紹介しよう。

・ゲストを読む
・アスレチックなおもてなし
・すばらしい最終章でしめくくる
・家庭らしさを演出する
・問題を愛する
・イエスを見つける
・点を集め、点を結ぶ
・ゲストのために盛り上げる
・1つのサイズに合うのは1人だけ
・スカンキングに気をつける
・何事も好意的に解釈する
・「好き」の種を「好き」の庭にまく
・店の損になってもゲストに最高のもてなしを
・人間は感情の航跡を残す
・ハグしてもらうには、ハグしなければならない
・最高を目指す本能

・門番ではなく使者になれ

一見したところは、ただのありがちな「標語」でしかないかもしれない。しかし実際は、それぞれの言葉が、小さな物語の役割を果たしている。スタッフはこの物語をくり返し聞かされているおかげで、日々の問題を適切に解決することができるのだ。

「何事も好意的に解釈する」とは、誰かが間違ったことをしているように見えても、「何か事情があるのかもしれない」「自分の解釈が間違っているのかもしれない」などと考え、すぐに非難するのは控えるということだ。

「点を集める」とは、客についての情報を集めることだ。そして「点を結ぶ」とは、集めた情報を客の幸せのために活用することだ。

「スカンキング」とは、スカンクが臭いおならをするように、職場にネガティブなエネルギーをまき散らすことだ。

個別に見れば、どれもいたって普通のことしか言っていない。しかしそれが集まり、何度もくり返し聞かされ、さらに行動でも手本を見せられると、チームの文化を決定づける大きな力を持つようになる。ダニー・マイヤーにとって、いちばん大切な価値観は「人を大切にする」ということだ。

マイヤーはサーモンの一件以来、自分の価値観をより自覚するようになった。そしてスタッフのトレーニングやミーティングで、店の優先順位をくり返し伝えてきた。経営陣や店のマネジャーたちには、大切な価値を行動に移すことで、スタッフの手本になることを求めた。そして自分の役割は、「価値観の放送局」だと考えるようになった。

その方針はうまくいった。数カ月の間に、どちらのレストランも雰囲気が格段によくなった。マイヤーはそれでも気を抜かず、キャッチフレーズを増やし、さらに洗練させていった。

「優先順位はいつでもある。それを言葉にするか、しないかの違いだけだ」と彼は言う。「成長したいのなら、優先順位を言葉で表現するべきだ。さらに、その優先順位を守るために必要な行動も、言葉ではっきり表現する」

サーモンの一件から数年後、ニューヨーク大学博士課程で組織行動学を学ぶスーザン・ライリー・サルガドが、マイヤーのレストランの独特な雰囲気に興味を持った。なぜ彼の店に来ると、他の店とはまったく違うと感じるのだろうか？

店のスタッフと話していたとき、彼女はあることに気がついた。スタッフはみな、自分の仕事を同じ言葉で表現する。それは「わが家」「家族」「温かさ」だ。サルガドはマイヤーに会うと、彼のレストランを研究テーマにしてもいいかと尋ねた。彼は許可したが、1つ条件をつけた。それは、彼女も彼の店で実際に働くことだ。

サルガドはユニオン・スクエア・カフェで半年間働いた。そして、店のスタッフ同士や、スタッフと客とのやりとりを目の前で観察し、さらに気づいたことがあった。それらのやりとりの裏には、彼女が「マイクロプロセス」と呼ぶものが存在するのだ。

彼女の論文から一部を引用しよう。

「それらの結果から判断するに、ユニオン・スクエア・カフェがその卓越したホスピタリティで自らを差別化できたのは、独自の人材育成に力を入れたからだ。その育成法には、『人柄を重視した人選』『すべての従業員に敬意を払う』『客を喜ばせる複雑で繊細な態度を、シンプルなルールを通して体得する』という3つのカギがある」

この章で注目したのは、3つの中の「客を喜ばせる複雑で繊細な態度を、シンプルなルールを通して体得する」というルールだ。

ある意味で、マイヤーのやり方は、ジェームズ・バークが「我が信条」を使ってやったことと同じであるといえるだろう。どちらも明確な優先順位を確立し、それをすべての行動の基本にしている。

意思決定のヒューリスティクス

これらの事例を見ると、その具体的なしくみをますます知りたくなってくる。キャッチフレーズや信条は、どれもただの言葉だ。ただの言葉をくり返すことが、なぜあそこまでの習熟したパフォーマンスにつながるのだろうか？

その答えは、意外な存在が教えてくれるかもしれない。それは「粘菌《ねんきん》」と呼ばれる、ごく小さな生き物だ。

粘菌は太古の昔から存在する。何千ものアメーバが集まってできた、インクの染みのような有機体だ。粘菌はたいてい、ただじっとしているだけで、まったく目立たない存在だ。しかし食べ物が少なくなると、彼らはにわかに活発になる。何千ものアメーバが、まるで1つの知的生命体のようになり、まさに見事な連携活動を見せるのだ。

1940年代、ジョン・タイラー・ボナーというハーバード大学の学生が、早送りのカメラで粘菌の動きを撮影すると、学生や教授たちに見せて回った。やがて噂が広まり、粘菌の映画を観たいという人たちで講堂が埋まるようになった。

アルバート・アインシュタインは、プライベート上映会を希望した。「ニューヨーク・

ヘラルド・トリビューン」紙のJ・J・オニールは、「きみの仕事は核爆弾の開発より意義がある」とボナーに言ったという。

映画の冒頭に登場するのは、あちこちに点在する灰色の染みだ。しかし、まるで何かの合図に答えるかのように、アメーバたちは1つの意思を持って、中央に向かって移動を始める。

そして中央に集まると、1つの有機体として活動を始める。その有機体の先端では、また別の変化が始まっている。一部のアメーバが上に向かって移動し、植物の茎のようなものを形成する。他のアメーバがその茎を登り、頂上につくと胞子に変わり、風に乗って飛んでいく。

彼らはそうやって子孫を増やす。そのすべては、まるで魔法のようだ。すべてが一体となり、オーケストラの演奏のような連携プレーを見せる。まるでどこかに指揮者が隠れていて、「ここに来なさい。次はここだ。さあ、今度は1つにまとまって」と、彼らの耳元で指示をささやいているかのようだ。

映画が大きな話題になったのは、人々がそこに深い謎を見たからだろう。

「ただの単細胞生物なのに、なぜこのような高度に知的な活動ができるのだろうか?」

何年もの間、研究者たちの間では、指示を出す役割の細胞がいると考えられていた。その細胞が新兵訓練の軍曹のように、お前はこうしろ、お前はああしろと指示を出す。しかし、そのような細胞は存在しなかった。

彼らを動かしていたのは、「ヒューリスティクス」(かならずしも合理的な根拠があるわけではないが、多くの人が経験的に有効だと信じている知識)というしくみだ。

「人間は複雑な有機体なので、意思決定のプロセスも複雑に違いないと考えられている」と、シドニー大学で粘菌を研究しているマデリン・ビークマンは言う。

「しかし実際には、とてもシンプルな経験則から判断しているの。粘菌の動きを見ていると、どんなに複雑な問題でも、いくつかのシンプルなルールに従うだけで解決できるということがよくわかるわ」

ちなみに粘菌たちは、次のようなルールで動いている。

・食べ物がないときはお互いにつながる
・つながったら、つながったままで光のあるほうに移動する
・明るい場所に到達したら、つながったままで上に登る

ビークマンは言う。

「ミツバチの行動も同じです。アリも、他の多くの種族も基本的には同じね。彼らはみな、意思決定のヒューリスティクスを使っている。人間だけが違うと考える理由は1つもないでしょう。粘菌や虫を見ていると、ある意味で人間と同じだということがわかる。彼らも私たちと同じように、集団として共通の目標に向かって進んでいるんです」

ビークマンと粘菌たちは、ダニー・マイヤーの秘密を解き明かすヒントをくれた。マイヤーのキャッチフレーズは、ただのキャッチフレーズではない。実はヒューリスティクスの役割を果たしていたのだ。

「もしこうなったら、こう動く」というシナリオを、シンプルで覚やすい言葉で表現している。「もし失礼な態度を取られたら、相手の事情を好意的に解釈する」という決まりと、「もし食べ物がなくなったら、お互いにつながる」という決まりの間に、構造的な違いはまったくない。

どちらも行動を決めるルールであり、状況を明確にする働きと、迷ったときのガイドになる働きがある。マイヤーのキャッチフレーズの多くが、失敗や間違いへの対応に関することであるのもそのためだ。

・失敗をなくすことはできない。しかし、失敗を美しく解決することならできる
・壊れていなくても直す
・失敗は波のようなものであり、給仕人（サーバー）は波乗り（サーファー）だ
・成功への道は、正しく対処した失敗で舗装されている

効果的なキャッチフレーズは、どんな言葉でもいいわけではない。マイヤーの強みはそこにある。キャッチフレーズをつくるときの彼は、作詞をしているシンガーソングライターのようだ。どんな言葉もおろそかに扱わない。そして、とにかくたくさんつくる。それぞれを実地で試し、効果があるかどうか検証する。

彼の好みは、パンチが効いていて、直感に訴えるような言葉だ。イメージしやすく、スタッフをつなげる力がある言葉だ。

リチャード・コレインのオフィスには、作成中のキャッチフレーズがたくさん書かれたホワイトボードが置いてある。

・私たちはみな、問題を解決することでお金をもらっている
・一緒に楽しく問題解決できる人を雇うこと

・失敗は名誉ある行為だ
・石を1つずつ積み重ねて橋をつくる

ヒューリスティクスにあふれた環境

キャッチフレーズを好むリーダーはマイヤーだけではない。高度に熟達したチームを率いるリーダーの多くは、優先順位を決め、大切な態度を言葉で表現し、現在と理想の未来を結ぶヒューリスティクスで環境を満たしている。

たとえば、ラグビーのニュージーランド代表オールブラックスには、「よりよい場所にジャージを残せ」「成長していないのなら、どこにも向かっていない」「赤い頭になるな、青い頭になれ」（プレッシャーのかかる状況で冷静になれという意味）、「プレッシャーは特権だ」といったキャッチフレーズを使っている。

また、「TQB」は「Total Quality Ball（質の高いボール）」の頭文字であり、「KBA」は「Keep the Ball Alive（ボールを生かしておく）」の頭文字だ。他にも、「全力を出さない者は去れ」「これは栄誉だ。仕事ではない」「現状に満足するな」「オールブラックスは選手に人格を求める」などがある。

チャータースクールのＫＩＰＰにもキャッチフレーズがある。「近道はない」「勉強を頑張り、友だちに優しくする」「マシュマロを食べるな」「チームと家族」「問題があるのなら、解決策を探す」「読んで、読んで、読みまくれ」「誰もがいつか学ぶだろう」「ＫＩＰＰスター（ＫＩＰＰの生徒）は、誰も見ていないところで正しいことをする」「手に入ったものはすべて努力の結果だ」「変数になるな、定数になれ」「仲間が困っていたら、私たちは助ける。そして自分が困ったときは、助けを求める」「私たちはロボットではない」「バカにした人を見返してやろう」

たしかにこの種のヒューリスティクスにあふれた環境は、部外者には近づきがたい雰囲気がある。シェイクシャック上級マーケティング・コミュニケーション・マネジャーのアリソン・スタードは言う。

「働き始めたばかりのころは、スローガンや標語ばかりで違和感があった。『ここはボーイスカウトなの？』って感じね。わざとらしいし、古くさいと思ったんです。それでもしばらくすると、言葉の効果がだんだんと見えてくる。そしていつの間にか、自分でも普通に口にするようになっている。そうなると、古くさいなんてまったく思わなくなるの。今ではまるで空気のように当たり前の存在です」

「あれらの言葉が持つもっとも大きな力は、ダニーがすべて体現しているということだ」とリチャード・コレインは言う。

「彼がリーダーとして特に優れているのは、スタッフからつねに見られていることを忘れず、自分のメッセージを実践しているところだろう。すべての瞬間で、自分の言動を通してメッセージを伝えているんだ。まるで強力なＷｉ－Ｆｉ電波だね。棒が３本しか立たないボスもいるが、ダニーの場合は10本だ。９本以下になることは絶対にない」

第16章

「創造的なチーム」のつくり方

苦しい作業を協力して乗り切れるシステム

ダニー・マイヤー、KIPP、オールブラックスは、基本的に同じテクニックを使って目的意識の高い環境をつくっている。そのやり方は、「灯台メソッド」と呼べるかもしれない。共通の目的という明るい光で、A地点（現在地）からB地点（目的地）への道を照らしているからだ。

しかしリーダーの役割は、決まった目的地にチームを導くことだけではない。目的地がはっきりしない状況で、道なき道を進まなければならないこともある。これが、創造性や革新性を目指すチームの進む道だ。

創造性や革新性は、よくわからない謎の存在とされている。創造性は持って生まれたものであり、創造的な人は、他の人が見えないものを見て、まだこの世に存在しないものを生み出すことができる。その能力は、まるで魔法のようだ。

それと同じように、創造性のあるリーダーは、ビジネスパーソンというよりもまるでアーティストだ。普通の人にはない、特別な能力を持っている。

創造的なエンジニア

このような描写にあてはまるリーダーも、たしかに存在する。

とはいえ、私は多くの創造的なチームを取材で訪れたが、アーティストタイプにはあまり会ったことがない。むしろ物静かで、物事をじっくり観察するタイプが多かった。彼らは内向的な雰囲気をかもし出していて、システムの話を好む。

私は彼らのようなタイプを、「創造的なエンジニア」と呼ぶようになった。

エド・キャットマルは「創造的なエンジニア」の典型だ。キャットマルは72歳で、いつも落ち着いた口調で話す。口ひげとあごひげを生やし、瞳にはいつも抜け目のない光が宿る。キャットマルは、ピクサーの共同設立者であり、現在は社長を務めている。

ピクサーは、史上もっとも成功した創造的なチームの1つといえるだろう。たいていのスタジオは、たまに大ヒットが出るだけでも大満足だ。しかしピクサーは、すべての作品が大ヒットして当たり前だと思われている。

１９９５年以来、17本の長編映画を製作し、１本当たり平均して5億ドル以上の収益を上げている。アカデミー賞は13回受賞した。そして何よりも、ピクサーの作品はすでに私たちの文化の一部になっている。

10年前、キャットマルはウォルト・ディズニー・アニメーション・スタジオの社長も兼任するようになり、それ以来ディズニーは、『アナと雪の女王』『ベイマックス』『ズートピア』などの大ヒットを連発している。

私はキャットマルと会うために、カリフォルニア州エメリービルにあるピクサー本社を訪れた。本社にはいくつかのビルがあり、キャットマルと会ったのはその中の「ブルックリン」と呼ばれるビルだ。

ブルックリンは２０１０年に建設された。大きなガラス窓が特徴で、リサイクルした木材を使っている。ビルの中には、バー、暖炉、フルサービスのカフェがある。

あんなに美しく、設備の整ったオフィスビルは、めったに見られるものではない。私より前に訪れたある人は、「私の残りの人生を台無しにしてくれてありがとう」と言っていたそうだ。私はキャットマルと2人で、大きなガラス窓から降り注ぐ陽光の中を歩いた。私が何気なくビルの美しさに言及すると、彼は立ち止まり、私のほうに向き直った。彼の口調は柔らかく、偉そうなところはまるでない。そして、まるで医師が診断を告げるように、彼はこう言った。

「実を言うと、このビルは失敗だったと思っている」

私も思わず彼のほうに向き直った。聞き間違いかと思ったのだ。

「失敗だと思う理由は」と、彼は続けた。

「スタッフ同士の交流が生まれにくい構造になってしまったからだ。もっと廊下を広くするべきだった。カフェも大きくするべきだった。もっとたくさん人が集まれるようにね。オフィスは窓際に配置して、真ん中に共有スペースをつくるべきだった。

つまり、失敗は1つではない。本当にたくさんの失敗がある。そしてもちろん、いちばん大きな問題は、たいていの失敗は手遅れになるまで気づかないということだ」

これは会社の社長らしからぬ発言だ。立派な自社ビルをほめられれば、たいていの社長はお礼を言うだろう。それもただの礼儀ではなく、本気で嬉しく思うはずだ。たいていのリーダーは、自社ビルのような大がかりなプロジェクトの間違いは認めない。それを認めると、自分の無能さをさらけ出したような気分になるからだ。

しかし、キャットマルはそういうリーダーではない。彼はこのような瞬間を好む。むしろそのために生きているといっても過言ではない。彼の目に、何かを非難するような色はない。むしろ事実を確認し、満足しているように見える。

「われわれはこのビルの設計でいくつかの間違いを犯したが、今はその間違いに気づいている。それはつまり、われわれは以前より少しは成長したということだ」

問題を早期に発見し解決できる環境

アートと科学を完璧に融合させた人生を送りたいなら、キャットマルの人生をお手本にすべきだ。教師の両親のもとに生まれ、子供のころの憧れはアインシュタインとディズニーだった。物理学と絵画を学び、いつか長編アニメーションをつくることを夢見ていた。そして大学を出ると、ジョージ・ルーカスのもとで働くようになる。その縁でスティーブ・ジョブズと出会い、共同でピクサーを設立した。ピクサーは小さなスタジオだったが、コンピュータと映画製作を融合するという壮大な野望を持っていた。

最初の数年は、鳴かず飛ばずだった。しかし1995年に、『トイ・ストーリー』の大ヒットという突破口が訪れる。興行収入は実に3億6000万ドルだ。

キャットマルが、一抹の不安を感じるようになったのもそのときだった。今の自分たちのような経験をした会社は、他にもたくさんある。突然の大成功で世界のトップに躍り出て、うなるほどの大金も手に入れる。それに将来に向けてのビジョンやアイデアもある。

しかし、そんな会社のほとんどがつまずき、道を誤り、そして消えていった。

問題は、なぜそうなったのかということだ。そして、ピクサーがその運命を避けるには、いったいどうすればいいのだろうか。

キャットマルはそのときの気持ちを、ポッドキャストで語っている。

「そのとき考えていたのは、『現在の成功を持続させるにはどうすればいいのか』ということだ。私はそれまでに、失敗例をたくさん見ていた。彼らの多くは友人で、シリコンバレーで働いている。みな優秀で、創造性もあり、勤勉だ。そんな彼らが、なぜ失敗してしまうのか。

理由はわからなかったが、成功者を破滅させる力が存在するのだとしたら、ピクサーもその力の犠牲になってもおかしくない。私はその謎の力に興味を持った。力にやられる前に、力を見つけて回避することはできないだろうか？　その問いに答えることが、私の次の仕事になった。問題を早期に発見し、解決できるような環境をつくらなければならない」

私たちはブルックリン・ビルを出ると、スティーブ・ジョブズ・ビルに向かった。こちらには、ブルックリンにないものがすべてそろっている。吹き抜けの巨大な広間、大勢の人が通れる広い廊下。現にビルのあちこちで、にぎやかな会話が交わされている。

2階の階段近くには、ピクサーの創造性を象徴する2つのオフィスがある。左のオフィスの住人は、ピクサーの魂ともいえるジョン・ラセターだ。彼のオフィスに一歩足を踏み入れると、あふれんばかりの色鮮やかなおもちゃの山に圧倒される。

そして右にあるのがキャットマルのオフィスだ。こちらは対照的で、まるでドイツの航空宇宙研究室をそのまま移築したように見える。長方形の部屋はすっきりと片づき、どこまでも機能的だ。色は、黒、白、グレーしかない。


キャットマルは座って話し始めた。お医者さんのような落ち着いた声で、ピクサーの創造性の秘密を語ってくれた。「どの映画も、最初はつまらない」と彼は言う。

「ときにはそれ以下の場合もある。たとえば『アナと雪の女王』と『ベイマックス』は、紛れもない駄作だった。物語は平板で、キャラクターも魅力がない。とにかく最低だ。私も実際に見たから断言できる。あれは本当にダメだった。話にならない」

このパターンは、ピクサーでは特に珍しくない。たとえば『トイ・ストーリー』も、初期バージョンのウッディはもっと威張っていて、好感の持てない性格だった（「皮肉屋のいけ好かないヤツ」とキャットマルは言う）。『カールじいさんの空飛ぶ家』も初期バージョンは最悪で、脚本をすべて書き直している。「オリジナルのバージョンと同じところは、映画のタイトルだけだ」とキャットマル。

たいていの人は、自分の創造的なプロジェクトが成功すると、こんなふうに説明する。「出だしは最悪だった。しかし最後の瞬間で奇跡が起こったんだ」

こうやって謎めいた物語にしたほうがドラマチックであり、話し手も自慢できる。しかしキャットマルのやり方は、これとは正反対だ。彼にとって最悪の初期バージョンは、奇跡の助けを借りて救うものではない。むしろ、創造には欠かせないプロセスだ。

チームが道を見失わないようなシステム

すべての創造的なプロジェクトは、認知力を使うパズルであり、数え切れないほどの選択と、数え切れないほどのアイデアの中から正解を選んでいく。そして、最初から正解を選べる人はめったにいない。

創造的なチームに必要なのは、奇跡のブレークスルーが起こる瞬間ではなく、正しい選択に到達できるようなシステムだ。そのシステムを使って、数多くのアイデアを吟味し、その中から正しいアイデアを見つけていく。

そのため、キャットマルが重視するのは、アイデアではなくて人だ。より正確には、チームに正しいツールを提供し、彼らが創造のプロセスという苦しい道を、正しい選択をしながら進めるようにするのが彼の役目だ。

キャットマルは言う。

「この業界にかぎらず、どの業界も同じだと思うが、人間よりもアイデアを重視するような傾向がある。しかしそれは間違いだ。どんなにいいアイデアでも、平凡なチームの手にかかれば、間違いなくダメになるだろう。しかし優秀なチームなら、平凡なアイデアからいいものをつくることができる。だから私の仕事でいちばん大切なのは、優秀なチームをつくり、彼らが正しい方向に進めるようにすることだ。彼らは自分で、失敗と成功の判断ができるようになる必要がある」

私はキャットマルに、成功しているチームを見分ける方法を尋ねた。

「たいていは、部屋の雰囲気でわかる」と彼は答える。

「うまくいっていないチームでは、誰もが責任を逃れようとしているのが態度でわかる。または、心を閉ざしてしまっている。部屋が静かすぎるというケースもある。アイデアが浮かばない。または問題があっても見つけられない。スティーブ（・ジョブズ）がいたころは、彼が角材のような役割を果たしていた。角材でがつんと頭を叩かれると、映画の問題が見えてくるんだよ。スティーブはああいうのが得意だった。

しかし、時間がたつにつれて、それも難しくなっていった。監督もベテランになると、他人の意見になかなか耳を貸さなくなる。正しくやらなければならないポイントは山ほどある。その混乱の中にいると、どうしても道を見失ってしまう。忘れてはならないのは、最初の計算はいつも間違っているということだ。2回目の計算も、3回目の計算も間違っている。だから、チームが道を見失わないようなシステムが必要だ」

そこでピクサーが出した答えは、定期的なミーティングだった。

朝に開かれる「デイリーズ」では、ピクサーの全社員が参加して、前日に完成した映像を見て意見を交換する（アニメーションの製作ペースは驚くほど遅い。1日にできるのはほんの数秒ほどだ）。

また映画の製作チームは、映画に関係する場所で社外活動を行う。たとえば『ファインディング・ニモ』のチームはスキューバダイビング、『メリダとおそろしの森』チームはアーチェリーのレッスン、『レミーのおいしいレストラン』チームは料理教室だ。

さらに、第7章に登場した「ブレイントラスト」もある。映画の製作には直接かかわっていないピクサーのトップクリエイターが参加し、製作中の映画の問題点をすべて洗い出す集まりだ。

また社内には「ピクサー・ユニバーシティ」というシステムもあり、さまざまな部署の人たちが交流し、一緒に学べるようになっている。この「大学」で学べるものは、フェンシングから絵画、太極拳まで、実にさまざまだ。

そしてついに映画が完成すると、キャットマル主催の祝賀会が社外で行われる。チームが集まり、互いの苦労をねぎらういい機会だ。

それはきみにまかせるよ

すべての集まりは、メンバーが安心できる環境になっている。肩書きにとらわれず、率直に意見を交換する。そして問題を発見すると、協力して解決策を探り、よりよい未来に向かっていく（ちなみにキャットマルは、トヨタ式の「カイゼン」の大ファンだ）。

これらのミーティングのほとんどで、参加者は協力してアイデアを出し合うが、製作チームから作品を奪うことはない。作品はあくまで、実際につくっているチームのものだ。[※24]
キャットマル自身は、製作過程にほぼノータッチだ。その理由は2つある。1つは、チームのほうが問題解決に適しているからであり、もう1つは、トップの言葉には従わざるをえない圧力があるからだ。

彼の決まり文句の1つは、「それはきみにまかせるよ」だ。そうやって現場にまかせているために、問題のあるプロジェクトに見切りをつけるのが遅くなることもあるという。

しかし、それも必要なプロセスだ。

「プロジェクトの中止や、やり直しを決めるのは、メンバー全員が納得してからだ」とキャットマルは言う。「その前に無理やり終わりにすると、将来に禍根を残すことになる」

キャットマルは、キャッチフレーズやモットーをあまり信用していない。現実を歪める作用があると考えているからだ。それでも数は多くないが、ピクサーにはおなじみの「エドイズム」も存在する。いくつか紹介しよう。

・自分より賢い人を雇う
・失敗は早くしろ、そしてたくさん失敗しろ

・すべての人のアイデアを聞く
・問題と正面から向き合う
・二流の仕事は精神に悪影響を与える
・いいアイデアに投資するよりも、優秀な人々に投資するほうが大切だ

これを見て、ダニー・マイヤーのキャッチフレーズとはだいぶ違うということに気づいた人もいるだろう。うまい言い回しや、キャッチーな表現は1つもない。どれも平凡で、当たり前のことばかりだ。この違いこそが、「安定のチーム」と「創造的なチーム」の違いになる。

マイヤーが目指しているのは安定のチームであり、そのためには、彼が目指しているものをすべてのスタッフに徹底させる必要がある。一方でキャットマルは創造的なチームを目指している。大切なものは、メンバーが自分で見つけなければならない。

キャットマルの仕事は、ピクサーとディズニーの社内を歩き回り、観察することだ。新しい社員の採用や、ブレイントラストを監督し、失敗や成功の兆しを見逃さないように目を光らせている。

また、自分独自の情報網をつくり、目に見えないところでの動きも見逃さない。チーム内に気まずい沈黙や、お互いを避けるような雰囲気があれば、キャットマルはすぐに気づく。チームが自主的に何かを決めれば、それを大歓迎する（たとえば以前、アニメーターのチームが、会社の庭でボーイスカウトのようなキャンプを行った）。そしてキャットマルは、失敗したチームを擁護する（彼らの失敗は、ときにとても高くつく）。

ダニー・マイヤーが灯台だとするなら、エド・キャットマルは船の機関士のような存在だ。機関士は舵を握らない。船内を歩き回り、エンジンの調子を確認する。ピストンを交換したり、あちこちに油を差したりする。

「私にとって、会社の経営はクリエイティブな作業だ」と彼は言う。「会社の経営は問題解決であり、私はそれが好きなんだ」

必要なのは創造的な人たちのサポート

キャットマル方式が本当にうまくいくのか実験してみたいというのなら、次のステップで行うといいだろう。

（1）不調の映画スタジオを見つける、（2）そこに経営者としてキャットマルを送り込む。スタッフは1人も変えない。そして、キャットマルのお手並みを拝見する。

2006年、この実験とまったく同じことが起こった。不調の映画スタジオは、かのウォルト・ディズニー・アニメーションだ。

1990年代はヒット映画を連発したディズニーも、そのころは10年も続くスランプに苦しんでいた。出す映画はどれも平凡で、当然ながらお金も入ってこない（不発に終わった映画の例をあげると、『アトランティス　失われた帝国』『ブラザー・ベア』『トレジャー・プラネット』『ホーム・オン・ザ・レンジ　にぎやか農場を救え！』などがある）。

そこでディズニーCEOのボブ・アイガーは、思い切って心臓移植手術を行うことを決意する。ピクサーを買収し、キャットマルとジョン・ラセターに名門復活を託したのだ。

この組み合わせがうまくいくと考えた人は少なかった。

第一に、ピクサーとディズニーでは会社の規模が違いすぎる。ピクサーはどちらかといえば小さく、ディズニーは巨大企業だ。キャットマルとラセターに、この巨艦が操縦できるとは思えない。「フォーチュン」誌は、「ニモがクジラを飲み込むようなもの」と表現した。

また、地理的な問題もある。同じカリフォルニア州とはいえ、ピクサーの本拠地はオークランドに近いエメリービルで、ディズニーの本拠地は560キロも離れたバーバンクだ。エンターテインメント業界の歴史を見ても、この種の買収はリスクが高く、共倒れになることも多い。

買収が成立すると、キャットマルとラセターはバーバンクを訪ね、ディズニー社員を前にスピーチをした。ラセターの話は刺激的だった。ディズニーの伝統を讃え、再興を誓った。

一方でキャットマルは、いつものキャットマルだった。発言はごく短く、要点しか言わない。「ディズニーをピクサーのクローンにするつもりはない。あなたがたの才能と情熱に基づいてスタジオをつくる」

彼らはさっそく仕事に取りかかった。最初に手をつけたのは、物理的な構造だ。買収当時、ディズニーの社員は、4階建ての巨大なビルの中に散らばっていた。アニメーション、レイアウト、デザインといった専門ごとに固まり、チームのメンバーはバラバラになっていた。

キャットマルは、クリエイティブ部門、技術部門を問わず、すべての社員を一同に集めた。場所は、社屋の中央に近い「カフェイン・パッチ」と呼ばれる広い集会場だ（キャットマルもラセターも、週に2日はディズニーですごすことに決めていた)。

キャットマルが次に手をつけたのは、製作過程だ。当時のディズニーは、昔ながらの技法で映画をつくっていた。手順は次の通りだ。

1 スタジオ幹部が人を選び、ストーリー開発チームをつくる
2 スタジオ幹部ができあがった複数のストーリーを評価し、その中から映画にするストーリーを選び、それぞれに監督を割り当てる
3 監督が映画をつくり、スタジオ幹部が初期バージョンを見て意見を述べる。ときには「ベイクオフ」と呼ばれるコンテストを開催し、公開する映画を決める

キャットマルはそのプロセスに大なたを振るった。幹部は創作に口出しできないようにする。創作面での決定権は、すべて監督にある。新しいプロセスでは、ストーリーのアイデアを出すのは監督の責任だ。上から割り当てられたストーリーの監督をするのではなく、自分で考えたストーリーを自分で売り込む。

そして幹部の仕事は、すべてを決めることではなく、アイデアを形にするという苦しい作業を実際に行う監督とチームのサポートだ。

キャットマルはこの新しい創作プロセスを導入するにあたり、ディズニーの監督と経営幹部をピクサーに招き、ブレイントラストを見学してもらった。映画の欠点を徹底的に指摘し、そこからさらにいいものを生み出す過程を体験してもらった。

変化はすぐに現れた。ディズニーの監督は、のびのび仕事ができると大喜びで、この変化をベルリンの壁の崩壊にたとえたほどだ。社内に希望の灯がともった。ディズニー版のブレイントラストである「ストーリートラスト」も大成功で、これまでにもっとも有益な話し合いができたと誰もが満足した。

しかしキャットマルは、まだ成功を祝う気分にはなれなかった。本当の変化は一晩では起こらないということを知っていたからだ。

「変化には時間がかかる」と彼は言う。

「何度も失敗や挫折を経験しなければならない。そしてそこから立ち上がり、互いに支え合いながら前に進んでいく。そういう経験を通して初めて、チーム内に本物の信頼関係が生まれるんだ」

そして、キャットマルの言葉通りになった。合併後の最初の映画から、変化の効果は現れていた。批評家の評価も高く、興行成績も上がった。

こうして2010年、ディズニーもついにピクサーのレベルで創作活動ができるようになる。たとえば、『塔の上のラプンツェル』(全世界の興行収入は5億9100万ドル)、『シュガー・ラッシュ』(4億7100万ドル)、『アナと雪の女王』(12億ドル)、『ベイマックス』(6億5700万ドル)、さらに『ズートピア』(9億3100万ドル)と、ヒット作を連発する。

キャットマルも言うように、この間にディズニーのスタッフはほぼ変わっていない。「これらの映画をつくった人たちは、あの失敗作をつくっていたのと同じ人たちだ」と彼は言う。

「私たちは新しいシステムを導入した。彼らはそのシステムを学び、自分たちの態度を変えた。今の彼らは、まったく違うチームに生まれ変わったよ」

考えてみれば不思議な話だ。「システムを変える」というごく当たり前の方法で、創造性や革新性が花開くというのだ。

創造的なチーム、革新的なチームをつくるという作業に、創造性は関係ない。必要なのは、創造的な人たちをサポートすることだ。作品を彼らの手に戻し、創造という苦しい作業を協力して乗り切れるようなシステムを確立することだ。

第17章 行動のためのアイデア3

価値や目標を共有する方法

成功しているチームの文化には、意外な共通点がある。それは、危機のときに生まれたということだ。

ピクサーの危機は、１９９８年、大ヒット作『トイ・ストーリー』の続編をつくろうとしたときに訪れた。続編は劇場で公開せず、ビデオ販売だけにする予定だった。当初はそれほど難しい仕事になるとは考えていなかった。だって、ただの続編ではないか。

しかし、初期のバージョンは最悪だった。盛り上がりのないストーリー、まるで感情移入できないキャラクター。オリジナルの輝きがすべて失われてしまっている。キャットマルとラセターは、これはピクサーの根幹にかかわる問題だと気がついた。

ピクサーは、平凡で満足する会社なのか、それともつねに最高を目指すのか？

彼らは初期バージョンを廃棄し、最初からつくりなおすことに決めた。しかもビデオ作品ではなく、劇場で公開する長編映画にする。この最後の瞬間に下した決断が、ピクサーのアイデンティティを救うことになった。このときの経験から、ブレイントラストなどのチームで働くシステムも生まれている。

ネイビーシールズも、1983年のグレナダ侵攻で同じような経験をしている。ミッションは単純明快だった。1つのチームがパラシュートで海に降下し、泳いで上陸し、グレナダで唯一のラジオアンテナを占拠する。

しかし、悪天候、連絡の不行き届き、間違った決断という不運が重なり、チームは重い装備をつけて、嵐の真夜中に降下することになってしまった。その結果、4人の隊員が水死した。シールズはこの失敗をきっかけに、意思決定とコミュニケーションのシステムを新しくつくりなおすことになった。

ダニー・マイヤーもまた、レストランを始めたばかりのころは失敗の連続だった。「ライトが天井から落ちてきたときは、もう少しでお客を殺してしまうところだった」と彼は言う。

「それに、飲みすぎたお客ととっくみあいのケンカをしたこともある。お互いに体を押したとか、そんなかわいいものではない。本当に殴り合いになったんだ。レストランのお客の全員が見ている前でね。彼は私のあごを殴ると、頭をドアに押しつけた。私は彼の股間を蹴り上げた。あのころにインターネットがなくて本当に助かったよ」

価値や目標を共有するために必要なこと

失敗はどのチームにもある。成功しているチームの違いは、失敗を生かして、自分たちの目標や価値観をより明確にしていることだ。

成功しているチームのリーダーは、感謝の気持ちで過去の失敗をふり返る。ときにはノスタルジーを感じることさえある。たしかに失敗はつらい経験だが、自分たちにとって本当に大切なものに気づかせてくれる経験でもある。

そのことを念頭におき、チームの目的意識についてあらためて考えてみよう。ただミッションステートメントを石碑に刻んだり、キャッチフレーズを社員全員で暗唱したりするだけでは、本物の目的意識は生まれない。「挑戦」「失敗」「反省」「学習」の終わりのないプロセスを通して、目的意識は形づくられていく。

目的意識の高い環境は、天から降ってくるものではない。チームが協力して問題を解決する過程で、地面から何度も何度も掘り起こすものだ。そうやってチームは進化し、めまぐるしく変化する世界が投げつける問題も解決できるようになる。

それを実現するための具体的な方法をいくつか紹介しよう。

優先順位をはっきりさせる

しばらく前、ビジネス誌の「Ｉｎｃ．」が、６００社の幹部を対象に、会社の優先事項トップ3を知っている社員は、全体の何パーセントになると思うかという質問をした。答えの平均は「64パーセント」だった。

「Ｉｎｃ．」は次に、同じ会社の従業員を対象に、会社の優先事項トップ3を知っているかという質問をした。すると、知っていたのは全体のわずか2パーセントだった。彼らが例外的なのではない。これが普通だ。

リーダーはえてして、部下たちに自分の気持ちは通じていると考えがちだが、実はまったく通じていない。つまりチームの優先順位をメンバーに知っておいてもらいたいなら、しつこいぐらい伝えなければならないということだ。空気と同じような存在になるまで、何度も何度も伝えなければならない。

1つの方法は、ジョンソン・エンド・ジョンソンのジェームズ・バークが「我が信条」でやったように、会社の価値観や目的を定期的に確認することだ。そのためには、普段から価値や目標について会話を重ね、「われわれは何者か？」「われわれはどこに向かっているのか」という大きな質問ができるような環境をつくる必要がある。

取材で会ったリーダーの多くは、本能的にこれを行っていた。彼らはみな、「生産的な不満」とも呼べるような態度を持っている。成功していても、それを心から信じてはいない。他にもっといい方法があるはずだと考えている。

それに変化を恐れない。自分がすべての答えを持っているわけではないと自覚しているので、つねに教えを求め、向上を目指している。

「習熟」が必要な分野と、「創造性」が必要な分野を見きわめる

どのグループに必要なスキルも、「習熟」が必要なものか、または「創造性」が必要なものに分類される。

習熟のスキルとは、同じ仕事を高い質を保ってくり返す能力だ。機械のような正確さが求められる。このスキルが必要になるのは、たとえばサービス業のように、理想の姿がはっきり決まっている分野だ。

習熟のチームをつくるのは、わかりやすい地図を書く作業に似ている。目的地を明るく照らし、目的地までのルートもはっきり決めなければならない。その方法は次の通りだ。

・「目標とする最高の姿」をわかりやすく伝える
・くり返しとフィードバックを主体にしたトレーニングを行う
・行動の指針になるような覚えやすい標語をつくる（「もしXなら、Yをする」）
・スキルの基礎を重視する

対して創造性の高いチームをつくるには、チームの自主性を認める必要がある。何もないところから何かを生み出すという難しい作業を、チームが自分の力で行っていかなければならないからだ。

創造的な作業を行うチームに目的意識を持たせるという仕事は、遠征隊に物資を補給する仕事に似ている。燃料やツールを送り、後方からしっかり支え、チームが安心して難しい仕事に取り組めるようにするのだ。その方法をいくつか紹介しよう。

・チームの構成や力関係に細心の注意を払う

・創造的な活動におけるチームの自主性をはっきりと定義し、何があっても守り抜く
・失敗を恐れない環境をつくり、フィードバックを与える
・チームの自主的な行動を盛大に祝う

もちろん、たいていのチームは習熟と創造性の組み合わせでできている。習熟を目指す分野もあれば、創造性が必要になる分野もある。ここでのカギは、両者の違いをきちんと見分け、それに合わせてリーダーシップを発揮するということだ。

キャッチフレーズを活用する

成功しているチームを観察していると、チーム内でキャッチフレーズが盛んに使われていることに気づく。しかも、当たり前の内容や、ただのきれい事に聞こえる内容が多い。そういうキャッチフレーズを、空虚で中身がない、ただの自己満足だなどの理由で嫌う人も多いだろう。

しかし、その態度は間違っている。安っぽく聞こえるのは、キャッチフレーズの欠陥ではない。むしろ仕様だ。安っぽい言葉には、わかりやすい、人の耳に届きやすいという長所もあり、それがキャッチフレーズ本来の働きだ。

効果的なキャッチフレーズの特徴は、シンプルであること、行動志向であること、そしてわかりやすいことだ。「すごく楽しく、ちょっと変わってる」（ザッポス）、「言葉は少なく、行動は多く」（ＩＤＥＯ）、「勉強を頑張り、友だちに優しくする」（ＫＩＰＰ）、「岩を叩け」（サンアントニオ・スパーズ）、「よりよい場所にジャージを残せ」（オールブラックス）、「ゲストのために盛り上げる」（ダニー・マイヤーのレストラン）。

美しい詩のようだという形容はあてはまらないかもしれないが、行動をベースにしたわかりやすい表現であることはたしかだ。目的地に到達するために、チームのやるべきことを明確に指示している。

本当に大切なことを計測する

明確な目的意識を確立するうえでもっとも大きな障害は、世界にあふれている余計なノイズだ。たとえ「これだ」と決めても、「他にもっといいものがあったかもしれない」という迷いはつねにつきまとう。

この事態を解決する方法の１つは、本当に大切なことを計測する方法を確立することだ。ザッポスを例に説明しよう。

ザッポス創業当初、コールセンターのスタッフは、かけた電話の本数で評価されていた。しかしトニー・シェイは、そのやり方はザッポスの価値観に反すると考えた。それに、スタッフは電話の本数を増やすことだけを考え、顧客への対応が雑になるかもしれない。

そこでシェイは、電話の本数に変わる新しい評価基準を導入した。名づけて「パーソナル・エモーショナル・コネクション（PEC）」だ。商品に関すること以外の会話で、どれだけ顧客との間に感情的なつながりをつくったかで評価する。

もちろん、顧客との感情的なつながりを数値化するのは不可能だ。しかしシェイの本当の目的は、スタッフの意識改革だった。顧客を大切にするという会社の価値観を浸透させ、それに合致した行動を促進することだった。

その後、ザッポスのコールセンターでは、1人の顧客との電話に10時間29分も費やしたスタッフが登場した。もちろんそのスタッフは表彰され、会社のプレスリリースでも紹介された。[※25]

人工物を活用する

あるチームが成功しているかどうかは、働く環境を見るだけでいい。たとえ地球にやってきた火星人でもすぐにわかる。成功しているチームが働く場所は、彼らの価値観や目的を象徴するような人工物であふれているからだ。

たとえばネイビーシールズの本部には、戦死した仲間が身につけていた装備が展示されている。ピクサーは、オスカー像と、映画の原案になった手描きのスケッチを飾っている。

また、サンアントニオ・スパーズの練習を訪れると、ガラスケースに飾られた岩とハンマーが目に入る。これは、どんなに硬い岩も、ハンマーで叩き続ければいつかは割れるという教訓であり、スパーズのキャッチフレーズ「岩を叩け」を視覚的に表現している。

どの人工物も、目的は同じだ。「これがわれわれにとっていちばん大切なものだ」という、明確なメッセージを伝えている。

メンバーの指針になる行動にスポットライトを当てる

チームの目的意識を高めるうえで難しいことの1つは、抽象的な概念をどうわかりやすく伝えるかということだ。成功しているチームは、チームの価値観を象徴するような行動にスポットライトを当て、メンバーのお手本にするという方法を使うことがある。

そのいい例が、クイニピアック大学のホッケーチームだ。ここはコネチカット州にある小さな大学で、スポーツ推薦で入学してくるような有力選手はほとんどいない。しかしここ50年の間、つねに大学ランクの上位を維持している。それは、監督のランド・ペックノールドによるチームづくりが成功しているからだ。

ペックノールドの哲学は、「フォーティ・フォー・フォーティ」という言葉に集約されている。アイスホッケーにはバックチェックと呼ばれるディフェンスがある。相手の攻撃を後ろから追いかけて止めるプレーだ。

このバックチェックが必要になる場面は、だいたい1試合につき40回ほどある。「フォーティ・フォー・フォーティ」は、その40回すべてで全力を出そうという意味だ。

これは簡単なことではない。バックチェックは体力を消耗するプレーだ。相手の動きを見逃さない集中力も必要になる。それに、これがいちばん肝心なことだが、やったところでゲームの趨勢にそれほど影響を与えない。

「ほとんど見返りのないプレーだ」と、ペックノールドは言う。「39回連続でバックチェックしても、たいていは試合の流れにまったく影響しない。しかし、40回目に、もしかしたら何かが起こるかもしれない。相手のパックを奪えるかもしれない。ゴールを止められるかもしれない。そこから速攻で反撃し、得点につながるかもしれない。

バックチェックをしても記録には残らないが、ゲームを変えることができるかもしれない。だから私たちは、フォーティ・フォー・フォーティをモットーにしているんだ。それが私たちのホッケーだ」
クイニピアックの選手たちも、つねに「フォーティ・フォー・フォーティ」と言葉をかけ合っている。練習中も、試合中も、定期的に行われるペックノールドとの一対一の面接でも、この言葉が飛び交っている。そして、試合中に幸運にもバックチェックが成功すると、ペックノールドはそのプレーにスポットライトを当てる。

「試合の翌日に、選手を集めてビデオを見せる」と彼は言う。「私は選手の前で汚い言葉を使うようなタイプではないのだが、ここでは違う。まず映写機をセットし、選手を座らせて、まるで映画の上映会のようにバックチェックの場面を再生する。『シャッティ（フォワードのトミー・シャヤット）に注目だ』と私は言う。『この動きを見ろ。クソすごいだろう。完璧に相手を止めている』

すると選手も大騒ぎだ。シャッティが奪ったパックがゴールにつながったとしても、ここでスポットライトを浴びるのはシャッティだけだ。ゴールを決めた選手も、アシストした選手も、存在しないものとして扱う。私がほめるのは、シャッティと、彼の見事なバックチェックだけだ。

そしてそれは、つねにフォーティ・フォー・フォーティの精神で戦っているからだとチームに思い出させる。選手もそれを聞いて、誇らしい気持ちになる。そして次の練習になると、全員が真剣にフォーティ・フォー・フォーティに取り組むんだ」

ほとんど見返りのないプレーにスポットライトを当てるという手法を使っているリーダーは、ランド・ペックノールドだけではない。たとえばダニー・マイヤーは、テーブルのソルトシェイカーの位置が少しでもずれているのに気づくと、自分で位置を直す。スタッフもそんな彼の行動に気づいている。

KIPP創設者のデイヴ・レヴィンは、生徒を迎える初日に、水のボトルとノートを1ミリの狂いもないほど正確に生徒の机に置いていた。KIPPの教師の間で、彼の行動は今でも語りぐさだ。

またピクサーは、映画館で長編の前に流れる短編映画でも絶対に手を抜かず、多大な時間と、技術力と、創造性のすべてを注ぎ込んでいる。短編だけでは採算は取れないが、長い目で見れば利益になる。短編づくりは若いスタッフにとって貴重な経験になり、それにすべてにおいて完璧を期すピクサーの哲学を肌で感じることができる。

つまり、これらの小さな行動に大きな力があるのは、チームにとっていちばん大切な価値を伝送し、増幅し、そして祝福することができるからだ。

Epilogue　モンテッソーリ中学校でのチームづくり

本を書くという作業は旅に似ている。そしてすべての旅がそうであるように、本を書くことは、書いた人間を変化させる。

この本の執筆に取り組んだ4年間で、私は以前なら見過ごしていたような微妙な瞬間に気づくようになった。それは、人と人がつながる瞬間だ。地元のパン屋さんや、子供が通う学校、ガソリンスタンドなどは、小さな交流を通して人々がつながる場所になっている。

自分の弱さを認め、率直なコミュニケーションを率先して行うリーダーに対して、尊敬の念を抱くようになった。そして家庭でも、私は親として成長した。言葉を減らし、代わりに「帰属のシグナル」をもっと出すようにした（いちばんのおすすめはカードゲームだ）。

もちろん、私にはすべてが見えていると豪語するつもりはない。むしろこれは、新しいスポーツを習うことに似ている。最初はぎこちないが、しばらくすると、それらしい動きになってくる。

私がこのスキルを特によく活用するのは、チームをコーチングする場面だ。チームといっても、スポーツの話ではない。中学生の作家チームのことだ。彼らはオハイオ州クリーブランド・ハイツにあるラフィング・モンテッソーリ中学校の生徒で、私の下の娘2人もこの学校に通っている。

彼ら中学生作家チームは、「パワー・オブ・ザ・ペン」というオハイオ州の創作コンテストに参加した。生徒たちは1年かけてこの大会のために準備する。そして大会当日、与えられた3つのテーマをもとに物語を書く。たとえば、「約束を守る」「埋められた宝」といったテーマだ。そしてできた物語を審判が読み、点数をつける。

これはとても楽しく、刺激になる大会だ。創造性を発揮できるだけでなく、競争というスポーツのような一面もある。

ラフィング・モンテッソーリ中学校は、昔からこの大会で苦戦していた。この10年の間（私がコーチになったのは2年前だ）、1回戦を突破できることはたまにあったが、そこより上にはなかなか進めない。

もちろん、学校の規模を考えれば、無理もないことかもしれない。ラフィング中学は小さな学校で、生徒数はたったの40人だ。そんな彼らがオハイオ州の各地から集まるマンモス校の生徒たちと競わなければならない。
しかし私は、もっと上に行けるのではないかと考えた。そして２０１４年、一種の実験として、この本に書かれているようなことを、ラフィング中学の生徒たちで試してみることにしたのだ。

コーチングは10月に始まった。最初のセッションに参加した生徒は９人だった。キャサリン、カーソン、エリー、ヴァラ、キャロライン、ナツミ、デイヴィッド、ネイサン、ゾーイだ。

みんな元気な子供たちだが、文章のスキルとやる気はまちまちだ。ヴァラとエリーは昔から文章を書くのが好きだった。カーソンとキャロラインは経験がなく、そのため自信もなかった。

自信がないのは私も同じだった。かつての私は、伝統的（つまり権威的）な手法でコーチングしていた。話すのはコーチである私ばかりだ。学校の講義のように言葉で説明し、それから生徒に実践してもらい、フィードバックを与える。

コーチや教師の世界では、このような教え方を「壇上の賢人」と呼んでいる。これはある意味で、楽な教え方だ。しかし今回は、違う教え方に挑戦することになる。

最初に行ったのは、教室の席の配置を換えることだ。以前は、小さな机が間隔を空けて並び、それぞれに生徒が座っていた。しかし今回は小さな机を集めて大きな机をつくり、その周りに生徒全員と私が座るようにした。合わせて10人が、近い距離で顔を合わせて座っている。

次に、「書くこととは」というような講義はやめて、代わりに「今いちばん好きな本は何だろう?」という質問をした。人気があったのは、『ハリー・ポッター』と『ハンガー・ゲーム』だ。

そして次に、名前をあげた本のどこがおもしろいのか尋ねた。

「孤児の話だから」とエリーが答えた。「いいお話にはたいてい孤児が出てくると思う」

「緊迫した戦いの場面がおもしろいから」とネイサンが言った。「みんな死んじゃうし、悲惨なんだけど、読んでいて『死なないで』って気持ちになる」

「とにかくおもしろいから」とカーソンが答えた。

そこで私は、さらに尋ねた。

「なぜそんなにおもしろいのかな?」

カーソンは考え込んだ。彼は長身で痩せた少年で、大きな黒い目をしている。とても礼儀正しい生徒だ。彼は注意深く言葉を選んだ。

「読んでいると、登場人物のことが本当に心配になるからです」

「そうだね」と私は言い、カーソンとグータッチをした。彼は嬉しそうだった。

私は次の質問をした。

「文章を書くときに、『イヤだな』と思うことは何だろう？」

今度の答えは早かった。それは、アイデアが浮かばないことだ。物語がすらすらと出てくることもあるが、たいていは何も思い浮かばない。そして真っ白な画面をただじっと見つめ、途方に暮れることになる。

「ときどき頭の中が真っ白になるの」キャサリンがチームを代弁して言った。「途中までは書けるんだけど、そこから先が何も思いつかなくなる」


そこで私は、見せたいものがあると彼らに言った。バックパックの中に手を入れ、図々しくも取り出したのは、この本の原稿だ。子供たちは神妙な面持ちで原稿を受け取った。私が作家だと知っていたので、きっと完璧な文章がそこにあるに違いないと期待していただろう。

しかし読んでみると、完璧とはほど遠い状態だ。手書きの修正や削除、加筆で、余白がびっしりと埋まっている。1ページ丸々削除されているところもあった。とてもプロの作家の仕事には見えない。学生が書いたレポートのようで、しかも成績はきっとFだろう。

「これ、先生が書いたの？」と、ネイサンが尋ねた。

「そうだよ」と私は答えた。

「いつもこんなにたくさん直すの？」と、今度はヴァラが尋ねた。

「いつもそうだよ」

私は子供たちに言った。私の作品が完璧だったことなど一度もない。行きづまって書けなくなることもしょっちゅうだ。私もよく間違える。その間違いを修正していくことが、文章の向上につながるんだ。

次に私は、子供たちがやる気になってくれるような提案をした。まず15分間で物語を書く。そして全員が自分の物語を朗読して、全員が感想を言う。

自分の物語を人前で読むのをいやがる子供もいた。または、批評に適した言葉づかいがわからない子供もいた。それでも何週間か続けているうちに、私たちはみな上達していった。

最初は朗読をいやがっていたキャロラインは、しだいに自信を持てるようになり、彼女がつくりだしたSFの世界に私たちを何度も連れていってくれた。最初は批評をいやがっていたナツミは、優しく、それでいて鋭い批評を提供してくれるようになった。

私たちのフィードバックのやり方は、まず「よかったところ」を指摘し、それから「こうすればもっとよくなる」という提案をする。何度もくり返すうちに、この思考パターンが習慣になり、子供たちの態度が変わっていった。

普通に授業を受ける中学生ではなく、スパゲティとマシュマロで塔をつくる幼稚園児のようになったのだ。一緒にわいわい言いながら、1つのチームとなって問題を解決していく。

その間、私はチームのサポートに徹していた。誰かがとてもいい物語を書いたり、鋭い批評をしたりするたびに、私は何も言わず、グータッチでその生徒を讃えた。ダニー・マイヤーと同じように、教室の中で空気のような存在になるまで、キャッチフレーズを何度もくり返した。

たとえば、「問題の力」というキャッチフレーズがある。これは、おもしろい物語はかならず主人公が大きな問題と格闘するということを、思い出せてくれる言葉だ。問題は大きければ大きいほどいい（『白鯨』のエイハブ船長は何と格闘しただろう？　小さなフナではなかったはずだ）。

他には「カメラを使え」というキャッチフレーズもある。自分の視点を意識しろという意味だ（読者にキャラクターの内面に入り、共感してもらいたいのか？　それとも高い視点から客観的に眺めてもらいたいのか？）

私は彼らに何度も言った。

「すべての物語には『ＶＯＷ』がある。声（voice）、障害（obstacles）、そして欲求（wanting）だ。問題が大きいほど、物語もよくなる。きみたちは文章のアスリートだ。うまくなるには、お互いに助け合わなければいけないよ」

教える立場にとって、このコーチングスタイルは、ある意味で上から教えるだけのスタイルよりも大変だ。私自身も内省し、生徒間の対話を促したり、モチベーションを高めたりする方法を考えなくてはならない。

それに、自分が手を出さないというのもなかなか難しい。たとえば、子供たちの話し合いが横道にそれても、口をはさんで軌道修正するのをがまんしなければならない。

しかし、別の見方をすれば、この方法のほうが簡単だともいえる。

こちらの知識を伝えるという教え方の場合、教師は事前にかなり準備しなければならない。ただし、このコーチングスタイルなら、私はただ「ガイド」としてそこにいればいい。チームに自由にやらせ、必要なときだけ、言葉やボディーランゲージを使って介入する。そうやって生徒が自分で気づけるようにする。失敗に気づくこともあれば、成功に気づくこともあるだろう。

バレンタインデーが、コンテストの地区大会だった。当日、オハイオ州北部は朝から猛吹雪だった。雪が10センチ以上積もり、秒速20メートルの強風が吹いている。

私たちは嵐の中、車を走らせ、開催地の学校に向かった。道中、道路を外れて動けなくなった車を何台も見かけた。救急隊員が道路脇に集まっている。まるでゾンビ映画のワンシーンのようだった。「この嵐の物語を書こうよ」とゾーイが言った。子供たちは同意し、めいめいが執筆に没頭した。

そして開催地の学校に到着した。私たちのチームには窓際の席が割り当てられていた。子供たちは互いにグータッチをすると、自分のテーマを受け取り、教室の中に消えていった。2時間後、彼らが教室から出てきたとき、ぐったりと疲れ、不安そうな表情だ。午後3時、採点が終わり、参加者全員と引率の教師が体育館に集まった。

結論から言うと、わがチームはなかなかの成績だった。ゾーイは7年生部門の14位だった。8年生部門では、ネイサンが12位、ヴァラが10位、ナツミが4位、そしてエリーは1位だった。その日の終わりに、私たちは8年生部門のトロフィーを掲げていた。

その数週間後、また別の地区大会に参加して、同じようにいい成績を収めた。ゾーイは学年部門で1位になり、全学年部門でも1位になった。私たちのチームから州大会に進めたのは4人だ。これはラフィング・モンテッソーリ中学校史上、最大の数になる。そしてエリーは新人賞を獲得した。

しかし私にとってのハイライトはそこではない。私がいちばん嬉しかったのは、カーソンの変化だった。カーソンは物静かな8年生で、物語を書くのはほぼ初めてだった。地区大会を勝ち抜くことはできなかったが、それでも木曜のクラスには欠かさず参加していた。物語を書くことへの苦手意識もなくなり、みんなの前で朗読するのも楽しめるようになった。

さらに、カーソンは執筆以外の分野で、創造的な面を見せてくれた。その年の春、学校の劇で「アラバマ物語」に出演して見事なアティカス・フィンチを演じ、教師や親たちを驚かせた。

物語クラブでのカーソンは、ジョニー・マックタフという伝説の人物を主人公にしたユーモア小説をよく書いていた。マックタフは長身のハンサムで、自信に満ちあふれた高校生だ。自分が世界一のフットボール選手だと勘違いしている。

ジョニー・マックタフのシリーズはとてもおもしろかった。ジョニーは常軌を逸した自信家で、自分だけの力で勝てると信じ切っている。コーチも、チームも、親も、さらにはヘルメットさえも必要ない。その自信過剰な性格のせいで、次から次へとピンチに襲われることになる。

その騒動がとても笑えるのだが、マックタフの物語でいちばんいいところは別にある。それは、毎週クラスでくり広げられる、カーソンと他のメンバーとのやりとりだ。カーソンがわざと低いマッチョな声を出してマックタフの物語を朗読すると、メンバーはみんな笑い転げる。カーソンの演技力でこの世紀の勘違い男の話を聞くのが、楽しくてたまらないのだ。

そしてひとしきり笑うと、今度はみんなで、物語をもっとよくする方法について話し合う。

謝辞

本の執筆はチームプロジェクトであり、私は幸運にもすばらしいコーチ陣に恵まれた。まず名前をあげたいのは、優秀な編集者のアンディ・ウォードと、敏腕エージェントのデイヴィッド・ブラックだ。

兄弟のモーリスは才能あふれる編集者、作家であり、本書のための調査、執筆、コンセプトの確立、アイデアの練り直し、原稿の編集過程で欠かせない存在だった。それに加えて、私とのめんどうな会話に何時間もつきあってくれた。この本が形になったのは、このモーリスとの会話のおかげが何よりも大きい。

ランダムハウスのケイラ・マイヤーズ、シンディ・マレー、スーザン・コーコラン、キム・ホヴィー、カラ・ウォルシュ、サニュー・ディロン、デビー・アロフ、テレサ・ゾロ、マックス・ミンクラー、スコット・シャノン、サイモン・サリヴァン、アメリア・ザルクマン、パオロ・ペペ、そしてジーナ・チェントレッロ。ブラック・インクのスーザン・ライホーファー、エミリー・ホフマン、サラ・スミス、そしてジェニー・ヘレラ。ワナシェイカーのマーガレット・ユウェン、キャサリン・ユウェン、そしてエイドリアン・ザンド。ピクサーのエド・キャットマル、ミシェル・ラドクリフ、ウェンディ・タンジーロ、そしてマイク・サンディ。サンアントニオ・スパーズのR・C・バフォード、チップ・イングランド、チャド・フォーシエ、そしてショーン・マークス。ザッポスのマギー・シュー、ジョー・マホーン、リサ・シュフロ、エンジェル・サグ、ジャンヌ・マーケル、ズービン・ダマニア、ザック・ウェア、そしてコニー・イップ。IDEOのデュエイン・ブレイ、ニリ・メトゥキ、ジョキ・ギタヒ、ローレンス・エイブラハムソン、ピーター・アントネッリ、そしてナディア・ウォーカー。KIPPのデイヴ・レヴィン、マイク・ファインバーグ、ジョー・ネグロン、アリソン・ウィリス・ホーリー、ローレン・エイブラムソン、アンジェラ・ファシラ、ジェフ・リー、カーリー・スコット、アレクサロシェ、そしてグレン・デーヴィス。アップライト・シチズンズ・ブリゲードのケヴィン・ハインズとネイト・ダーン。ユニオン・スクエア・ホスピタリティ・グループのダニー・マイヤー、エリン・モラン、ハーリー・キャロル、リチャード・コレイン、レイチェル・ホフハイマー、スーザン・ライリー・サルガド、ステファニー・ジャクソン、キム・ディパロ、アリソン・スタード、そしてターニャ・エドマンズ。

本人たちの要望により名前は出せないが、ネイビーシールズの隊員たちにも感謝を。

科学界の多くの人たちも、多大な時間と専門知識を本書のために提供してくれた。ジェイ・ヴァン・バヴェル、エイミー・エドモンドソン、シガル・バルサデ、グレゴリー・ウォルトン、ジェフ・コーエン、ジェフ・ポルザー、カール・マーシー、ウィル・フェルプス、トム・アレン、ジェフリー・シンプソン、クリフォード・ストット、アンディ・モリンスキー、ブラッドリー・スターツ、オーレン・レーダーマン、アレックス・ペントランド、レブ・レベル、コンスタンティノス・コウティファリス、マシュー・コリトレ、そしてベン・ウェイバー。

多くの同業者や友人も、チームの文化やパフォーマンスについて多くの知見を提供してくれた。彼らがこんなにも寛容なのは、彼ら自身がすばらしいチームの一員だからでもある。クリス・アントネッティ、マイク・チェルノフ、テリー・フランコナ、ポールとカレン・ドーラン、デレク・ファルヴィー、カーター・ホーキンス、ジェームズ・ハリス、セシ・クラーク、ブライアン・マイルズ、オスカー・グティエレス・ラミレス、アレックス・エッケルマン、エリック・ビンダー、マット・フォーマン、トム・ウィーデンバウアー、スカイ・アンドレチェック、ヴィクター・ワン、アレックス・メルバーグ、マット・ブレイク、ジョニー・ゴリル、マレーネ・リーキー、ニルダ・タファネッリ、ロス・

アトキンス、マーク・シャピロ、アダム・グラント、ピーター・ヴィント、ジョン・ケッセル、クリス・グラント、ジェリー・アジナロ、ジョシュ・ギブソン、スティーヴ・ゲラ、リッチ・ディヴィニー、サム・プレスティ、ビリー・ドノバン、マーク・ダイグノールト、オリヴァー・ウィンターボーン、ダスティン・シール、スコット・マクラクラン、マイク・フォード、ヘンリー・アボット、デイヴィッド・エプスタイン、アレックス・ギブニー、ラズロ・ボック、トム・ウジェク、ボブ・ボウマン、デイヴィッド・マーシュ、フィン・ガンダーソン、リッチー・グレアム、アン・バフォード、トロイ・フラナガン、ショーン・ハンター、デニス・ジャファア、ランド・ペックノールド、ブレット・レッドベター、ピート・キャロル、シンディ・ブリストウ、マイケル・ルールマン、ビル・パブスト、ジェイ・バーハルター、ニコ・ロメイジン、ヴィム・ファン・ツヴァン、スコット・フラッド、ダン・ラッセル、そしてダグ・レモフ。

プライベートでサポートしてくれた人たちにも感謝を。ジョン・コイル、マリアン・ジョーンズ、ジョン・ギュギオ、ロブ・フィッシャー、フレッドとビーブ・フィッシャー、トム・キッツィア、トッド・バルフ、ジェフとシンディ・ケラー、ローラ・ホーンホルド、マイク・パテルニティ、サラ・コーベット、マーク・ブライアント、マーシャル・セラ、キャシー・フリーア、トムとケイティ・バーシュ、ポール・コックス、カースティン・ドクター、ロブとエミリー・ポラード、デイヴ・ルーカス、ジョージ・ビルゲレ、ダグとリサ・ヴァヒー、カリ・サーマン、ジョン・ロア、ジオ・ビーチ、シドニー・ウェブ、そしてリサ・ダムールは、編集者としての鋭い視点を提供してくれた。

最後に、両親のモーリスとアグネス・コイルに感謝を。いつでも私を導く北極星であり、支えてくれる存在だ。そして子供たちのエイダン、ケイティ、リア、ゾーイにも感謝を。パパの自慢の子でいてくれてありがとう。きみたちの存在は大きな喜びだ。

そして妻のジェンに最大の感謝を。あなたの温かさ、賢さ、優しさ、愛が、私の毎日を明るく照らしてくれる。この本が存在するのは、ひとえにあなたのおかげだ。

注

Introduction　2足す2が10になるとき

1. ちなみに幼稚園チームは、弁護士チーム（平均38センチ）やＣＥＯチーム（平均56センチ）よりも上だった。
2. チームを選んだ基準は以下の通りだ。（１）最低でも10年にわたってそれぞれの分野でトップ１パーセントの地位を維持していること（適用可能な場合）。（２）メンバーが変わっても成功を維持していること。（３）業界内外の信頼できる人たちから認められているチーム文化であること。選考が偏らないように、成功していないチームも多数分析している（92ページを参照）。

チームの文化が業績に与える影響についてさらに詳しいことは以下を参照。John Kotter and James Heskett's *Corporate Culture and Performance* (New York: The Free Press, 1992)（『企業文化が高業績を生む：競争を勝ち抜く「先見のリーダーシップ」』Ｊ・Ｐ・コッター、Ｊ・Ｌ・ヘスケット著、梅津祐良訳、ダイヤモンド社、1994年）; D. Denison and A. Mishra, "Toward a Theory of Organizational Culture and Effectiveness," *Organization Science* 6 (1995), 204–23; and G. Gordon and N. DiTomaso, "Predicting Corporate Performance from Organizational Culture," *Journal of Management Studies* 29 (1992), 783–98.

第１章　チームに必要な環境

3. その証拠に、成功したチームの多くは、自分たちに家族のような呼び名をつけている。ピクサー社員は「ピクサリアン」で、グーグル社員は「グーグラー」だ。ザッポス社員やＫＩＰＰ職員と生徒も、それぞれ「ザッポニアン」「KIPPスター」を自称している。

帰属のシグナルについてさらに詳しいことは以下を参照。W. Felps, T. Mitchell, and E. Byington, "How, When, and Why Bad Apples Spoil the Barrel: Negative Group Member and Dysfunctional Groups," *Research in Organizational Behavior* 27 (2006), 175–222; J. Curhan and A. Pentland, "Thin Slices of Negotiation: Predicting Outcomes from Conversational Dynamics Within the First Five Minutes," *Journal of Applied Psychology* 92 (2007), 802–11; and William Stoltzman's "Toward a Social Signaling Framework: Activity and Emphasis in Speech," master's thesis, MIT (2006). 計量社会学的分析について詳細は以下を参照。Alex Pentland's *Honest Signals* (Cambridge, MA: MIT Press, 2008)（『正直シグナル：非言語コミュニケーションの科学』アレックス・ペントランド著、柴田裕之訳、みすず書房、2013年）and *Social Physics* (New York: The Penguin Press, 2014)；Ben Waber's *People Analytics* (Upper Saddle River, NJ: Pearson FT Press, 2013)（『職場の人間科学：ビッグデータで考える「理想の働き方」』ベン・ウェイバー著、千葉敏生訳、早川書房、2014年）.

心理的な安全という概念が最初に提唱されたのは以下の論文だった。William Kahn, "Psychological Conditions of Personal Engagement and Disengagement at Work," *Academy of Management Journal* 11 (1990), 692–724. エイミー・エドモンドソンによるこの分野の研究は卓越している。以下の書籍が特に参考になる。*Teaming: How Organizations Learn, Innovate, and Compete in the Knowledge Economy* (San Francisco: Jossey-Bass Pfeiffer, 2012)(『チームが機能するとはどういうことか：「学習力」と「実行力」を高める実践アプローチ』エイミー・エドモンドソン著、野津智子訳、英治出版、2014年).

第2章　チームの化学反応

4. グーグルとオーバチュアの例はよくあるパターンでもある。1990年、社会学者のジェームズ・バロンとマイケル・ハンナンは、200近くのシリコンバレーのスタートアップ企業を対象に、企業文化に関する調査を行った。その結果わかったのは、彼らには共通する３つのモデルがあり、どの企業も３つのうちのどれか１つにあてはまるということだ。３つのモデルとは、「スター・モデル」「プロフェッショナル・モデル」「コミットメント・モデル」だ。スター・モデルの企業は、飛び抜けて優秀な「スター」人材を集めたがる。プロフェッショナル・モデルの企業は、ある特定のスキルを持った人材を集める。それに対してコミットメント・モデルの企業は、共通の価値観を持ち、つながりの強いチームをつくることを第一に考える。この３つのモデルのうち、もっとも成功率が高かったのはコミットメント・モデルだ。2000年にＩＴバブルがはじけたときも、もっともたくさん生き残ったのはコミットメント・モデルを採用していたスタートアップだ。それにＩＰＯにこぎ着ける確率も、他の２つのモデルの３倍になる。
5. この効果がよくわかる例をあげよう。ここでのつながりは、ご先祖様とのつながりだ。ピーター・フィッシャーの研究チームが行った実験によると、自分の家系図についてほんの数分間考えるだけで、友人や買い物リストについて考える、または何も考えないときと比べ、認知力を測るテストの点数が飛躍的に向上するという。フィッシャーらは、先祖とのつながりを感じることで、自主性や、自分や状況をコントロールしているという感覚につながるという仮説を立てている。

グーグルのアドワーズ開発についてさらに詳しいことは以下を参照。Steven Levy's *In the Plex* (New York: Simon & Schuster, 2011)(『グーグル ネット覇者の真実：追われる立場から追う立場へ』スティーブン・レヴィ著、仲達志、池村千秋訳、CCCメディアハウス、2011年). 組織モデルごとの成功する確率については以下を参照。J. Baron and M. Hannan, "Organizational Blueprints for Success in High-Tech Startups: Lessons from the Stanford Project on Emerging Companies," *California Management Review* 44 (2002), 8–36; and M. Hannan, J. Baron, G. Hsu, and O. Kocak, "Organizational Identities and the Hazard of Change," *Industrial and Corporate Change* 15 (2006), 755–84.

帰属のシグナルと態度の変化についてさらに詳しいことは以下を参照。G. Walton, G. Cohen, D. Cwir, and S. Spencer, "Mere Belonging: The Power of Social Connections," *Journal of Personality and Social Psychology* 102 (2012), 513–32; G. Walton and P.

Carr, "Social Belonging and the Motivation and Intellectual Achievement of Negatively Stereotyped Students," in *Stereotype Threat: Theory, Processes, and Application*, M. Inzlicht and T. Schmader (eds.) (New York: Oxford University Press, 2012); A. Brooks, H. Dai, and M. Schweitzer, "I'm Sorry About the Rain! Superfluous Apologies Demonstrate Empathic Concern and Increase Trust," *Social Psychological and Personality Science* 5 (2014), 467–74; G. Carter, K. Clover, I. Whyte, A. Dawson, and C. D'Este, "Postcards from the Edge Project: Randomised Controlled Trial of an Intervention Using Postcards to Reduce Repetition of Hospital Treated Deliberate Self Poisoning," *BMJ* (2005); and P. Fischer, A. Sauer, C. Vogrincic, and S. Weisweiler, "The Ancestor Effect: Thinking about Our Genetic Origin Enhances Intellectual Performance," *European Journal of Social Psychology* 41 (2010), 11–16.
帰属とアイデンティティが脳内でどう働くかについてさらに詳しいことは以下を参照。J. Van Bavel, L. Hackel, and Y. Xiao, "The Group Mind: The Pervasive Influence of Social Identity on Cognition," *Research and Perspectives in Neurosciences* 21 (2013), 41–56; D. Packer and J. Van Bavel, "The Dynamic Nature of Identity: From the Brain to Behavior," *The Psychology of Change: Life Contexts, Experiences, and Identities*, N. Branscombe and K. Reynolds (eds.) (Hove, United Kingdom: Psychology Press, 2015); and D. de Cremer and M. van Vugt, "Social Identification Effects in Social Dilemmas," *European Journal of Social Psychology* 29 (1999), 871–93.

第3章　結束力のあるチーム

6. この休戦を喜ばなかった人物の１人に、アドルフ・ヒトラーがいる。ヒトラーは当時ドイツ軍の伍長で、予備隊の一員としてフランダース戦線の近くに配属されていた。ヒトラーは、休戦に参加した同僚の兵士に向かって、「戦時においてあのようなことは絶対にあってはならない。きみたちにドイツ人の誇りはないのか？」と言ったとされている。
7. この物語の最後の章は、それほど感動的ではないかもしれないが、それでも重要なことを教えてくれる。後方に控えた両軍の司令官たちは、休戦の話を耳にすると、すぐにこれを防止する対策を立てた。攻撃命令を出し、兵士の配置換えを定期的に行うことで、両軍の絆はいともあっさりと崩れ去ったのだ。そして翌年のクリスマスは、いつも通りの戦闘が行われた。
8. 空軍が作成したキャリーに関する42ページの報告書から一部を抜粋する。「（キャリーは）酔った状態で現れると、（チューリッヒ空港内の）公共の場所で自分の仕事について語り始めた。自分は現役で稼働する世界で唯一の核ミサイル発射基地の司令官であり、毎日世界を核の脅威から守っていると、周囲に聞こえる大声で自慢した」。そしてモスクワでは、泥酔した状態で修道院の見学ツアーに参加し、ロシア人のガイドと「グータッチ」をしようとした。パーティの席では、ホストが乾杯の挨拶をする間に何度も口を挟んでじゃまをした。「２人のホットな女」と彼が呼ぶ女性を連れてラ・カンティーナという名のバーへ行った。報告によると、自分もステージに上がってバンドと一緒に歌いたがったりギターを弾きたがり、何度もバンドに頼んでいたという。報告書には、「バンドはマイケル・キャリー少将の参加を許可しなかった」と書かれていた。

クリスマス休戦の物語は多くの場所で語られているが、以下の書籍が特に詳しい。Tony Ashworth's *Trench Warfare 1914–1918: The Live and Let-Live System* (London: Pan Books, 2000); Stanley Weintraub's *Silent Night* (New York: Plume, 2002). 利他的な行為一般についてさらに詳しいことは以下を参照。Robert Axelrod's *The Evolution of Cooperation* (New York: Basic Books, 1984)（『つきあい方の科学：バクテリアから国際関係まで』R・アクセルロッド著、松田裕之訳、ミネルヴァ書房、1998年）; Michael Tomasello's *Why We Cooperate* (Cambridge, MA: MIT Press, 2009)（『ヒトはなぜ協力するのか』マイケル・トマセロ著、橋彌和秀訳、勁草書房、2013年）.

ウィプロの実験についてさらに詳しいことは以下を参照。D. Cable, F. Gino, and B. Staats, "Breaking Them In or Revealing Their Best? Reframing Socialization Around Newcomer Self-Expression," *Administrative Science Quarterly* 58 (2013), 1–36. 核ミサイル発射台のクルーについてさらに詳しいことを知りたい人には以下の書籍をすすめる。Eric Schlosser's *Command and Control* (New York: The Penguin Press, 2013).

第4章　帰属意識の育て方

9. ＮＢＡでは利己的なプレーが推奨されていることを考えると、彼らの献身的なプレーの特異さがよくわかる。2013年、エリック・ウールマンとクリストファー・バーンズという２人の研究者が、９シーズンにわたるＮＢＡの試合を分析し、レギュラーシーズンとプレーオフのプレーを比較した。分析によると、プレーオフの試合では、シュートを１本決めるごとに年俸が２万2044.55ドル上昇する。反対にシュートを決めた選手にパスを出した選手は、年俸が6116.69ドル減少した。自分でシュートせずにパスを出すのは、パス相手のチームメイトに２万8161.24ドルあげるのに等しいということだ。

10. ポポヴィッチはテクノロジーをかたくなに拒んでいるにもかかわらず（または拒んでいるからこそ、かもしれない）、ここまでのつながりをつくることができる。パソコンは持っていても使わない。メールは、アシスタントがプリントアウトしてくれたものを読む。昨年、スタッフから懇願されてとうとうiPhoneを購入したが、テキストメッセージを受け取ることはあっても、自分から送ったことはない。彼のコミュニケーションはすべて対面だ。

11. スパーズは気持ちを切り替えて第７戦に臨んだ。よく戦ったが、結果はマイアミの優勝だった。祝勝会で飲むはずだったシャンパンはそのままとっておき、その翌シーズンにマイアミを破って５度目の優勝を飾ったときに、ついに開けて乾杯した。

ポポヴィッチのコーチング能力を証明したニール・ペインの研究については以下を参照。fivethirtyeight.com/features/2014-nba-preview-the-rise-of-the-warriors/. NBA選手に利己的な性格が多い理由については以下を参照。E. Uhlmann and C. Barnes, "Selfish Play Increases During High-Stakes NBA Games and Is Rewarded with More Lucrative Contracts," *PLoS ONE* 9 (2014).

魔法のフィードバックの研究についてさらに詳しいことは以下を参照。D. Yeager, V.

Purdie-Vaughns, J. Garcia, N. Apfel, P. Brzustoski, A. Master, W. Hessert, M. Williams, and G. Cohen, "Breaking the Cycle of Mistrust: Wise Interventions to Provide Critical Feedback Across the Racial Divide," *Journal of Experimental Psychology: General* 143 (2013), 804–24.

第5章　帰属意識の高いチームをつくる

12. アレン曲線は、人間のコミュニケーションを規定するもう１つの有名な概念である「ダンバー数」と対で語られることが多い。ダンバー数とは、意味のある社会的関係を築ける人数の上限であり、だいたい150人ほどだとされている。どちらの概念も言っていることは同じであり、「人間の脳は、自分と近い距離にいる少数の人たちに集中するようにできている」ということがわかる。人数の限界が150人なら、距離の限界は約45メートルだ。これだけ離れると、裸眼で相手の顔を見分けることができなくなる。
13. 私の取材が終わった直後、ダウンタウン・プロジェクトの幹部が方針を変え、一転して管理が強化されることになった。その結果、30人のスタッフが解雇され、シェイはリーダーの座を降りることになる。この方針転換が、はたして長い目で見て成功につながるのかはまだわからない。

トーマス・アレンの研究についてさらに詳しいことは以下を参照。Thomas J. Allen's *Managing the Flow of Technology: Technology Transfer and the Dissemination of Technological Information Within the R&D Organization* (Cambridge, MA: MIT Press, 1984).

シェイは大人になった今でもマクガイバー方式に傾倒している。私が訪問したころは、ちょうど「holacracy」と呼ばれる革新的なマネジメント法を導入しはじめたところだった。マネジャーが指示を出すという従来のモデルを廃止し、代わりに各自が自分の仕事と役割を決める「サークル」という組織をつくる。「holacracy」は大失敗に終わった。多くの従業員が一斉に去り、2016年には７年ぶりに「フォーチュン」誌の「もっとも働きたい会社100」に選ばれないという事態になっている。シェイはその後、「Teal」と呼ばれるさらに難解なマネジメントシステムを採用した。その決断が組織の発展につながるかどうかは、今後の結果を見てみないとわからない。

第6章　行動のためのアイデア１

14. 帰属のレベルを測定する１つの方法は、メンバー間のメールで使われている言葉を調べることだ。ペンシルベニア大学ウォートン校のリン・ウーは、２年間にわたり、8000人を対象に仕事のメールの文章を集めて分析した。その結果わかったのは、ある社員が会社に残るかどうか知りたければ、その社員の会社への金銭的な貢献度ではなく、仕事のメールでスポーツ、ランチ、コーヒーなどに言及しているかどうかで判断したほうが正確だということだ。また、スタンフォード大学のアミール・ゴールドバーグも、ある社員が会社に長く残るかどうかは、仕事のメールで家族のことに触れる頻度や、汚い言葉を使う頻度でわかると言っている。
15. 私のお気に入りは、トヨタの「アンドン」だ。これはトヨタの生産管理ツールの１つであり、問題を見つけたらどの社員でも生産ラインを止めることができる。ど

んな組織でも、広く社員の意見を取り入れるという試みは、一見したところはむしろ非効率的だ。アンドンもそれは同じで、命令系統を無視するのは、むしろ生産性が下がりそうだという印象を与える。しかし、すべての社員に「ラインを止める」という力を与えることは、強力な帰属のサインにもなっているのだ。

16. カフェのバリスタとしてピクサーに採用されたサマンサ・ウィルソンは、今は映画部門のストーリーマネジャーになり、『インサイド・ヘッド』『カールじいさんの空飛ぶ家』『カーズ２』などの人気映画の製作に携わった。

感謝の力についてさらに詳しいことは以下を参照。L. Williams and M. Bartlett, "Warm Thanks: Gratitude Expression Facilitates Social Affiliation in New Relationships via Perceived Warmth," *Emotion* 15 (2014); and A. Grant and F. Gino, "A Little Thanks Goes a Long Way: Explaining Why Gratitude Expressions Motivate Prosocial Behavior," *Journal of Personality and Social Psychology* 98 (2010), 946–55. サンドウィッチ・フィードバックの欠点についてさらに詳しいことは以下を参照。C. Von Bergen, M. Bressler, and K. Campbell, "The Sandwich Feedback Method: Not Very Tasty," *Journal of Behavioral Studies in Business* 7 (2014).

メールの文章は帰属のシグナルの宝庫だ。チームの力学とメールの関係については以下の２つの研究を参照。L. Wu, "Social Network Effects on Productivity and Job Security: Evidence from the Adoption of a Social Networking Tool," *Information Systems Research* 24 (2013), 30–51; and S. Srivastava, A. Goldberg, V. Manian, and C. Potts, "Enculturation Trajectories: Language, Cultural Adaptation, and Individual Outcomes in Organizations," *Management Science*, forthcoming.

第7章　弱さを見せる

ユナイテッド航空232便のコックピットの会話は、以下のURLで全文を読むことができる。aviation-safety.net/investigation/cvr/transcripts/cvr_ua232.pdf. アル・ヘインズ機長は、1991年5月24日、カリフォルニア州エドワーズのドライデン飛行研究センター（現アームストロング飛行研究センター）で講演を行い、NASAエイムズ研究センターのために事故について詳細に語っている。講演の書き起こしは以下のURLで入手可能。clear-prop.org/aviation/haynes.html. 加えて以下も参照。*Flight 232* by Laurence Gonzales (New York: W. W. Norton & Company, 2014) and *Confronting Mistakes* by Jan U. Hagen (London: Palgrave Macmillan, 2013).

ユナイテッド232便の物語に関連するもう１つの要素は、「クルー・リソース・マネジメント（CRM）」と呼ばれる訓練手順だ。これは1970年代の終わりに国家安全運輸委員会が導入した訓練法で、パイロットのミスが原因で起こった数々の事故への反省から生まれた。機長によるトップダウンの意思決定を廃し、すべてのクルーが対等の立場で自由に発言できる文化を浸透させることを目指している。機長とクルーは、協力して問題を明らかにし、そして解決するためのシンプルな態度を学ぶ。ユナイテッド232便の事故以前、ヘインズ機長も数週間にわたってCRMを受講している。ヘインズ自身、あの事故で生存者がいたのはCRMのおかげだと認めている。

第8章　弱さのループ

17. 質問を考えたのは、心理学者のアーサーとエレイン・アーロンだ。実験の名称は「対人関係における親密さを生成する実験（the Experimental Generation of Interpersonal Closeness」であり、完全版には「相手の目を黙って4分間見つめる」という課題もある。最初の実験は71組を対象に行われ、そのうち1組が結婚している。結婚式にはラボの全員が招待された。

チームの結束力の研究についてさらに詳しいことは以下を参照。A. Aron, E. Melinat, E. Aron, and R. Bator, “The Experimental Generation of Interpersonal Closeness: A Procedure and Some Preliminary Findings,” *Personality and Social Psychology Bulletin* 23 (1997), 363–77; W. Swann, L. Milton, and J. Polzer, “Should We Create a Niche or Fall in Line? Identity Negotiation and Small Group Effectiveness,” *Journal of Personality and Social Psychology* 79, (2000), 238–50; and J. Chatman, J. Polzer, S. Barsade, and M. Neale, “Being Different Yet Feeling Similar: The Influence of Demographic Composition and Organizational Culture on Work Processes and Outcomes,” *Administrative Science Quarterly* 43 (1998), 749–80.

信頼の働きについてさらに詳しいことは以下を参照。D. DeSteno, M. Bartlett, J. Baumann, L. Williams, and L. Dickens, “Gratitude as a Moral Sentiment: Emotion-Guided Cooperation in Economic Exchange,” *Emotion* 10 (2010), 289–93; and B. von Dawans, U. Fischbacher, C. Kirschbaum, E. Fehr, and M. Heinrichs, “The Social Dimension of Stress Reactivity: Acute Stress Increases Prosocial Behavior in Humans,” *Psychological Science* 23 (2012), 651–60. For a deeper exploration, see David DeSteno's *The Truth About Trust* (New York: Hudson Street, 2014).

レッド・バルーン・チャレンジについてさらに詳しいことは以下を参照。J. Tang, M. Cebrian, N. Giacobe, H. Kim, T. Kim, and D. Wickert, “Reflecting on the DARPA Red Balloon Challenge,” *Communications of the ACM* 54 (2011), 78–85; and G. Pickard, I. Rahwan, W. Pan, M. Cebrian, R. Crane, A. Madan, and A. Pentland, “Time-Critical Social Mobilization,” *Science* 334 (2011), 509–12.

第9章　驚異のチームワーク

18. UCB出身者の一部を紹介しよう。スコット・アドシット、アジズ・アンサリ、H・ジョン・ベンジャミン、マット・ベッサー、ケイ・キャノン、ロブ・コードリー、エリザ・クーペ、アンドリュー・デイリー、アビー・エリオット、メアリー・エリザベス・エリス、スー・ギャロウェイ、ジョン・グラリー、イラナ・グレイザー、ドナルド・グローヴァー、エド・ヘルムズ、ロブ・ハベル、アビ・ジェイコブソン、ジェイク・ジョンソン、エリー・ケンパー、ニック・クロール、ジョン・ルッツ、ジェイソン・マンツカス、ジャック・マクブレイヤー、アダム・マッケイ、ケイト・マッキノン、ボビー・モイニハン、オーブリー・プラザ、エイミー・ポーラー、ジューン・ダイアン・ラファエル、ロブ・リグル、イアン・ロバーツ、ホレイショ・サンツ、ポール・シアー、ベン・シュワルツ、ジェニー・スレイト、ジェシカ・セント・クレア、マット・ウォルシュ、トレイシー・ウィグフィールド、ジェシカ・ウィリアムズ、ケイシー・ウィルソン、ザック・ウッズ、

サシェア・ザマタ。

19. 2003年にロンドンで窃盗を働いたときに、盗んだダイヤモンドをフェイスクリームの中に隠した。1975年の映画『ピンク・パンサー2』で使われた手口と同じだったために、この名前で呼ばれるようになった。

ネイビーシールズの起源についてさらに詳しいことは以下を参照。*America's First Frogman* by Elizabeth Kauffman (Annapolis, MD: Naval Institute Press, 2004). アップライト・シチズンズ・ブリゲードについてさらに詳しいことは以下を参照。*High-Status Characters* by Brian Raftery (New York: Megawatt Press, 2013); *The Upright Citizens Brigade Comedy Improvisational Manual* by Matt Besser, Ian Roberts, and Matt Walsh (New York: The Comedy Council of Nicea LLC, 2013); *Yes, And* by Kelly Leonard and Tom Yorton (New York: HarperBusiness, 2015); and *The Funniest One in the Room: The Lives and Legends of Del Close* by Kim Howard Johnson (Chicago: Chicago Review Press, 2008).

第11章　個人間の協力関係を築く方法

20. 取材の中ごろで、ジヴェチはこの本のタイトルとサブタイトルについて尋ねてきた。私が答えると、彼女はしばらく黙った。長い、意味のある沈黙だ。そして、ついに口を開き、「そのサブタイトルで本当にいいかしら？」と尋ねる。それから2人で意見を出し合い、数分後には新しいサブタイトルが誕生していた。彼女の案だったのか、それとも私の案だったのか、今となってはわからない。ジヴェチなら、「2人で一緒に表面化した」と言うだろう。

21. グループ・コミュニケーション研究の草分け的存在であるロバート・ベイルズによると、口頭コミュニケーション全体で、質問が占める割合は6パーセントしかないが、質問から生まれる会話が占める割合は60パーセントにもなる。

ベル研究所についてさらに詳しいことは以下を参照。Jon Gertner's *The Idea Factory: Bell Labs and the Great Age of American Innovation* (New York: Penguin Press, 2012)（『世界の技術を支配するベル研究所の興亡』ジョン・ガートナー著、土方奈美訳、文藝春秋、2013年）. ＩＤＥＯについてさらに詳しいことは以下を参照。*The Art of Innovation* by Tom Kelley (New York: Currency Doubleday, 2001) and *Change by Design* by Tom Brown (New York: HarperBusiness, 2009).

共感や協力の研究については以下を参照。C. Marci, J. Ham, E. Moran, and S. Orr, "Physiologic Correlates of Perceived Therapist Empathy and Social-Emotional Process During Psychotherapy," *Journal of Nervous and Mental Disease* 195 (2007),103–11; and C. Marci and S. Orr, "The Effect of Emotional Distance on Psychophysiologic Concordance and Perceived Empathy Between Patient and Interviewer," *Applied Psychophysiology and Biofeedback* 31 (2006), 115–28.

第13章　チームの価値観と目標の共有

ホシムクドリのナビゲーションシステムについては以下を参照。M. Ballerini, N.

Cabibbo, R. Candelier, A. Cavagna, E. Cisbani, I. Giardina, V. Lecomte, A. Orlandi, G. Parisi, A. Procaccini, M. Viale, and V. Zdravkovic, "Interaction Ruling Animal Collective Behavior Depends on Topological Rather than Metric Distance: Evidence from a Field Study," *PNAS* 105 (2008), 1232–37.

ガブリエル・エッティンゲンの「心理対比」について詳しいことは以下を参照。*Rethinking Positive Thinking* by Gabriele Oettingen (New York: Current, 2014)(『成功するにはポジティブ思考を捨てなさい 願望を実行計画に変えるWOOPの法則』ガブリエル・エッティンゲン著、大田直子訳、講談社、2015年), G. Oettingen, D. Mayer, A. Sevincer, E. Stephens, H. Pak, and M. Hagenah, "Mental Contrasting and Goal Commitment: The Mediating Role of Energization," *Personality and Social Psychology Bulletin* 35 (2009), 608–22.

ピグマリオン効果については以下を参照。R. Rosenthal and L. Jacobson, "Teachers' Expectancies: Determinates of Pupils' IQ Gains," *Psychological Reports* 19 (1966), 115–18. 物語がモチベーションに与える影響についてさらに詳しいことは以下を参照。A. Grant, E. Campbell, G. Chen, K. Cottone, D. Lapedis, and K. Lee, "Impact and the Art of Motivation Maintenance: The Effects of Contact with Beneficiaries on Persistence Behavior," *Organizational Behavior and Human Decision Processes* 103 (2007), 53–67.

第14章　目的意識の高いチーム

22. 実験に登場する病院と医師の名前はすべて仮名だ。

以下を参照。C. Stott, O. Adang, A. Livingstone, and M. Schreiber, "Tackling Football Hooliganism: A Quantitative Study of Public Order, Policing and Crowd Psychology," *Psychology Public Policy and Law* 53 (2008), 115–41; C. Stott and S. Reicher, "How Conflict Escalates: The Inter-Group Dynamics of Collective Football Crowd 'Violence,'" *Sociology* 32, (1998), 353–77; A. Edmondson, R. Bohmer, and G. Pisano, "Speeding Up Team Learning," *Harvard Business Review* 79, no. 9 (2001), 125–32; and A. Edmondson, R. Bohmer, and G. Pisano, "Disrupted Routines: Team Learning and New Technology Implementation in Hospitals," *Administrative Science Quarterly* 46 (2001), 685–716.

第15章　「熟練したチーム」のつくり方

23. こういった顧客情報は予約システムに保管されている。スタッフやマネジャーが、情報が手に入るたびに書き込んでいるのだ。私が見たある顧客の情報には、「パンのバターは多め。たくさんの愛情表現が必要」と書いてあった。

以下を参照。S. Reilly Salgado and W. Starbuck, "Fine Restaurants: Creating Inimitable Advantages in a Competitive Industry," doctoral dissertation, New York University Graduate School of Business Administration (2003).

第16章　「創造的なチーム」のつくり方

24. クリエイティブな事業は、たいていこのようなチームで行われる。有名な例は、ロッキード社のスカンクワークスだろう。スカンクワークスは航空宇宙関連の開発を行う秘密チームであり、偵察機のＵ２、ブラックバード、ステルス攻撃機のナイトホークをはじめ、伝説的な航空機を数多く開発した。また、ゼロックスのパロアルト研究所（ここが開発した技術を、ジョブズがアップルで使うために「拝借」している）、グーグルＸ（次世代技術の開発を担うグーグルの秘密プロジェクト）、Ｐ＆Ｇのクレイ・ストリート、マテルのプロジェクト・カモノハシなども有名だ。どれも基本的な役割は同じであり、本部から離れた場所で、肩書きにとらわれず自由に活動することができる。

以下を参照。*Creativity Inc.* by Ed Catmull with Amy Wallace (New York: Random House, 2014)（『ピクサー流創造するちから：小さな可能性から、大きな価値を生み出す方法』エド・キャットムル、エイミー・ワラス著、石原薫訳、ダイヤモンド社、2014年）.

第17章　行動のためのアイデア3

25. その電話での話題は、映画、好きな食べ物、ラスベガスでの暮らしなど多岐にわたっていた。そして電話の成果は、１足のムートンブーツが売れたことだ。

【著者紹介】

ダニエル・コイル（Daniel Coyle）

◉──ニューヨーク・タイムズ・ベストセラー作家。著作は『才能を伸ばすシンプルな本』（サンマーク出版）、タイラー・ハミルトンとの共著で『シークレット・レース：ツール・ド・フランスの知られざる内幕』（小学館）など。2012年、ウィリアム・ヒル・スポーツ・ブック・オブ・ザ・イヤーをハミルトンとともに受賞。「アウトサイド」誌コントリビューティング・エディター。大リーグのクリーブランド・インディアンス特別アドバイザーも務める。家族は妻のジェンと４人の子供。子供の学校がある時期はクリーブランド州オハイオで、夏の間はアラスカ州ホーマーで暮らす。

【監訳者紹介】

楠木　建（くすのき・けん）

◉── 一橋大学大学院経営管理研究科教授。専攻は競争戦略。著書に『ストーリーとしての競争戦略』『「好き嫌い」と経営』『「好き嫌い」と才能』（いずれも、東洋経済新報社）、『戦略読書日記』（プレジデント社）、『経営センスの論理』（新潮新書）などがあるほか、監訳書に『ＧＩＶＥ ＆ ＴＡＫＥ「与える人」こそ成功する時代』（三笠書房）がある。

【訳者紹介】

桜田　直美（さくらだ・なおみ）

◉── 翻訳家。早稲田大学第一文学部卒。訳書は『トップアスリートが実践 人生が変わる最高の呼吸法』『ジ・エンド・オブ・バンキング 銀行の終わりと金融の未来』（いずれも小社刊）、『睡眠こそ最強の解決策である』（SBクリエイティブ）、『こうして、思考は現実になる』（サンマーク出版）など多数。

THE《ザ》 CULTURE《カルチャー》 CODE《コード》　最強《さいきょう》チームをつくる方法《ほうほう》　〈検印廃止〉

2018年12月３日　第１刷発行
2019年12月11日　第３刷発行

著　者──ダニエル・コイル
監訳者──楠木　建
訳　者──桜田　直美
発行者──齊藤　龍男
発行所──株式会社かんき出版
東京都千代田区麹町4-1-4 西脇ビル　〒102-0083
電話　営業部：03(3262)8011㈹　編集部：03(3262)8012㈹
FAX　03(3234)4421　振替　00100-2-62304
http://www.kanki-pub.co.jp/

印刷所──大日本印刷株式会社

乱丁・落丁本はお取り替えいたします。購入した書店名を明記して、小社へお送りください。
ただし、古書店で購入された場合は、お取り替えできません。
本書の一部・もしくは全部の無断転載・複製複写、デジタルデータ化、放送、データ配信などをすることは、法律で認められた場合を除いて、著作権の侵害となります。
©Ken Kusunoki, Naomi Sakurada 2018 Printed in JAPAN　ISBN978-4-7612-7382-8 C0030